FRÈRE FRANÇOIS

JULIEN GREEN

DE L'ACADÉMIE FRANÇAISE

FRÈRE FRANÇOIS

FRANCE LOISIRS
123, boulevard de Grenelle
75015 Paris

Édition du club France Loisirs, Paris

ISBN 2-7242-1877-9
(ISBN 2-02-006454-5, éd. du Seuil)

POUR ÉRIC

Elle est retrouvée.
Quoi ? — L'Eternité.

ARTHUR RIMBAUD,
Fêtes de la patience.

PREMIÈRE PARTIE

OISIVE JEUNESSE

Giovanni

A certains moments de l'Histoire, le destin semble hésiter entre heur et malheur, comme s'il attendait la venue de quelqu'un, mais d'ordinaire personne ne vient. Vers la fin du XIIᵉ siècle apparut cependant un enfant qui réussit presque à faire triompher l'idéal.

Septembre 1181 ou début 1182. Déjà une hésitation. Les grandes certitudes viendront plus tard. Ce qui est sûr, c'est qu'il naquit entre ces deux dates, à Assise, en Ombrie, dans une ville d'une antiquité insondable, chrétienne certes, mais où les traditions païennes immémoriales semblaient monter des profondeurs de la terre étrusque. Dans une petite cité du cœur de l'Italie, on suivait alors soit le calendrier pisan soit le florentin, mais les archives n'ont rien révélé jusqu'à ce jour du choix qui fut fait pour un nouveau-né n'appartenant pas à une famille illustre. Ceci explique cela.

On cherche encore à situer exactement la maison où il vit le jour. Il naît tantôt ici, tantôt là. Aux dernières investigations, on l'a fait provisoirement venir au monde, non dans une étable entre un bœuf et un âne comme l'auraient voulu certains exaltés, mais dans une demeure solide et de bonne apparence, près de la place de la Commune.

13

Le père était absent quand la mère accoucha. Elle s'appelait Jeanne, mais on la surnommait Pica, en raison sans doute d'une origine picarde, car on croit qu'elle était française. Elle était encore au lit quand un homme frappa à la porte de la maison, demandant la charité. Comme à Noël, au moment d'une naissance, on ne repoussait pas un pèlerin ; on pensait se débarrasser de celui-là en lui donnant une aile du poulet servi à la convalescente, mais il ne se contenta pas de cette aile et demanda qu'on lui montrât le nouveau-né. Dame Pica résista un peu, mais elle avait affaire à un vieillard buté et, devant sa mystérieuse insistance, elle flaira le surnaturel et finit par céder. Elle lui permit donc d'entrer et même de prendre l'enfant dans ses bras. Il se mit alors à prophétiser et annonça que ce jour-là, à Assise, venaient de naître deux garçons dont l'un serait parmi les meilleurs et le second parmi les pires.

Ici, je ne peux me retenir de songer à un de ces personnages allégoriques de Nathaniel Hawthorne qui prononcent des paroles dont le sens caché n'apparaît que beaucoup plus tard. Deux garçons, le meilleur et le pire. Et s'il ne s'agissait que d'un seul et même garçon ? Ce sont les deux hommes de saint Paul. N'y a-t-il pas en nous de quoi faire un impénitent comme de quoi faire un élu ? Quel chrétien sérieux n'aura connu dans sa vie cette guerre cruelle entre ces deux adversaires irréductibles ?

Il va sans dire que cette explication n'effleura l'esprit de personne. Le meilleur, on le connaissait déjà et on chercha quel pouvait être le pire. On finit par le trouver des années plus tard sous l'espèce d'un misérable né à la même date qui acheva ses jours au bout d'une corde.

Cependant, après les relevailles, le bébé fut porté à la cathédrale par sa mère et il n'avait pas encore passé le seuil de San Rufino qu'il entrait dans le royaume des légendes dont il ne devait jamais sortir. Déjà, il était la proie de Dieu.

Sur Dame Pica, nous ne savons pas grand-chose, sinon qu'elle était fort pieuse ; ce ne fut pas par hasard qu'elle choisit le nom de son enfant, ce nom que le baptême rend ineffaçable et qui influe sur la vie entière. L'eau coula sur son front et il fut appelé Giovanni, non l'Evangéliste, mais celui qui baptisa Jésus dans les eaux du Jourdain. Ce Giovanni avait annoncé le Christ et prêché la pénitence pour obtenir le salut des hommes. De plus, Jésus avait dit de lui qu'il était de tous les hommes le plus grand. A cause de cela, Pica se sentait sûre de l'avenir de son fils mis sous la protection du saint le plus honoré.

Les voisines de Pica la croyaient favorisée du don de double vue. Elle prophétisait volontiers, c'était dans les habitudes du temps. « Vous verrez que ses mérites feront de lui un fils de Dieu ! », dira-t-elle plus tard. Le petit Giovanni fut donc rapporté à la maison dans les bras de sa mère qui l'aimait déjà autant qu'elle en était fière. Il était gentil à voir avec son minuscule visage un peu blanc où brillaient de beaux yeux rieurs, mais il semblait chétif et pendant toute son enfance devait être entouré de soins.

Du temps passa, le père revint. Aussitôt commencèrent les difficultés, elles ne devaient jamais prendre fin. Pietro di Bernardone regarda son fils ; quand il apprit qu'en son absence on l'avait baptisé sous le nom de Giovanni il entra dans une colère violente. Drapier de son état, il revenait de Champagne où il avait acheté des étoffes d'une qualité plus fine que les italiennes et, comme il s'était entiché de la France et de tout ce qui était français, l'idée lui était venue d'appeler son fils Francesco, c'est-à-dire Français, ou selon l'orthographe du temps François, qu'on prononça jusqu'au XVIIIᵉ siècle Françoué. Sans être aussi mauvais homme qu'on l'a dit parfois, il n'en était pas moins impérieux comme le sont souvent les parvenus et ce qu'il avait décidé faisait loi dans sa maison. Ainsi, le petit nouveau venu s'appellerait François. On ne pouvait pourtant pas recommencer le baptême. Cette objection fut écartée, et Pica n'eut qu'à baisser la tête et dire amen.

François donc. Nom insolite, un peu bizarre et qui ressemblait à un surnom. Mais sa mère aussi n'en avait-elle pas un ? Cependant, affublerait-on en France un garçon du nom d'Anglais ou d'Italien ? Toutefois, en cherchant bien dans les archives, on découvrit deux François non canonisés, obscurs. Cela suffit.

L'irritation de Bernardone fait voir qu'il croyait, comme sa femme, à l'effet déterminant que le choix du nom pouvait exercer sur la destinée du baptisé. Cette notion qui tend à s'effacer de la conscience moderne a de lointains antécédents dans l'Ecriture où le nom faisait partie de l'être et de l'identité. Il est curieux de penser que notre banale carte d'identité a des rapports avec le « shem » hébraïque, mais nous venons de plus loin que nous ne le soupçonnons. Il n'empêche qu'il y aura dans la vocation de François comme un écho de la vocation de saint Jean-Baptiste. C'était précisément ce que Bernardone ne voulait pas.

Si le drapier avait pu avoir des visions comme Pica, elles eussent été bien différentes. Déjà il apercevait son garçon derrière le comptoir de sa boutique, vendant ses beaux tissus à une clientèle de choix et grossissant le tas d'or familial, car Bernardone était d'une rapacité connue et, tout chrétien qu'il se croyait, servait Mammon avec zèle. La maison qu'on lui donne aujourd'hui aurait pu passer pour celle d'un membre de l'aristocratie, outre les nombreux terrains qu'il possédait dans les environs, mais Bernardone n'avait rien d'un seigneur. Il appartenait, par sa très grande richesse, à la classe du reste fort importante des gros bourgeois. Pica, elle, était de race picarde, autant qu'on puisse l'affirmer. On disait qu'elle avait fait le pèlerinage de Terre sainte et peut-être était-ce sur le chemin de retour, en Provence, que son mari l'avait rencontrée, lors d'un voyage d'affaires. Nous ne savons rien de plus. Mais si, d'autre part, elle était ombrienne, son surnom viendrait de sa loquacité : Pica, la pie ; cela ne ressemblerait pas à ce que nous devinons d'elle.

De toute manière, le garçon entendit d'assez bonne heure son père lui parler en français. La langue du Nord ou la langue du Sud ? Les deux, car, si Pica voyait haut, Bernardone voyait loin et songeait surtout aux avantages commerciaux et aux voyages que François aurait, un jour, à faire au-delà des monts, en Provence et sur les routes de Champagne. Il ne faut pas oublier non plus que la langue d'oïl était le langage des tournois et des cours princières. On admirait la beauté de l'idiome gaulois, du nord au sud de l'Europe, et ce fut à cette époque que le français fit ses débuts de langue internationale. Ainsi, pour Bernardone, que son fils parlât français le mettait déjà au niveau des

16

seigneurs. Avec Pica, il en allait tout autrement. Quelle mère n'a chanté à son enfant ses chansons favorites ? Elle savait sûrement les villanelles des troubadours de Provence et aussi des bouts de chansons de geste dont les jongleurs fatiguaient les oreilles picardes. Et bien entendu des chansons de toile et les poèmes d'amour que les trouvères chantaient dans les pays de la brume et des forêts, les Ardennes, les Flandres... Telle cette « Belle Doette », qui fut l'ancêtre de « Malborough... » et de « Au pays où se fait la guerre... » :

> *Belle Doette aux fenêtres s'assied,*
> *Lit en un livre, et son cœur ne l'y tient :*
> *De son ami Doon il lui ressouvient*
> *Qui au tournoi au loin s'en est allé.*
> *Et j'en ai deuil...*

Pica reste un peu effacée, mais ce que nous savons d'elle de certain la fait aimer. Nous la verrons dans une circonstance pénible de la vie de François faire preuve de courage et d'amour, mais quelle éducation reçut-il ?

Quelle éducation ? C'est demander de quels soins peut entourer une femme un enfant qu'elle croit prédestiné. Si vraiment elle s'appelait Jeanne et que Pica ne fût qu'un surnom, elle a désiré qu'il y eût ce lien du nom baptismal entre elle et son fils ; et, comme le hasard a voulu qu'on ôte à Jeanne son prénom pour la faire parvenir jusqu'à nous sous une appellation familière, le petit Giovanni subira le même sort. Qui a fait cela ? Le père comme on l'a toujours prétendu ou les amis du garçon qui l'entendaient sans cesse fredonner du français ? Peu importe. Derrière tout cela il y a la tendresse de la mère qui, elle aussi, aura chanté en français pour endormir son petit. Il y aura bientôt les prières doucement apprises dans la paix de la maison natale. Deux autres fils y verront le jour, mais le préféré sera toujours Giovanni.

Le premier témoin

On me dira que je vois tout cela en beau et que dix mille *peut-être* ne feront jamais une certitude. Eh bien peut-être, après tout, les choses ne sont-elles pas aussi simples. Faites entrer les témoins. Le premier est Thomas de Celano.

Un frère et un poète de génie. Le meilleur écrivain qu'on puisse trouver sur l'ordre du pape Grégoire IX, ami de François qu'il vient de canoniser. Nous sommes en 1228, le Saint-Père veut qu'on donne du nouveau saint une image en quelque sorte officielle. Or Thomas de Celano connaissait la valeur des mots et ne les employait pas à la légère. Il le montrera dans le Dies Irae, un des plus grands poèmes religieux qui soient. On a essayé de traduire ce poème dans un style digne de l'original. Peine perdue. La rigueur du latin met au défi les meilleurs écrivains des autres langues, comme Walter Scott qui y renonça au bout de deux strophes. C'est, en effet, une langue difficile, rude et sobre, mais d'une portée indicible. L'homme qui a écrit ce chant de mort a rassemblé tous les effrois de son époque devant le jugement de Dieu. Il connaissait mieux que personne le poids de terreur que pouvait contenir chaque syllabe de ces strophes consternantes.

Que pense-t-il du jeune François d'Assise ? Il va nous donner un portrait du personnage et un catalogue descriptif de ses vertus, mais il faut qu'il commence par le jeune homme dans le monde, et c'est là qu'il va se faire, de gré ou de force, l'avocat du diable. Pour parler net, c'est un sale métier.

C'est à Rome qu'il fera son travail. Pourquoi pas ailleurs, à Assise par exemple ? Non, à Rome, parce que là il aura accès à toutes les dépositions pour et contre et il trouvera, de plus, des ecclésiastiques avisés pour le conseiller au besoin.

Voilà un frère mineur bien embarrassé, car il a connu le saint dès qu'il est entré dans son ordre en 1215 puis, en revenant d'une mission en Allemagne, il l'a retrouvé dans ses dernières années. Or il l'admire de tout son cœur, mais il sait des choses gênantes qu'il eût préféré ne pas savoir, des vérités à atténuer. Les erreurs de jeunesse chez François, il faudra au moins les indiquer, sans plus, mais les taire, il n'en a ni le droit ni le désir et il ne se le pardonnerait pas. Et puis tout le monde à Assise est au courant de ce que furent les joyeuses années de ce François si récemment monté sur les autels.

Tout peut se dire en termes habilement voilés. Cela s'appelle noyer le poisson. Il n'est pas défendu, par exemple, d'affaiblir considérablement la responsabilité du garçon de dix-huit ans en accusant les méthodes éducatives en vogue. Elles sont tout bonnement scandaleuses et il est plus que probable que François en aura reçu sa part. La grande coupable, c'est l'époque. Et voici ce que cela donne : « La funeste habitude s'est implantée partout, chez ceux qui pourtant sont réputés chrétiens, et la théorie pernicieuse s'est imposée, aussi impérative qu'un édit public, d'élever les enfants dès le berceau dans un excessif laisser-aller et dans la volupté. Ils viennent à peine de naître, commencent à parler et à balbutier : on leur apprend, par signes et paroles, des choses vraiment honteuses et abominables. Arrive le sevrage, on les entraîne non seulement à dire, mais à faire des choses indécentes. »

Il se garde bien de dire que Pica a suivi la coutume, car c'est le père qui fait l'enfant, mais c'est la mère qui le façonne. Alors, pourquoi nous parle-t-il de ces choses si ce n'est pour insinuer qu'elle a fait comme tout le monde ? Quelque chose en nous se révolte à cette idée. On croit entendre une voix de femme qui domine le tumulte de la Révolution, celle de Marie-Antoinette, reine de France, accusée des mêmes turpitudes avec son fils : « J'en appelle à toutes les mères. »

Avec des prémices adroitement travaillées, on obtient à peu près toutes les conclusions qu'on voudra. Frère Thomas sera bien plus à l'aise maintenant, et sa conscience bien plus tranquille pour parler un peu vaguement de ce qu'il appellera les « sottises » que commettait François dans sa jeunesse. Cependant, vingt-deux ans plus tard, il oubliera ses premières assertions dans la

Vita Secunda où il va tracer un portrait idéal de la mère. Mais telle qu'elle fut écrite avec ce début effarant, la *Vita Prima* fut donnée au pape qui, l'ayant lue, se déclara satisfait. Voyons de plus près.

Saint Georges et le dragon

Les parents de François l'envoyèrent à l'école Saint-Georges, tout près des murailles de la ville et à bonne distance déjà de la maison familiale. L'école dépendait de l'église de ce nom et c'en étaient les chanoines qui enseignaient aux enfants la rhétorique ou l'art de s'exprimer et la morne grammaire. Mais l'enfant à la tête déjà pleine de rêves ne semble pas avoir beaucoup appris. Il demeura toujours, selon ses propres paroles, un « *idiota* », c'est-à-dire un ignorant, et cette ignorance même devait le servir, comme s'il eût voulu laisser dans sa mémoire la place vide afin de n'y loger plus tard que l'Evangile seul. Quoi qu'il en soit, il devenait beaucoup plus attentif quand un vieux chanoine appelé Guido racontait l'histoire de saint Georges et du dragon.

Sur une des murailles de l'église, une fresque illustrait cet immortel épisode. Elle était pour le narrateur une source d'inspiration. Tous la connaissaient par cœur, cette histoire, parce qu'il y revenait sans cesse, ornant chaque fois son récit de nouveaux détails. C'était l'antique légende du Minotaure accommodée au goût chrétien. Jour après jour, il fallait au monstre horrifique qui terrorisait le royaume une victime toute fraîche à dévorer. En vain le roi dépêchait ses plus vaillants chevaliers pour détruire la bête malfaisante : tous fuyaient tôt ou tard. La jeunesse entière y étant passée, ne restait plus que la fille du roi, qu'il envoya, non sans verser lui-même des larmes, couronne en tête et se lamentant là où l'attendait la bête. Parut alors — c'est ici que les oreilles se dressaient — un magnifique chevalier, beau, jeune, dans une armure resplendissante. Rassurant d'abord la princesse et lui recommandant la patience, il se rua la lance au poing sur l'adversaire dont les lourdes écailles recouvrant le corps faisaient une sorte de chevalier infernal.

Pour le jeune François, que de raisons d'écarquiller les yeux... D'abord le splendide guerrier caracolant autour du monstre sur son grand cheval. Noble, on était chevalier ; autrement, on ne pouvait accéder à la noblesse qu'à condition d'être en armure et de se battre bien : de chevalier, l'on devenait noble. Le dragon qui expirait après mille contorsions, c'était le mal ; et la belle princesse attendant, les mains jointes, que son prestigieux défenseur la délivrât, quel nom lui donner ? François ne savait pas, mais la chevalerie, comme pour tous les garçons du Moyen Age, était pour lui un idéal auquel on osait à peine rêver : tout homme pouvait devenir chevalier. Même un fils de drapier, François ? Cela paraissait impossible, et pourtant...

Il suffisait d'avoir une armure et surtout une âme sans peur. N'y avait-il pas là de quoi tourner la tête, une tête de dix ans ? A cause de cela, François Bernardone fit des fautes d'orthographe jusqu'à la fin de ses jours, mais ses rêves devaient triompher étrangement.

Que le vieux chanoine se redise, cela ne lasse pas du tout ce petit Italien au regard brûlant d'intelligence. L'édifiant radotage continue, nourrissant on ne sait quelles visions fantastiques de l'avenir, de la gloire. L'enfant devient tout à coup chevalier. Il se bat contre le diable. Quels coups il lui porte ! Le narrateur, qui n'est pas italien pour rien, mime le combat avec de grands gestes exaltants. Et la princesse qui ne bouge pas, mais qui prie, François ne la perd pas de vue dans la chaleur de la bataille. Elle est belle. Qui peut-elle être ? Il faut la mériter. Dans l'âme encore innocente de celui qui écoute comme si sa vie en dépendait, quel étrange tumulte ! Le cœur bat très fort et, sorti de classe, l'élève nul en grammaire, mais ivre d'une joie inconnue, se met à chanter. Il chante toujours quand il est heureux.

A la maison

Mises de côté les exagérations de Celano dans les premières lignes de sa *Vita Prima,* il faut voir ce qu'il s'y glisse de vrai. Il semble hors de doute que François connut chez ses parents la vie facile des riches de ce temps. Son père augmentait sa fortune avec régularité, en acquérant des terrains vendus par des seigneurs en mal d'argent, et, bien qu'il ne fût pas seigneur lui-même, loin de là, sa demeure était, si l'on peut dire, au-dessus de sa condition : luxueuse, tendue d'étoffes aux couleurs délicates suivant le goût de l'époque — c'est ce que doit entendre notre frère Thomas quand il écrit « *secundum saeculi vanitatem* » —, sans oublier la chère raffinée et la domesticité nombreuse, comme il se devait chez un des plus importants notables de la ville.

Quelle figure faisait François dans ce milieu de parvenus ? Les témoignages sont d'accord pour nous le faire voir comme le garçon le plus aimable du monde. Aimable était l'épithète qui revenait sans cesse. On remarquait aussi sa gaieté perpétuelle, son rire, tout ce qui dans sa personne séduisait à première vue. Avec le temps il devait prendre conscience de ce mystérieux pouvoir dont il eût été si tentant d'abuser, mais rien dans son enfance n'annonçait le personnage promis aux plaisirs, tel que Celano nous le présente. Quelque chose en lui résistait. On pouvait en faire un démon, on n'en fit qu'un enfant gâté dont le naturel demeurait bon et surtout généreux. Tout jeune, il donnait aux pauvres.

Il admirait tout ce qui lui paraissait beau : les objets précieux que son père rapportait des pays du Nord, des émaux, des miniatures, des tapisseries.

De tous les mets qu'on lui servait, il arrivait qu'il en refusât et des meilleurs, parce qu'ils n'étaient pas à son goût. On lui passait ses caprices à cause de sa façon courtoise de dire non qui révélait une ascendance de bonne race, celle de sa mère. Le père, agacé peut-être, n'en était pas moins secrètement flatté dans son amour-propre. Tout ce qui sentait la noblesse lui en imposait.

De toute manière, qu'y avait-il à reprendre chez François ? Obéissant et respectueux, il ne donnait de soucis à personne, sauf en ce qui touchait sa santé qui demandait des soins. Sans être fragile il n'en inspirait pas moins des inquiétudes. Il fallait le ménager. Pour sa mère surtout, il était ce qu'en allemand on appelle une joie tremblante.

L'hiver en Ombrie peut être glacial. Aussi de grosses bûches flamblaient-elles dans les vastes cheminées, et le garçon tombait dans des songeries devant ces flammes qui dansaient joyeusement. Il y avait une fascination dans le feu à la fois redoutable et amical, fraternel.

L'été venu, il était délicieux de chercher la fraîcheur sous les arbres au fond des jardins de son père où bavardait un torrent. Toutes les douceurs de la vie conspiraient pour séduire le jeune être sensible. Qu'il faisait bon respirer sous ce ciel pur traversé parfois de cris d'oiseaux ! Tout était beau sur terre.

A Saint-Georges, et dans la rue, le garçon méditatif se montrait brusquement batailleur au jeu de la petite guerre. On simulait les conflits qui éclataient chaque année entre la ville haute et la ville basse. Dans un camp ou dans l'autre, François était le chef. Il voulait à tout prix être le premier et, comme par instinct on le suivait, il savait se faire obéir sans effort, sans violence, simplement parce qu'il était lui-même.

Religion et diableries

Sa première éducation religieuse lui fut donnée à San Nicolò qui se trouvait à côté de la maison familiale et était donc sa paroisse. A ce qui devint plus tard le catéchisme on expliquait aux enfants le Pater et le Credo. Il va sans dire que les vies

des saints et que les miracles du Christ étaient racontés avec tout
le merveilleux que cela comportait comme dans une légende
dorée. Jusque-là tout était normal, mais le 6 décembre se célébrait la fête du patron de l'église, le grand thaumaturge Nicolas.

C'était aussi le jour choisi pour l'exaltation de la vertu
d'humilité, célébration étrange dont les origines plongeaient dans
un paganisme immémorial. Tous les élèves d'Assise y étaient
conviés pour faire honneur à cette paroisse privilégiée. Les très
jeunes élisaient alors celui d'entre eux qui allait devenir l'évêque
des enfants, l'« *episcopello* ». Celui-ci faisait son entrée dans
l'église, vêtu d'ornements épiscopaux et suivi d'acolytes. Mitre
en tête et crosse au poing, il montait vers l'autel, entonnait des
hymnes et s'asseyait dans le fauteuil de son éminence. L'aspect
burlesque de la cérémonie attirait du monde. L'église s'emplissait. Soufflait alors un vent de saturnales et la fête tournait à ce
qu'on appelait bizarrement les libertés de décembre, parce que,
par une sorte de subversion générale, les maîtres devenaient les
serviteurs de leurs serviteurs qui à leur tour leur donnaient des
ordres. Très vite l'instinct sexuel emportait tout.

La débauche allait si loin qu'elle provoquait les admonesta-
tions indignées de Rome. Celle d'Innocent III, en 1207, fait
mention dans son latin brutal de « chants obscènes, de danses et
de fornications ». Hommes, femmes, enfants, clercs et laïcs se
livraient à leurs fringales et la fièvre passait de l'église à la rue.
Au son d'instruments antiques, accompagnant d'ordinaire les
cortèges de Bacchus, cymbales et sistres, on dansait, on s'empif-
frait, on s'enivrait, l'orgie s'étalait sur la place publique où des
femmes demi-nues, couronnées de fleurs, pieds et poings liés,
étaient exhibées et vendues sur des chars pendant que retentissait
un chant singulier : Adam maudissant la femme, l'ennemie et la
maîtresse, désirée et haïe, fléau du monde qui avait chassé
l'homme du paradis.

> *Des belles demeures du paradis,*
> *Je fus chassé pour une fille*
> *Resplendissante comme une étoile,*
> *Ne croyez pas à la femme.*

Et toute la foule hurlait :

> *Libérez-vous, libérez-vous,*
> *Ne croyez pas à la femme.*

Les pouvoirs du petit évêque expiraient trois semaines plus tard, le 26 décembre, à la fête des saints Innocents. Ce jour-là, l'enfant, toujours déguisé, entouré de sa cour de petits garçons, se rendait fièrement à cheval au palais de l'évêque. Au chant de « *Sinite parvulos* » (laissez venir à moi les petits enfants), le prélat le recevait à l'entrée de sa demeure et l'encensait. Ensuite tous entraient. Le petit évêque faisait subir au grand un interrogatoire serré, lui demandant des comptes de la gestion des aumônes, le réprimandant, et l'évêque jouait docilement à ce jeu absurde, puis on apportait du vin pour une libation générale. Après quoi le véritable évêque reprenait ses prérogatives et le jeune usurpateur mitré filait.

Je me demande l'effet que pouvaient avoir sur le jeune François ces explosions d'instinct charnel du 6 décembre et cette mise en cause de la société. Pica le retenait-elle à la maison quand avait lieu ce mystère d'iniquité ? Supposition un peu innocente quand il s'agit de l'Italie et singulièrement de l'Italie du Moyen Age. Et, s'il y assistait, échappait-il à la contamination ? Impossible de savoir au juste, mais il est certain que plus tard il réagissait impitoyablement contre les fautes sexuelles et chassa de son ordre un frère impudique.

Assise, ville noire ou ville blanche ?

Ville mystérieuse que cette Assise où dormaient les fantômes d'époques révolues. Les plus vieux habitants se souvenaient de ce que leurs parents leur disaient des courses de taureaux qui avaient encore lieu au début du siècle, dans l'amphithéâtre romain. Une faim de bataille et de révolte habitait au cœur de cette humanité sans cesse à reconquérir par l'idéal chrétien. En vain les églises se multipliaient et sonnaient les cloches de l'aube au crépuscule. La foi était présente, présents aussi l'irrésistible penchant à la volupté, le luxe et la fascination du gain.

Ce serait une erreur de voir dans Assise une ville confite en dévotions ; des courants de violence et de sensualité la traversaient constamment. Pieuse, elle l'était, mais prête à tous les excès comme le 6 décembre. A l'époque de François Bernardone, elle comptait deux mille trois cents foyers, soit vingt-deux mille habitants pour une ville plus petite d'un tiers que la ville de nos jours. C'était une ville populeuse, d'autant que s'y ajoutaient les monastères et la garnison allemande, non recensés.

Ville énigmatique que cette Assise qui semblait poussée à la surface du sol par une ville romaine souterraine dont elle avait usurpé la place. Les vestiges de la communauté païenne étaient partout comme s'ils guettaient le moment de prendre leur revanche. Les églises avaient été édifiées sur les ruines des temples où, avant les Romains, les Etrusques adoraient leurs dieux : Sainte-Marie-Majeure, la première cathédrale, s'élevait sur le temple d'Apollon ; Minerve devenue chrétienne bon gré mal gré gardait ses colonnes corinthiennes dont le jeune Goethe tombera amoureux ; San Rufino était issu des fondations de la Bonne Mère adorée sous le nom de Gaïa, la Terre. Tel monastère se dressait sur le spectre d'Hercule, tel autre sur celui de Mars. Sans doute il en était de même dans toute l'Italie, mais dans Assise, qui allait connaître un grand délire évangélique, le ferment des croyances primitives travaillait encore pour éclater tout à coup d'une manière violemment paradoxale.

Une fois l'an, à l'heure des vêpres, les cloches de l'après-midi se mettaient à retentir tandis que, des portes de l'amphithéâtre ouvertes, s'élançait un taureau furieux, ivre de rage et de liberté. Symbole de l'instinct sexuel déchaîné, il fonçait droit dans les rues, accueilli par des cris d'effroi et de secret plaisir. Cela pouvait être si amusant, le frisson de la peur ! On se sauvait dans les maisons, on jetait du haut des fenêtres des fleurs au monstre

affolé dont les cornes faisaient la chasse à l'homme jusqu'au crépuscule dans les clameurs. Alors des jeunes gens l'attaquaient
avec leurs épées et le mettaient à mort aux derniers rayons du
soleil devant les portes de San Rufino, magnifique image de la
lutte éternelle entre les furieuses exigences du sexe et celles non
moins violentes de l'âme. François dut en savoir quelque
chose.

Il y avait chez l'Assisiate un fond de sauvagerie atavique. La
ville blanche et rose qui s'étageait au flanc du mont Subasio avait
beau rêver au soleil, elle était toujours prête à guerroyer. A
chacune des portes veillaient les soldats de la cité, à tour de rôle,
quartier par quartier, guettant la route de Pérouse, rivale
détestée, soumise au pape alors qu'on était ici ville impériale.
Des deux côtés, une haine à mort s'entretenait comme un brasier.
A tout moment, on pouvait se jeter l'une contre l'autre. Et puis la
guerre faisait marcher le commerce...

De rues en ruelles, se haussant les unes par-dessus les autres,
curieuses, chaque maison voulait tout voir, la campagne et les
rues étroites. De celles-ci montait le bourdonnement d'une vie
laborieuse : les teinturiers autour des cuves, les drapiers dans
leurs boutiques, les armuriers assourdissants, les forgerons, tout
cela dans le tintamarre des cris, des rires, des paroles chantantes
et parfois de ces disputes qui dégénèrent en corps à corps. Le
besoin de se battre dort d'un sommeil léger dans le cœur des
hommes. Chaque année voyait la ville basse se lancer à l'assaut
de la ville haute. La ville basse sortait des faubourgs hors les murs
où les vilains s'abritaient dans des masures en torchis. Ils avaient
permission, un jour par an, de régler leurs comptes avec ceux de
la ville haute, mieux logés, mais non forcément prospères ; c'était
une rivalité de quartiers : des blessés, parfois des morts, soldaient
l'addition sur la place. Dès le lendemain, défense de se venger, la
vendetta était interdite, ce qui permettait à la haine de se fortifier
pendant un an.

Père et drapier

Drapier d'abord ? On serait tenté de le croire. N'est-il pas parti pour la Champagne alors que sa femme Pica était enceinte de sept mois ? En vain on s'était efforcé de retarder son voyage, mais les affaires sont les affaires. En Italie régnait la famine. Un ouragan avait soufflé sur toute la péninsule, d'une force telle qu'il avait détruit le blé en herbe et arraché les arbres fruitiers. Epargnée, la France restait le pays des opérations lucratives. Il y avait de l'or à gagner à Troyes, à Provins. Les seuls noms de ces deux villes exerçaient sur Bernardone la fascination d'un mirage. Pica pouvait attendre, l'enfant aussi. Le drap passait avant tout. Revenu chez lui, l'homme n'avait que le nom de France à la bouche. Si l'on avait faim dans le pays, on ne manquait pas à la maison de Bernardone. Il savait gérer ses biens et ce séjour en Champagne lui avait tout l'air d'une approbation du ciel. L'enfant — un garçon , Dieu merci —, on en ferait un petit Français et ce nom lui porterait bonheur. Il travaillerait au magasin. C'était une augmentation de capital en vue.

Le caractère se forme vite dans les premières années de l'adolescence. Mince et gracieux, François chantait déjà de cette voix « douce et véhémente » qui devait agir si profondément sur les hommes et les femmes de son temps. Il était connu pour sa perpétuelle bonne humeur et la joie de vivre dont vibraient les accents dans les toutes dernières cantilènes apprises des troubadours et des jongleurs qui traversaient sans cesse le pays. Cette exultation mystérieuse s'exprimait le plus souvent dans la langue française qui lui était chère. On ne s'étonnait pas qu'il fût gai, mais bien qu'il le fût toujours. La tristesse était-elle absente de sa nature ? Jamais personne ne parut plus que lui heureux d'être au monde, dans ce coin d'Italie beau comme un songe. Si les cieux racontaient la gloire de Dieu dans les profondeurs du ciel nocturne, à coup sûr les prés, les bois et les rivières prenaient, le jour, la suite de ces louanges dont s'emplissait le cœur du jouvenceau.

N'y avait-il pas d'ombres sur cette vie ? Les déboires de santé ne l'affectaient guère. Il se trouvait toujours quelqu'un pour s'occuper de lui dans la belle maison de ses parents. On le gâtait. Il était si affectueux. Plusieurs fois sans doute son père l'emmena avec lui en France, car il est évident que si Bernardone voulait en faire un drapier il devait mener son garçon là où il pourrait faire son apprentissage, lui faire tâter du drap de tous les pays et le familiariser avec le monde des marchands. D'autre part, l'amour que François portait à la France ne pouvait être uniquement dû aux récits de son père. On n'a pas un attachement aussi fort pour un pays qu'on n'a jamais vu. Il s'était francisé dans ses voyages.

Deux fois par an, à l'époque des grandes foires, on se réunissait en caravane à une dizaine de voyageurs, drapiers, lainiers, soyeux, orfèvres, et on allait, sous la protection des hommes d'armes que l'on avait engagés dans sa ville, à travers des contrées où l'on payait un droit de passage, mais où les serfs voyaient d'un mauvais œil ces étrangers armés et prospères. D'Orvieto ou de Terni, par Cortone, Florence, Lucques, on longeait le littoral pour gagner la Provence, puis on remontait la vallée du Rhône dans la poussière des routes et des chemins creux jusqu'aux pays des brumes. Il fallait des semaines. Au retour, les coffres étaient chargés non seulement d'étoffes précieuses, de couleurs nouvelles, de draps tissés de façon différente à Bruges et à Gand où l'eau avait des qualités particulières pour le foulage, mais aussi d'œuvres d'art, bijoux, émaux, ivoires, tout ce qu'il fallait pour faire perdre tête à des seigneurs fortunés et vaniteux, mais qui s'y ruineraient, ou du moins, pensait Bernardone, céderaient de belles et bonnes terres pour éteindre leurs dettes. Et puis on voyageait sans trop de pièces d'or, car les premières lettres de crédit faisaient leur discrète apparition.

Quel âge François pouvait-il avoir ? Douze ans peut-être. J'imagine son enivrement dans la découverte de nouveaux paysages et de villes où bourdonnait cette langue française dont il essayait d'attraper toutes les inflexions. S'arrêtant dans les églises, le frappait surtout l'élévation de l'hostie à la messe, coutume propre à la France de montrer aux fidèles le Corps du Seigneur. Elle fut instituée à Paris d'abord, par l'évêque Eudes de Sully. Cette protestation muette contre l'hérétique Bérenger qui cent ans plus tôt niait la Présence Réelle répondait aussi au désir du peuple de *voir* le mystère. Et c'était là une de ces secrètes rencontres entre Jésus et François qui devaient un jour jeter le prédestiné sur les traces du Sauveur.

En Champagne, en Provence, il avait entendu troubadours, trouvères et jongleurs dont les chansons l'émerveillaient et qu'il ne se lassait pas d'écouter pour les retenir et les chanter à son tour. Pas toutes peut-être, mais celles où paraissait la dame idéale, l'éternelle bien-aimée lointaine, semblable à la princesse délivrée par saint Georges. Et puis il voulait pouvoir les chanter à sa mère. De nos jours, on se fait encore du troubadour une idée qui nous vient tout droit du romantisme et des statues néo-gothiques ; élégant, frisé, avantageux. Les « *hippies* » nous fourniraient une image plus proche de la vérité, car il y avait de tout parmi ces vagabonds musiciens. Bons et mauvais garçons, « suborneurs de dames » comme on disait d'eux alors. Tous ne chantaient pas bien, loin de là, mais dans l'ensemble ces jeunes perpétuellement ambulants avaient la faveur du public. C'était la poésie qui passait à travers les banalités de la vie quotidienne, la jeunesse libre et aventureuse, parfois bien reçue chez les riches et les puissants du jour pour quelque ritournelle ou quelque chant amoureux. François admirait peut-être leur indépendance, leur dédain de toute servitude. En tout cas, il se souviendrait d'eux plus tard quand il prit pour lui et ses compagnons le nom charmant de jongleurs de Dieu.

On ne sait ce que Bernardone pensait des troubadours. Sans doute les trouvait-il insupportables avec leurs guitares, leurs refrains langoureux et leurs airs mourants. Pour lui, ce qui comptait en voyage, c'étaient les affaires et la fructification croissante des bénéfices. Il lui fallait aussi apprendre à son garçon son futur métier, la différence de qualité des tissus, leur valeur.

Ces leçons-là ne tombaient pas dans une oreille inattentive.

Tout s'emmagasinait dans cette petite tête intelligente, le temporel comme les rêves, et l'imagination bouillonnait. Car enfin, il y avait de tout dans ces voyages. Un nouveau monde s'ouvrait avec des inventions qui tenaient du prodige. Les moulins à vent dataient de la naissance de François et l'on regardait encore bouche bée ces grandes ailes de toile tournant dans le ciel comme des bras de géants. Peut-être remarquait-il, lui, mais sans bien en saisir la portée immense, l'ogive pointant comme le bourgeon d'une fleur nouvelle dans les églises construites depuis sa petite enfance. Qui se doutait, du reste, que c'était l'éclosion d'une spiritualité nouvelle ?

De retour à Assise, il devait accompagner son père au magasin pour se familiariser tant soit peu avec les rudiments du métier. Savoir parler aux clients était un art, apprendre à lire sur leur visage ce qui pouvait guider leur choix, leurs préférences, et leurs moyens, tout cela demandait une certaine finesse. François montrait les dispositions nécessaires. Il eût fait un commerçant de premier ordre. Ajoutons à cette intelligence toujours en éveil la magie du sourire et de la courtoisie. Sur ce point, Bernardone pouvait être tranquille ; mort, il laisserait sa boutique entre de bonnes mains.

Ce qui lui échappait, et qui l'eût alarmé peut-être, c'est que, dans cet être si charmant et, il faut bien le dire, si adroitement enjôleur, voisinait avec le sens pratique une tendance au rêve et — horreur ! — aux visions. Ici encore les choses s'embrouillaient en raison de cette dualité dont François lui-même ignorait la cause profonde. Quoi qu'il fît, il était la proie de Dieu. Travers, fautes, défauts, passions même ne pouvaient que retarder l'inévitable coup de foudre.

L'Histoire en marche

Les voyageurs arrivaient sans cesse suivis d'un cortège de nouvelles, pareils à des journaux vivants. Et, dans ses allées et venues fréquentes d'Italie en France, Bernardone rapportait les derniers récits de la lutte des Communes picardes et flamandes pour leur liberté contre le régime ecclésiastique et féodal. Dans l'ombre de la grande salle où son père recevait ses amis, le petit garçon devait écouter avidement ces échos de désordres. Le sang coulait dans ces histoires passionnantes et François grandissait dans une atmosphère d'agitation politique et de rumeurs de guerre.

Déjà en Italie, six ans avant sa naissance, après de multiples échecs où Milan avait été rasée, la Ligue lombarde, ralliant Gênes et les cités du Pô, avait cette fois battu les troupes impériales, le 29 mai 1176, à Legnano, et obtenu de Frédéric Barberousse la reconnaissance de droits communaux qui ne laissaient à l'empereur que son image de marque, à savoir son titre, sa pompe et toutes les apparences inutiles du pouvoir. En 1187, une nouvelle secoua la chrétienté : le sultan avait pris Jérusalem. Contre Saladin, les princes d'Occident se croisèrent, mais seul l'empereur exécuta son vœu. Malheureusement, alors que la Syrie lui était ouverte, il se noya en se baignant dans le Cydnus, et les troupes allemandes se dispersèrent bientôt. Le corps de Barberousse n'ayant pas été retrouvé, la légende s'en empara — il y a toujours de quoi faire une légende au Moyen Age — et le plongea à son tour dans les eaux d'une léthargie prophétique dont les remous nous parviennent jusque dans les poèmes de Heine. Le monde changea, il changeait, comme toujours, en apparence, car les hommes au fond gardent les mêmes inquiétudes.

Alors Henri VI, fils et successeur de Frédéric Barberousse, tomba à bras raccourcis sur l'Italie comme par vengeance familiale et reprit toutes les franchises accordées, installant ses lieutenants partout où un soulèvement était à craindre. C'était un grand homme long et pâle de vingt-quatre ans, immodéré dans la fatigue comme dans les plaisirs et qui n'avait pour code de justice que sa propre loi. Il soutenait son sens des affaires par ruse et patience, le mot de grâce n'existait pas pour lui. Il avait épousé Constance, héritière du royaume de Sicile, et cette grande femme blonde, élevée à Palerme chez les religieuses du Saint-Sauveur, puis à la cour de ses frères, « véritables sultans baptisés », séduisit la cour nordique de son mari. D'amour entre eux, point. C'était un de ces mariages de raison d'Etat ; la femme avait onze ans de plus et l'homme le compensait par un autoritarisme sans nuances. Pour prendre possession de ses nouveaux fiefs, il se rendit à Messine, soumettant au passage à la manière forte les cités les plus effervescentes.

A Assise, le duc Conrad d'Urslingen fut chargé d'imposer la paix germanique et s'installa dans la forteresse qui dominait la ville la Rocca Alta d'où ses troupes firent régner l'ordre. Il était duc de Spolète et vivait d'un château à l'autre. Il y eut un moment de tranquillité forcée, mais prospère. François avait huit ans à la mort de Frédéric Barberousse et on ne parlait de liberté conquise que dans la France lointaine, la patrie de sa mère. Dans le Sud, il en allait tout autrement. Henri VI faisait la loi, sa loi.

A Palerme, dans une tradition toute byzantine, le jeune Guillaume, fils de Tancrède qui avait soulevé la Sicile, dut porter lui-même pendant la messe la couronne des deux royaumes sur un coussin et la déposer aux pieds d'Henri VI à la fin du credo. Quelques jours plus tard, le lendemain de Noël, cet enfant de huit ans eut les yeux crevés et fut châtré. Les cadavres de Tancrède et de Roger de Sicile, qui avaient été l'âme de la révolte normande, furent tirés de leurs tombeaux et décapités sur la place publique. La terreur marchait en avant d'Henri VI dans ses allées et venues à travers l'Italie méridionale. Des rumeurs atroces parvenaient des Pouilles. On apprenait que le comte Giordana qui avait résisté avait été arrêté et assis sur un siège de fer chauffé à blanc. On l'avait coiffé d'une couronne de métal incandescent qu'on avait enfoncée à coups de maillet sur sa tête et une seconde couronne de fumée s'était élevée au-dessus du supplicié. Pendant ce temps, l'impératrice enceinte dut s'arrêter à Jesi et accoucha, sous une tente dressée en toute hâte sur la place communale, d'un garçon, le futur Frédéric II. Puis elle gagna le château de Foligno, résidence favorite de Conrad d'Urslingen.

Le petit Frédéric devait être baptisé quelques mois plus tard, au début de 1195, sur les mêmes fonts baptismaux de pierre et de porphyre que le petit Giovanni di Bernardone.

Baptême d'un roi

Ce fut dans la cathédrale de San Rufino qu'eut lieu la grande cérémonie qui se déroula avec toute la splendeur du Saint-Empire romain germanique. La foule en oublia pendant un jour sa haine de l'occupant et s'émerveilla devant une magnificence qui en imposait aux plus hostiles. François, présent à la fête, ouvrit les grands yeux de la treizième année pour ne rien manquer de l'éclat de tout cet or et de toutes ces pierreries qui alourdissaient les chapes, les manteaux d'apparat et les tentures. La cohue des seigneurs, les hérauts d'armes avec leurs trompettes habillées de drapeaux, le tonnerre de cloches, les fanfares, puis, au fond du chœur illuminé, l'encens, les chants de triomphe et de joie et la masse rouge des cardinaux comme du sang figé lui donnaient de la sainte Eglise une image resplendissante. Loin de savoir qu'elle était en péril, il n'en voyait que la pompe et la puissance apparente et se félicitait d'être le fils d'une mère aussi glorieuse. Qu'eût-il pensé s'il avait su qu'un jour il allait l'empêcher de s'écrouler ? A vrai dire il avait des prémonitions, mais d'un tout autre ordre : il se voyait prince comme ceux qui entouraient le petit roi et ne s'en cachait pas. La gloire, la gloire humaine, comme il la désirait ! « Je la donne à qui je veux », soufflait une voix.

Derrière le comptoir

Comment aurait-il songé au salut de son âme en observant dans la ville, et certainement dans la boutique de son père, les seigneurs aux manières raffinées qui les séparaient du reste du monde ? Le secret désir de leur ressembler se glissait dans le cœur de l'adolescent. Passé l'enfance, il devenait autre, non pas mauvais — cela, il ne le fut jamais —, mais différent du petit garçon attentif au merveilleux des vies de saints. Et malgré tout, là encore, cavalcadait saint Georges dans son étincelante armure, comme si même au paradis la chevalerie tenait sa place.

Pour être chevalier, il fallait être seigneur ou bien, l'imagination de François en chavirait, pouvoir s'acheter une armure, partir pour la guerre, faire ses preuves. Si jamais une âme fut tentée, ce fut celle de François, mais, comme l'âme était noble, ce n'était pas par la vulgarité qu'elle se laisserait prendre. Un idéal de choix était nécessaire. Dieu seul connaît le secret des cœurs. Quand le démon voit juste, ses vues sont courtes, il ne réussit que dans l'immédiat, le dernier mot ne lui appartient pas.

François était trop intelligent pour ne pas pressentir le don suspect qu'il avait reçu de séduire. Lorsqu'il voyait les garçons de son âge privilégiés dès leur naissance, pouvait-il se retenir de penser : « Pourquoi eux et pas moi ? »

Mais, dès quatorze ans, il fallait quitter un peu les rêves et revenir au vrai, au magasin, où François travaillait tout de bon sous l'œil réaliste du père. Non sans une arrière-pensée commerciale, celui-ci voulait son fils vêtu de la façon la plus savamment recherchée, et avec quel enthousiasme il se voyait obéi ! La mode, la toute dernière mode, allons plus loin, la mode à tout prix d'avant-garde, celle de France, là était l'obsédant idéal. François servait de modèle, mais un modèle consentant, avec la fièvre de se surpasser. L'époque était aux folies vestimentaires.

35

Le drap fin multicolore, les soieries délicates, le velours prestement étalé sur le large comptoir par ce jeune homme à la voix
douce et rapide qui disait juste ce qu'il fallait, avec un tact
inimitable... Quel magicien il était sans le faire voir ! Les jeunes
gens de grande famille à qui il parlait avec la nuance de respect
voulue se sentaient un peu gauches devant ce vendeur mille fois
plus élégant qu'eux et qui, loin d'en avoir l'air, les poussait à la
dépense. Au plumage on connaît l'oiseau. Si l'argent n'était pas
disponible, on attendrait. Le père approuvait d'un coup d'œil,
ajoutant mentalement bois et prairies. Les pères paieraient les
dettes de leurs galopins de fils en lopins de terre. Cette soie aux
reflets chatoyants venait de Mossoul et à Paris elle était la
préférée des connaisseurs. Pour la faire voir au grand jour et dans
toute sa richesse, le vendeur avait le droit de la porter jusqu'au
milieu de la rue, pas plus loin, sauf s'il fallait auner les étoffes de
largeur incertaine, et là, on allait jusqu'au bas de la tour de la
Commune où dans la pierre étaient incrustés les étalons pour la
soie, la toile et la laine. A quel jeu professionnel de la tentation se
livrait le jeune François ? Là comme ailleurs, il réussissait. Mais
de quelle suggestion impossible à déceler n'était-il pas lui-même
l'objet ? Le père, en tout cas, insensible au surnaturel, jubilait.
Le jeune homme avait des dispositions évidentes, c'était un
commerçant-né, un « cautus negotiator ». Qu'importait qu'en
ville on murmurât un peu contre ces façons de seigneur qu'affectait le fils du drapier ? A ses voisines qui lui rapportaient ces
rumeurs, Pica répondait doucement que son François serait « un
fils de Dieu ». Elle n'en bougeait pas.

Oisive jeunesse

Le voilà donc membre actif de la corporation des drapiers.
Vendeur. La maison est solide et, par un de ces caprices d'avare,

son père ne lésine pas sur l'argent de poche qu'il donne à un garçon aussi prometteur. Cependant la clientèle ne se compose pas seulement de fils de famille à l'affût de la mode, mais aussi de bourgeois aisés qui veulent de la bonne qualité d'étoffe, sérieuse et durable. Tout le monde est bien servi. Ce freluquet de vendeur comprend vite. Quatorze ans, c'est bien jeune, c'est ce qui a pu tromper certains biographes. A cette époque, c'était la veille de la majorité. Et on a vu, de nos jours, des garçons plus jeunes encore tenir en respect toute une population avec des mitraillettes.

A Assise, en cette fin du XIIe siècle, on brûle les étapes de l'adolescence. Quinze ans, c'est l'âge d'homme, et François sent qu'il vole vers cette majorité. Si la boutique de son père est comme une scène où il s'exerce à éblouir les gens, la ville est son vrai théâtre, parce que l'Italie vit dans la rue. Il n'y a pas moins de cent cinquante jours fériés l'an. Cela donne des loisirs et, la belle saison venue, François n'a qu'à paraître et faire le troubadour avec ses chansons provençales pour que les amis accourent. Incroyable est leur nombre. On dirait qu'il a ensorcelé la jeunesse. C'est qu'avec lui on ne s'ennuie pas. Si courte que soit encore son expérience de la vie, il sait organiser des fêtes, commander une table dans la bonne auberge, choisir ce qu'il y a de meilleur. Un début peut-être, mais plein d'avenir. On fera mieux plus tard. Il a déjà la manière et, ce qui simplifie tout, détail qui a son prix, ses poches sont toujours bien garnies. Où est le vendeur de la maison Bernardone ? Il se sent si naturellement supérieur à ses compagnons qu'il dirige sans peine toutes les opérations. Celles-ci sont en général nocturnes et tapageuses. « Tu es notre *dominus* », lui crie la joyeuse bande qui a beaucoup trop bu, mais quoi, c'est le petit drapier qui régale. Après les dîners fins, on court danser. Comme on dit en France, « après la panse, la danse ». L'heure est tardive, l'aube va poindre, les volets s'ouvrent et des dormeurs, réveillés par des cris ou des sérénades, protestent. C'est encore ce diable de François qui mène la farandole au cœur de la ville plongée dans le sommeil. On crie au scandale, mais pas trop fort, car le coupable a ceci de particulier que tout le monde l'aime et qu'après avoir un peu grogné on lui passe tout et on se rendort. La farandole effrénée poursuit sa course tourbillonnante, sans but, on ne sait où l'on va, François moins que les autres.

La terre est si belle...

Les jours fériés, il y en a tant, François se promène à cheval dans la campagne, d'une propriété à l'autre de son père. Sur ses épaules, un de ces admirables manteaux légers et flottants dont raffole la haute société, et il se tient si bien à cheval, le jeune Bernardone, qu'on le prendrait pour un noble. Cette méprise, comme il s'ingénie à la cultiver. C'est un peu naïf, mais qu'importe ! Il est jeune et si heureux de vivre, et ces paysages d'Ombrie le ravissent. Pourra-t-il jamais se lasser d'admirer les prés, les bois et la lumière, la lumière surtout ? Des amis se joignent à lui pour la joie de galoper dans cette nature d'une beauté grisante.

Ces amis qui lui viennent de tous les côtés et qui sont tout prêts à le suivre partout, que voient-ils donc de si remarquable chez ce garçon, chez cet homme de quinze ans ? S'il les éblouissait tous, de quoi avait-il l'air, car enfin cela compte ? Presque de taille moyenne, mince et gracieux, sans être beau, il était inoubliable. Une tête petite et ronde, le front bas, le nez droit et régulier, des oreilles petites et comme dressées, les dents serrées, égales et blanches, les mains fines, les doigts longs, la peau douce. Et surtout, surtout, de grands yeux changeants. On devine ce qui ne peut se décrire : le rayonnement de sa personne qui déjà agissait sur *le nombre*.

Le secret en était sans doute une joie en quelque sorte inextinguible, non seulement la seule joie de vivre, mais une autre joie beaucoup plus profonde et dont lui-même ne comprenait pas bien la nature, non plus que l'immensité de la grâce qui l'habitait depuis sa naissance. Quelqu'un l'aimait follement, et d'une manière obscure il devait le pressentir, mais cela ne pouvait se traduire que par ces éclats de rire continuels et les plaisanteries qui jaillissaient de ses lèvres comme de celles d'un écolier. On s'amusait de ce qu'on appelait ses farces, mais qu'avait-il donc, ce François, à voir dans tous les jours une fête ? Ne connaissait-il jamais la tristesse, l'ennui ?

Aucun mystère dans tout cela aux yeux de ses compagnons. N'a-t-il pas tout ce qu'il veut ? Quinze ans et les poches bourrées d'argent. Il faut le voir en jeter aux aubergistes avec une désinvolture patricienne et parcourir la ville dans ces vêtements d'une élégance inattendue. La richesse, on pourrait la lui envier, si ne l'accompagnait une libéralité de fou. Il donne à qui veut, et il y a ceci qui désarme les plus jaloux : jamais la main d'un pauvre ne se tend vers lui qu'il n'y fasse briller son aumône.

Qu'en pensait le père ? Quelle importance ? Il était ce que les chroniqueurs appelaient non seulement « dives », riche, mais « praedives », richissime, car son instinct des affaires tenait du génie. Le train de vie du fils en offrait la preuve accablante, accablante parce que la « faim capitale » qui s'était abattue sur l'Italie sévissait toujours, mais ce n'était pas au garçon qu'on en avait, même s'il scandalisait par son luxe. Francesco le séducteur était le roi de la jeunesse à qui l'on pardonne tout. En revanche, on parlait du père Bernardone, le gros spéculateur. Ses propriétés patiemment acquises tout le long des années s'étendaient un peu partout sur le territoire assisiate. Bois, prairies, fermes, jardins ombragés, morceaux de montagne, torrents à truites, tout passait dans sa poche. On n'en finissait pas d'énumérer ces lieux paradisiaques où François pouvait s'enfoncer dans d'agréables solitudes si l'envie lui en prenait. Méditait-il alors, l'enfant gâté, sur l'effarant contraste entre l'opulence familiale et la détresse du pays ? On peut se le demander, car rien n'est clair dans ce destin étrange. A cet âge si jeune, on ne réfléchit pas encore beaucoup. La charité une fois faite, la pauvreté s'efface pour un temps, et puis les plaisirs sont là.

Les domaines du père offraient de belles randonnées. Il en avait dans tous les coins, refuges contre l'été, contre la menace de la peste qui pouvait faire de brusques et terrifiantes apparitions, et on galopait de l'un à l'autre, avec un brin d'ostentation chez François. Pour arriver à Rivo Torto, où il y a son étang favori, il faut passer par la Fontanelle, et là-bas un bâtiment dont le nom même fait peur, l'Ospedale, le lazaret où sont parqués les lépreux. Les garçons se bouchent le nez, affirment qu'ils sentent l'effroyable puanteur et tournent bride sans pudeur. Et François ? Les mauvaises odeurs l'incommodent au-delà de ce qu'on pourrait croire. Il est de nature un dégoûté. Ici la misère humaine lui souffle au visage son haleine de mort. Et celui qui sera le plus grand saint de la chrétienté se bouche le nez et pique des deux, lui aussi. François lui-même nous a avoué sa faiblesse dans son testament.

Les misérables

Qu'avaient-ils de si effrayant, ces déshérités du XIIᵉ siècle ? Un mendiant, aujourd'hui, pour l'homme du XXᵉ siècle, ce mot évoque un personnage habillé de façon plus que modeste, mais le haillon n'est pas loin des vêtements sales, râpés, rapiécés, informes. Ce pauvre classique au visage hirsute, aux ongles bien noirs, même s'il est authentique, car les imitations surabondent et certaines sont parfaites, n'est que le parent très lointain du pauvre médiéval. Celui-là vient d'un autre pays : le Moyen Age. Cet épouvantail, la société ne savait jamais très bien qu'en faire et elle s'efforçait de le tenir à l'écart, surtout si elle était à l'origine de sa misère. Parfois même, à l'occasion de croisades, elle les exterminait.

Dans la jeunesse de François, la sécheresse avait dévoré les récoltes sur pied, puis étaient venues des années d'humidité qui faisaient germer le blé en herbe, et le nombre des miséreux s'était multiplié. Aux portes des monastères, ils agonisaient comme on en voit de nos jours mourir dans les rues, aux Indes. A la famine s'ajoutaient les guerres. Et il y avait des pauvres de toutes sortes.

Aux estropiés des batailles se joignaient les petites gens ruinés, ceux qui gagnaient tout juste pour survivre et que la maladie guettait, et qui étaient destinés à cette mort lente : la pauvreté. Venait ensuite la cohorte des mendiants et l'on descendait dans la crasse et les puanteurs. Enfin, tout à l'écart, parqués dans les lazarets, les lépreux, dont certains gardaient encore un semblant de liberté et pouvaient se promener dans les campagnes, presque entièrement cachés dans des loques grises et agitant la sinistre crécelle comme pour faire peur aux vrais vivants. Plus du tiers de la population était pauvre en cette fin du XIIe siècle, et un bon dixième au plus bas de l'échelle de la misère.

Sans doute les pauvres allaient frapper aux portes des monastères où on leur donnait de la nourriture, mais, quand venait à manquer le pain, par les temps de grande disette, ils se voyaient réduits à manger des blés et des seigles contaminés d'ergot, porteurs de maladies repoussantes, comme le mal des ardents qui brûlait le corps par l'intérieur, des zonas incurables, des eczémas suintants, tout ce que la peau pouvait à son tour faire germer. Il n'était pas rare de voir dans les champs, et même aux portes des faubourgs, de ces êtres aux membres pourris, au visage rongé par les ulcères, à la peau noircie comme au charbon. Devant le dégoût qu'ils inspiraient, ils cherchaient refuge dans les bois. C'étaient alors les « boisilleurs » qui se protégeaient de leur mieux contre les intempéries avec une peau de mouton mal équarri, sanglante, et n'avaient pour tout bien qu'un bâton. Les forêts devenaient un lieu d'effroi : l'homme des bois était un personnage qui envahissait les récits pour faire peur aux enfants.

Souvent, on brûlait les corps dans les charniers pour purifier l'air de ces propagateurs d'épidémies, car, morts, ils n'en sentaient pas moins mauvais. Nourris d'herbes vénéneuses et de petits rongeurs qui faisaient circuler dans les veines le poison de maladies infectes, ils pouvaient devenir méchants, le bâton à la main, et les hommes d'armes n'hésitaient pas à pourchasser cette pouillerie.

En vain les prédicateurs faisaient appel à la pitié de leurs auditeurs qu'ils menaçaient de l'Enfer s'ils ne donnaient pas. Lazare, le pauvre de l'Evangile, était le personnage sans cesse évoqué. Les chiens lui léchaient les plaies, mais à sa mort il montait au paradis, alors que le riche qui ne daignait même pas le voir et se nourrissait fastueusement (« *epulebat splendide* ») allait une fois mort brûler dans le feu inextinguible. Cette parabole ne manquait jamais d'exercer un pouvoir magique et l'épouvante déliait les bourses. D'autant plus que l'horreur de leur condition transformait parfois ces victimes du sort en adversaires dangereux. L'Eglise ne tarissait pas sur « les clameurs des pauvres », dont le nombre augmentait d'une manière alarmante. Une sorte de malédiction pesait sur eux. Les riches donnaient pour éloigner le cauchemar de la damnation, mais, en ce qui touchait l'amour du prochain, il était à réinventer.

Il était pourtant là. Dix ans avant la naissance de François Bernardone, un riche Lyonnais, entendant chanter la légende de saint Alexis, comprit tout à coup qu'un vrai chrétien doit être un autre Christ.

Idées, voyageuses infatigables

Tout bouge dans ce monde du XIIᵉ siècle et, de toute l'Italie, aucune ville n'est plus avide de nouvelles qu'Assise l'impériale. Pour apaiser la curiosité toujours en alerte, il n'y a que les marchands. Les marchands savent ; leurs randonnées d'un pays à l'autre en font les colporteurs de tous les bruits du siècle. A cause de cela, leur boutique est rarement vide ; moins qu'une autre, celle de Bernardone où travaille François. Ce n'est pas seulement pour acheter du drap et guetter les caprices de la mode qu'on vient y passer un moment. Patron et clients bavardent, interrogent, opinent sur tout pendant que s'affairent les commis. L'agitation dans les Flandres, la lutte des Communes contre les seigneurs, les événements d'Orient d'où sont importées les soieries, dans ce grand murmure de paroles bat le flux de l'Histoire, mais il y a autre chose d'aussi sérieux que ces conflits.

Un peu partout circulent des opinions religieuses à peine croyables. On a assez parlé de ce Pierre de Vaux, homme pourtant raisonnable, qui, entendant un jongleur chanter la légende de saint Alexis, a voulu faire comme le saint. Celui-ci, le matin de son mariage, s'était enfui pour aller vivre dans la misère. Revenu chez lui, après bien des mortifications qui l'ont rendu méconnaissable, il demande l'hospitalité à son père qui lui laissera un coin sous l'escalier. On le nourrira de rebuts et les serviteurs lui jetteront en passant de l'eau sale au visage. Il meurt enfin et l'on a la révélation que c'était un saint. L'excentrique de Lyon décide qu'il ira lui aussi vivre parmi les pauvres et comme un pauvre. N'y a-t-il pas assez de pauvres dans le monde ? Mais le pire est qu'il est suivi par des braves gens qui croient comme lui qu'ils seront un jour pareils au Christ. A quoi rêvent-ils ? C'est ce qu'on se demande dans la boutique du drapier.

Comme s'il y avait une contagion de ces idées bizarres, il y a aussi les « Pauvres du Christ » qui se veulent dépouillés de tout et parlent mal des princes de l'Eglise vêtus somptueusement, alors que le « pauvre Seigneur Christ » ne possédait rien. On en croise partout, en France, le long du Rhin, en Italie même. François écoute.

Quelle folie gagne le monde ? Un moine de Calabre, Joachim de Flore, dépasse tous ces illuminés dans le délire mystique, car il ose soutenir que le règne du Père a pris fin pour laisser place au règne du Fils et que celui-ci à son tour va s'effacer devant le Troisième Règne, qui sera celui du Saint-Esprit. Ce sera le règne de l'Amour. Ces belles choses, il les a écrites dans un livre dont le titre est *l'Evangile éternel*. Personne n'a lu ce livre, personne ne l'a même vu, mais des pages du volume fantôme s'envolent les prophéties les plus audacieuses, et beaucoup de gens en ont la tête tournée. Heureusement l'Eglise est là qui veille. Elle ne peut, malgré tout, empêcher les erreurs de courir les routes par la bouche de tous ces bavards au regard extasié. De quel droit lisent-ils l'Ecriture sainte dans des textes en langue vulgaire, quand l'Eglise le défend ? Que croient-ils ? Le savent-ils seulement ? Ils répètent que l'Amour va venir apporter le bonheur aux hommes et que le monde sera rénové.

« *Pace e bene !* » La paix, la joie ! On a entendu autrefois un de ces énergumènes jeter ce cri dans les rues d'Assise, du matin au soir, et cela d'une voix terrible. C'était l'année de la naissance de François.

Et le jeune François ne peut se retenir de tendre l'oreille, mais ses rêves à lui sont d'une autre sorte. Pourtant, il essaie de comprendre. Le Troisième Règne... Qu'est-ce que ce spectre qu'on agite pour troubler la tranquillité des chrétiens ? Ne suffit-il pas d'être fidèle aux commandements de l'Eglise ? Combien coûte une armure ? François le sait parfaitement : une fortune, mais son père est si riche. En temps voulu, le jeune homme saura obtenir cette somme énorme, car il lui faudra aussi un cheval et l'armure du cheval, et un écuyer et des armes, sans quoi il n'est pas possible d'accéder à la noblesse... Dans les discours autour de lui, les croyants d'un nouveau genre continuent à se succéder sur les chemins du siècle.

Les cathares disent que le monde est mauvais et qu'il faut se libérer de la matière, monter jusqu'à Dieu. Ils s'appellent eux-mêmes « Enfants de la lumière », mais leur foi est tissue d'obscurités. Ils vont jusqu'en Perse alimenter leurs croyances au feu de sectes presque disparues. Plus étranges encore, les bogomiles qui croient que le monde est l'œuvre de Satan, qu'on ne se sauve que par la pénitence et la pauvreté, et forment une nouvelle Eglise opposée à l'ancienne. Et il y en a d'autres et d'autres encore, isolés ou par groupes. On ne compte plus ces exaltés qui veulent « imiter le Christ », vivre de la même façon que dans l'Evangile, comme si c'était possible. Etre comme le Christ, ils n'ont que cette idée en tête, et tous ces gens-là prêchent, prêchent, prêchent...

Les « Frères du Libre Esprit » ne demandent ni plus ni moins, suprême horreur, que le partage des biens, car on trouve tout ce qu'on veut dans l'Evangile quand il échappe aux mains de l'Eglise. Tous ces agitateurs opposent l'Evangile à tout. On ne peut leur reprocher aucune violence pour l'instant, ils veulent changer le monde par la douceur, changer la vie. Là est le danger. Il faudrait être fou pour vivre comme le Christ. François écoute.

Amour, amour, ce mot revient sans cesse à tout propos. Depuis des années, on en a connu qui ont tenté de suivre cet idéal : dans le Périgord, un certain Pons qui a fini cathare ; Robert d'Arbrissel qui plus raisonnablement créa une communauté de pauvres, ce qui semblait révolutionnaire ; et cet Arnaud de Brescia, l'espoir du « *popolo* » de Rome, le petit peuple qui en a fait son chef avant de l'abandonner pour qu'il finisse étranglé sur l'ordre d'un pape au fond d'un cachot.

Ces révoltés qui viennent de tous les pays, on a l'impression qu'ils passent ici, dans ce magasin, comme sur une grand-route, appelant à l'aide, dans un élan mystique, quelqu'un qu'on a perdu. C'est ce que François écoute sans rien dire.

Les années troubles

Peu de fins de siècle ont été plus confuses. En douze mois, le destin bouleversa tout comme par jeu. On eût dit qu'il voulait faire table rase pour l'avenir. La mort inattendue d'Henri VI d'Allemagne, d'une malaria contractée en chassant dans les marécages de Campanie, fut saluée en Italie par des cris de joie. C'était la fin de l'été 1197, il faisait chaud, il but de l'eau d'une fontaine. Etait-elle empoisonnée ? Toujours est-il que, pris de vomissements, il désira regagner son royaume de Sicile. Et le hasard voulut qu'il expirât aux premiers jours d'automne, le 28 septembre, dans un château arabe, sur la route de Palerme, à Favara, préfigurant ainsi le destin de son fils, Frédéric II, qui allait plus tard favoriser les rapports avec l'Islam.

Le pape, Célestin III, avait quatre-vingt-treize ans. Sa douceur, son désir de paix à tout prix, joints à une grande sagesse, lui avaient valu le surnom d'« apaiseur de querelles » ; ce vieillard temporisateur mourut trois mois plus tard. Ainsi les deux pouvoirs, empire et papauté, se trouvaient vacants presque en même temps et la liberté se rua dans ce vide. Commencèrent alors des mois de fièvre et d'espoir ; la Ligue lombarde se fortifiait, de petites cités s'érigeaient en Communes libres, puis, coup sur coup, on eut deux empereurs et un pape.

1198 fut une année charnière. La succession d'Henri VI parut inextricable, l'aigle devint vraiment bicéphale : le plus jeune frère d'Henri VI, Philippe de Souabe, un beau garçon séduisant comme tous les Hohenstaufen, souriant et entouré de poètes et de lettrés, fut choisi à la Diète de Mayence, mais deux mois plus tard, à Aix-la-Chapelle, une assemblée dominée par les évêques lui préféra Othon de Brunswick. C'était un homme étrange, un schizophrène, mais intelligent, rusé et soutenu par Jean sans Terre. On dit qu'à un dîner de rois, comme dans Shakespeare, à l'annonce de la mort de l'empereur, son oncle Richard Cœur de Lion, roi d'Angleterre, se serait tourné vers lui pour lui dire : « Gentil cousin, voilà une place à prendre », et que le roi de France aurait alors violemment pris le parti adverse. Cependant lui voilà une couronne en tête, ou plutôt une moitié de couronne.

Entre-temps, le conclave avait élu un homme de trente-quatre ans, Lothaire de la grande famille des comtes de Segni, et fier de l'être. Il choisit le nom d'Innocent III. Dans la force de l'âge, il succédait à six vieillards qui depuis vingt ans s'étaient suivis sur le trône de saint Pierre. Qu'allait faire le nouveau pape ? Les deux empereurs sont jeunes, vingt et un et vingt-trois ans, et on murmure que c'est ce pape encore cardinal qui aurait poussé à la seconde élection par une méfiance instinctive envers les Hohenstaufen à la tête du Saint-Empire, comme s'il avait lui-même des vues sur l'Italie entière.

Les nouvelles vont vite ; à la mort de l'empereur, Assise

exulte. Mais en haut, à la Rocca, le vieux gouverneur, Conrad d'Urslingen, duc de Spolète, créature du défunt, doit opter et, contre toute logique, se range du côté d'Othon IV pour lequel penche aussi Innocent III. Les raisons du pape sont multiples : Othon lui a tenu l'étrier, signe de vassalité, et il croit pouvoir compter sur cette soumission plus que sur celle d'un fils de Barberousse qui aurait en outre le titre de roi des Romains. Les raisons du vieux duc sont simples : il veut conserver son duché de Spolète et croit mieux protéger de cette façon le petit Frédéric qu'il a vu naître, qui a été baptisé à Assise et qui se trouve encore, ce printemps-là, entre les mains de sa femme, dans son château de Foligno.

Conrad agit massivement et commence par offrir deux cents hommes d'armes à Sa Sainteté, une véritable armée, et ce don royal Innocent III l'accepte d'abord, mais, devant les clameurs de son entourage criant au cadeau empoisonné, il se ravise. Ne va-t-il pas se placer entre les mains de deux cents Teutons ? Et, comme ce n'est pas pour rien qu'il est conscient d'être le chef de l'Eglise et qu'il tient à son pouvoir temporel comme spirituel, il convoque Conrad, duc de Spolète, à Narni pour qu'il vienne y faire allégeance et lui remette par la même occasion les clefs de la citadelle d'Assise, fidèle ennemie de sa fidèle Pérouse. Ce n'est pas Canossa, mais on y songe.

Les Assisiates, qui jusqu'ici étaient accommodés à la sauce allemande, vont-ils se laisser manger à la sauce papale ? Le printemps fleurit et les esprits fermentent.

Pour faire bonne mesure, cette année-là, novembre verra une autre mort, une grande mort, celle de Constance, d'impératrice devenue régente de Sicile au nom du petit Frédéric-Roger. De cette vieille mère à la peau grise — elle avait accouché à quarante ans, ce qui était un âge avancé à l'époque —, on fera presque une sainte. N'avait-elle pas en douceur rétabli l'ordre en Sicile, après les révoltes écrasées par son mari, et remis la couronne de son fils sous la protection du pape, qui poussera lentement de sa crosse ce petit roi de quatre ans sur l'échiquier italien comme un vulgaire pion ?

Mais revenons au printemps de 1198 : les Allemands sont

encore dans leur citadelle d'Assise, le pape et ses cardinaux font une cure à Narni, tout est en place pour un mois de mai chaud.

Plaies et bosses

Quitter une forteresse avec armes et bagages n'est pas une opération qui puisse se faire en secret. Trop d'Assisiates ont les yeux fixés sur cette Rocca Alta sourcilleuse qui rappelle sans cesse la domination étrangère. Sur la ville qui descend les dernières pentes du Subasio comme une joyeuse avalanche de toits aux tuiles fanées par le soleil, la Rocca veille, pareille à une monstrueuse bête de proie. Au-dessus de ses tours épaisses qui lui font un sinistre jupon de pierre, s'élèvent des donjons carrés juchés l'un sur l'autre comme pour voir plus loin de tous côtés. Orgueilleuse et méprisante, on ne pouvait la regarder d'en bas sans la maudire. Elle était là pour défendre Assise, elle la menaçait nuit et jour. Aujourd'hui encore, quand on est là-haut, on plonge droit dans les rues et l'on voit très bien ce qui se passe par exemple sur la place de San Rufino.

Le vieux duc de Spolète prépare quelque chose qui ressemble singulièrement à un départ camouflé. Si l'on savait que ce serviteur de l'empire s'apprêtait à se mettre à la disposition du pape avec une partie de sa garnison.... Mais, l'important, c'est qu'il s'en aille, et voilà Assise en ébullition. Une occasion insensée lui est offerte. Combien d'hommes d'armes le Teuton laisse-t-il là-haut ? Pas mal encore, mais sans leur chef. On en aura raison.

Les armes ne manquent jamais dans une ville italienne habituée aux bagarres entre communautés voisines. Le peuple est sur pied, mais il y a un flottement parmi les seigneurs qui s'interrogent. Certains, partisans de l'Allemand, sont tenus à l'écart. On ne sait jamais. Et puis qu'importe ! Il faut agir vite. Aux premières lueurs de l'aube, l'assaut est donné au son des cloches de la ville entière. Ce sera dur et le sang coulera : la troupe d'Assise a pour elle le nombre et le goût sauvage de la liberté. Dans le crépuscule du matin, on distingue mal les visages, mais François est parmi les premiers à faire l'escalade. Le futur chevalier ne manquerait pas une telle chance de montrer sa valeur et de faire du panache. On souhaite qu'il n'ait tué personne, mais l'hypothèse n'est pas à exclure : on ne monte pas à l'assaut d'une forteresse les mains nues.

La garnison est impuissante devant la multitude furieuse. Pas de quartier. Les Allemands sont trucidés, jetés par les croisées ou par-dessus les murailles. Le peuple est vainqueur et, si François se bat du côté du peuple et pour la liberté, son penchant pour la noblesse peut se réconforter de la présence de seigneurs qui ont épousé la cause populaire et se battent comme lui.

Tombée la forteresse, la Commune est immédiatement instaurée par un Bombarone, est-ce le futur frère Elie près de François d'Assise ou bien son père ? Le doute subsiste. Le duc de Spolète est à Narni lorsqu'il apprend avec Innocent III la révolte du peuple d'Assise contre le pouvoir impérial. Le pape ne peut que s'en réjouir. Quelle occasion de mettre la main sur cette ville que Rome convoite ! Des légats sont envoyés sur-le-champ, accompagnés de représentants de Conrad, et demandent qu'on leur livre les clefs de la ville. Les clefs de la ville… il faudrait qu'il y eût encore une serrure où les mettre. L'amas de pierres que fut la forteresse instruit les envoyés du Saint-Père. On imagine la réception de ces grands personnages. Des impertinences dans le meilleur style révolutionnaire leur sont jetées à la face. A l'un de ces légats qui les exige, on demande à quoi servent les clefs quand il n'y a plus de porte. Et la démolition de la forteresse continue de plus belle sous leurs yeux tandis que les remparts tout autour de la cité grandissent à vue d'œil. Et on finit par leur déclarer qu'échappée à la gueule du loup, Assise ne veut pas tomber sous la patte du renard. Pris de court, les hommes du loup comme les légats du renard assistent aux coups de pioche donnés dans les tours de la Rocca et se retirent.

La démolition du château est menée à toute allure et tout le monde s'y met. François est parmi les plus actifs et, pour donner à tous du cœur à l'ouvrage, il chante comme il chantera toute sa vie, en français, sauf à la fin lorsqu'il composera son chant d'adieu à la terre en ombrien. C'est toujours en chantant qu'il travaillera avec tout le peuple à la construction de solides murailles pour protéger Assise de tout retour offensif, ces murailles qu'on voit encore aujourd'hui. Les pierres employées ne sont autres que celles de la forteresse démantelée.

Et que faisait le père Bernardone pendant ce temps-là ? Il achetait des terrains à ceux des seigneurs qui voulaient quitter la ville à tout prix. La paix est-elle revenue ? Non, pas encore. Si du côté de l'empereur Assise est tranquille, car les clauses de la paix de Constance s'étendent à toutes les Communes de l'Italie centrale, il lui reste à exterminer la domination des petits seigneurs vivant à l'ombre du Saint-Empire. C'est moins une guerre civile qu'une ruée libératrice de toute la ville sur les images du pouvoir : châteaux et maisons orgueilleuses. Un certain nombre de seigneurs se rendent et passent du côté de la Commune ; d'autres s'obstinent à tenir tête et s'enferment dans leurs châteaux. L'un après l'autre, la rage des révoltés les assiège et, après avoir égorgé les maîtres, fait flamber leurs puissantes demeures. Plus sages ou moins intrépides, d'autres encore ont fui pour se réfugier à Pérouse, l'ennemie de toujours. Parmi ces fugitifs se trouve la noble famille d'Offreduccio qui est partie juste à temps. Un peu plus et les insurgés passaient ce beau monde au fil de l'épée. Au nombre des plus bouillants qui saccagèrent la maison sur la place de San Rufino, François, loin de se douter qu'il violait le domicile de Claire, sa future fille spirituelle.

« Au temps où j'étais encore dans les péchés. »

Pour le moment, il ne s'agissait pas de conversion chez François Bernardone. Devant le refus d'Assise de se soumettre à Rome, le pape l'avait frappée d'interdit. Fermées les portes des églises, on les clouait avec des planches en croix ; à l'intérieur, le Christ était couvert d'un voile ; les reliques étaient mises sous clef ou descendues dans la crypte ; plus d'offices et les sacrements ne se conféraient qu'à certaines conditions et sans faste. Il fallait interdire de déposer les cercueils des pauvres devant le portail des morts par crainte de la peste. On avait élu comme podestat, à la tête de la Commune, un certain Gherardo de Ghilberti, qui était cathare. Il fut déposé au bout de quelques mois et remplacé par un catholique soumis à l'Eglise, mais il y eut un long moment où régna une confusion générale. La vie n'en continuait pas moins, dans une agitation politique typiquement italienne où de sanglants règlements de comptes alternaient avec festins et fêtes, et tous les excès inévitables. On dansait, on chantait, on célébrait l'amour. François fut pris dans ce tourbillon de plaisirs. Et c'est ici que ses biographes cherchent désespérément les mots les plus honnêtes pour dire la vérité sans la dire. Des générations d'écrivains prudents se sont légué le terme de *farandoles*. Les déportements de François se bornaient à des *farandoles*. On fait la farandole autour de la vérité. Après quoi, et la conscience tranquille, on passe aux différentes étapes de la conversion. Celano, lui, nous a laissé des phrases gênantes : « Il perdit son temps et le gâcha lamentablement jusqu'à sa vingt-cinquième année environ... Supérieur à tous ses camarades en fait de frivolité, il s'était fait leur boute-en-train, les excitait au mal et rivalisait de sottises avec eux... Garçon exquis au demeurant, attirant tout un cortège de jeunes gens adonnés au mal et habitués du vice, on le voyait, flanqué de sa troupe indigne, s'avancer, magnifique et la tête haute, à travers les grand-places de Babylone. »

Le garçon exquis, nous allons le voir désormais aux prises avec l'ange dans le plus rude des combats. Il a seize ans, il s'est battu, il est un homme. Avec les fils des seigneurs demeurés à Assise et soumis au nouveau régime, la joyeuse bande de fêtards se reforme. François reprend son rôle de prédilection : le meneur de jeux, le chef, le dominus. C'est si facile. On l'aime, on est sensible à son charme et puis — la vérité n'est pas uniformément agréable — il y a la magie de l'argent. Le fils du drapier sait faire largesse des écus de son père. Il a la manière. C'est à s'y méprendre, avec un peu d'indulgence. Le petit plébéien aux beaux yeux n'est jamais vulgaire et son élégance est devenue proverbiale dans la jeunesse. Proverbiales aussi son inépuisable gaieté, ses plaisanteries qui déchaînent le fou rire. Il est clair que cela l'étourdit, de se savoir admiré pour son esprit, pour ses capes de soie toujours nouvelles, toujours imprévues, pour son art de commander un dîner d'un raffinement à rendre jaloux un prince. Il veut éblouir, il veut aussi que tout le monde s'amuse. Par les belles nuits de printemps, la table est mise en plein air.

On mange sans retenue avec la gloutonnerie de cet âge, car, si noble qu'on soit, on a un appétit monstrueux, d'autant plus qu'au logis seigneurial le malheur des temps impose l'économie. On boit beaucoup et on chante. Sont invitées les plus jolies femmes de la ville, et cela malgré les ordonnances communales qui interdisent à la gent féminine d'assister à ces banquets nocturnes favorables à tous les excès.

Sortie de table, la compagnie se répand dans la ville en chantant et c'est là le moment de François : il se distingue par la qualité de sa voix à la fois « véhémente et douce, claire et sonore » ; il imite en perfection la langue des troubadours dont il a appris les chansons. Lesquelles ? Car il y a de tout dans ces poésies où triomphe l'amour tantôt comblé, tantôt mystérieusement inassouvi et malheureux.

Comment chante-t-il ? Cela, on peut le savoir. Fort heureusement, des sociétés savantes d'Allemagne et d'Italie ont pu sauver de l'oubli les airs qu'on écoutait à l'aube du XIIIᵉ siècle. Les instruments de cette époque ont pour ancêtres les luths, les harpes de Sumer, les chalumeaux venus du désert, les orgues de Byzance. Ecouter des sirventès de Peire Vidal qui chantait du vivant de François, c'est se trouver tout à coup au sein d'un monde inconnu, plus insolite encore que le lointain Moyen Age. On croirait entendre un écho du fond d'un Orient de songe. Dès les premières notes, le charme de cette musique agit sur l'imagination qu'elle envoûte. Sans correspondre à notre sensibilité, elle nous fait cependant passer d'une mélancolie ensorcelante à une gaieté soudaine, sauvage, scandée par un tambourin comme par les coups de talon d'une danse furieuse. Les voix de fausset tombent subitement dans le grave, s'élevant d'une sorte de buisson de notes grêles. C'est la guitare sarrasine qui miaule, la harpe sumérienne qui jette sa note langoureuse. Difficiles à saisir bien que dites à merveille, des mélopées s'enroulent autour de ces phrases d'une complication délicate. Et voici le psaltérion qui fredonnera pendant qu'une voix claire et pure jaillira de ce murmure d'église. Il y a de tout dans cet art, de la prière pendant quelques secondes, puis une brève poussée d'hystérie. Cela pourrait être barbare, c'est d'un raffinement dont nous avons perdu le secret. Et il y a ceci de plus émouvant, c'est que nous croyons entendre le timbre magique de François d'Assise. Un chalumeau nous ouvre un ciel où s'élève le cri d'un muezzin dans une oasis surgie dans les sables... non, nous sommes dans les jardins de l'amour et c'est la tristesse inconsolable du chant de longue attente. Paroles étranges où il est question des amoureux de l'amour, de la dame qu'on aimera sans jamais faillir ni jamais la toucher, et la voix du jeune homme monte si haut qu'on a l'impression que dans le ciel de la nuit les étoiles l'écoutent... Il a des moments si singuliers, ce François ! Son visage brille de plaisir et il voit très bien qu'avec l'échauffement du vin délicieux on ne tarde pas à s'embraser. N'a-t-il pas tout fait pour cela ? Tout à coup, il devient très grave s'il entend des paroles trop crues et, prérogative du dominus, impose d'un regard silence au coupable. Qu'est-ce qui lui prend ? Il y a chez lui quelque chose d'incompréhensible. A l'en croire, on ne doit pas manquer de respect aux femmes. Y tiennent-elles seulement ?

Mais après tout n'est-ce pas lui-même qui a recommandé à ses compagnons d'inviter leurs belles amies et se priverait-il de les regarder ? S'il tient tellement à sa vertu, pourquoi l'expose-t-il à de tels dangers ? Mais il a de prodigieuses sautes d'humeur. Personne ne peut faire comme lui le dégoûté. Et la farandole, comment finissait-elle ? Elle se déroulait, interminable, sur la place, puis dans les venelles obscures s'étirait, pour se perdre confusément dans les banalités charnelles.

Les « tripudianti »

L'idée lui était venue de fonder une bande de « *tripudianti* ». Dirait-on la bande de trépigneurs ? Pas tout à fait. Le « *tripudium* », cette danse martelée, remontait si loin en arrière dans le temps qu'on en avait un peu oublié l'origine. Elle faisait fureur à Pérouse, ville de débauches et de scandales. Le tripudium était sans doute un souvenir de la danse sacrée des Frères Arvales. Et qu'étaient-ce au juste que les Frères Arvales ? Ils demeuraient mystérieux ; on savait qu'ils formaient une confrérie religieuse qui datait de Romulus et célébrait au mois de mai de chaque année une fête en l'honneur d'une déesse agricole. Les cérémonies duraient trois jours, le deuxième consacré à des jeux et en particulier à des danses accompagnées de chants. On a beaucoup écrit là-dessus. Les chants n'étaient déjà plus compréhensibles au temps d'Horace, mais, pour la danse elle-même, le fameux tripudium sacré, on pense qu'elle était à trois temps, le premier fortement marqué du talon. Faut-il voir là l'origine des dactyles et des spondées de la prosodie gréco-latine ? On a été jusqu'à dire que presque toute la poésie indo-européenne en a gardé la cadence, ce qui ferait remonter cette danse bien au-delà de la fondation de Rome. L'écho s'en perpétue encore aujourd'hui dans certains vers latins ou grecs correctement scandés.

De toute façon, la compagnie des tripudianti d'Assise s'en

donne à cœur joie, sous l'exaltante impulsion de son meneur de jeu, à la fête de Sant'Ercolano, et bien entendu François danse en tête en chantant de cette voix qui s'entend loin. Jusqu'où tout cela allait-il ? Comment le savoir ? Il y avait de la joie panique dans ce pas martelé. A Pérouse, la danse du tripudium avait été plusieurs fois interdite. Elle donnait en effet prétexte à d'indescriptibles confusions des sexes et cela jusque dans les églises où le délire général menait la jeunesse. Une bulle papale devait condamner expressément ces nuits de Pérouse dans ce latin sans détour qui dévoile la vérité.

Cette fête païenne avait-elle le même caractère lorsque François s'en faisait le chef ? Son éloignement pour toute vulgarité pose un problème. L'idée que la tradition nous donne de lui ne cadre pas avec certains excès. Qu'il ait eu ce que pudiquement on appelle des faiblesses nous paraît plus que probable, mais encore une fois il était *autre*. S'il chantait des chants d'amour, un double sens mystique s'y mêlait parfois, sensible aux seuls initiés. L'inévitable dame célébrée par les troubadours demeurait l'inaccessible idéal de ces élans de l'âme aux dépens du corps réduit à la continence. Le mariage eût terni le bel amour qui ne s'accomplissait que dans la mort et l'acte charnel en était banni. C'était cette chasteté volontaire que chantait Chrétien de Troyes :

> *Mais j'ai tant d'aise à vouloir ainsi*
> *Que je souffre agréablement,*
> *Et tant de joie en ma douleur*
> *Que suis malade avec délices...*

Quel effet pouvait avoir sur François cette griserie médiévale du cœur et du cerveau ? Plus d'une fois il avait fait allusion à une bien-aimée mystérieuse. On en souriait autour de lui. On soupçonnait quelque chose de moins éthéré que cette dame fantomatique dont il ne livrait pas le nom. Lui-même, à quel jeu sentimental s'adonnait-il ? Rêvait-il encore à la princesse délivrée par saint Georges ? L'amour de longue attente et de chasteté, qu'était-ce que cette obsession de troubadour ?

Les troubadours

Il faudrait s'arrêter un instant à ces personnages énigmatiques qui sont à l'origine de la poésie européenne du XIIᵉ siècle. Ce que nous savons d'eux pose des questions qui n'ont jamais reçu de réponses définitives. Ces jeunes gens qu'une tradition romantique nous fait voir sous un aspect généralement gracieux pouvaient être brutaux et violents et n'en étaient pas moins des poètes délicats dont les vers, même traduits dans notre langage moderne, gardent une fraîcheur étonnante. La noblesse s'amusait de leurs cantilènes et leur ouvrait ses portes, en particulier les barons dont ils feignaient de courtiser la femme sous leurs yeux, mais selon les formes d'une métaphysique amoureuse qui faisait d'elle la créature inaccessible par qui Dieu se communiquait à l'homme. La dame éternellement lointaine servait de prétexte à toutes les subtilités érotiques qu'autorisait la poésie dite courtoise. Dans ce langage tour à tour clair et obscur passait un courant de catharisme à peine déguisé. Ils chantaient l'amour malheureux, excluant le mariage et glorifiant la chasteté.

Deux par deux, ils allaient sur les routes de Provence, du Limousin et de l'Italie du Nord. L'Eglise qui n'avait pas d'illusions sur leur compte voyait leur compagnonnage d'un mauvais œil et les taxait de lubricité. Quelques-uns furent brûlés. Que dire ? Souvent si joyeux, comment pouvaient-ils colporter des idées aussi graves et touchant la vie mystique ? Cela ne les gênait nullement de se jeter ensuite dans des éloges débridés du plaisir charnel.

Cathares, ils l'étaient peut-être, mais alors au titre de simples croyants, dont on n'exigeait pas trop, et si par hasard ils rencontraient un « pur », un « parfait », ils lui devaient trois révérences, car ceux-là ne plaisantaient pas. Saint Bernard lui-même reconnaissait l'austérité de leurs mœurs. C'étaient les piliers de cette « Eglise d'Amour » qui bravait tacitement l'Eglise romaine.

Où n'était-elle pas ? Drapiers, marchands, tout ce qui voyageait d'Orient en Occident passait pour lui être acquis, et Bernardone comme les autres. Pica était bonne catholique, lui, non. Cela se savait. François vivait entre la foi traditionnelle de sa mère et cette religion étrange venue sans doute de la Perse et à laquelle s'attachait son père. Que pensait le jeune homme de tout cela, de cette malédiction jetée sur le corps, instrument du diable, de cette révolte secrète contre le pape et le clergé ? Et la dame lointaine ? La dame lointaine continuait ses ravages dans l'imagination des jeunes comme dans celle des vieux. Esclarmonde de Foix, une de ces belles intouchables, devint cathare et renia totalement l'Eglise alors que François était à la veille de se convertir. Il s'arrêta peut-être au bord d'un gouffre. Il ne retenait dans ses rêves que l'image évanescente de celle qui l'attendait quelque part dans l'invisible. On peut se demander s'il ne cherchait pas obscurément la dame qu'eût choisie le Seigneur lui-même, si la chose eût été pensable, dans des circonstances analogues. Se posait-il déjà des questions de cet ordre ? En tête des Béatitudes se tient la Pauvreté. Mais il était encore trop tôt pour qu'il la vît.

Les belles apparences

La conscience est une pure apparence en ce sens qu'elle n'existe que dans la mesure où elle apparaît.
SARTRE *(sic).*

La « *dolce vita* », qui la connaît mieux que François ? Mais il y a des heures où l'homme de plaisir fait face à un personnage tout autre, comme si des traits de lumière traversaient sa jeunesse inquiète. Un jour qu'il est au magasin en l'absence de son père et qu'il s'occupe de ses clients, un pauvre fait son apparition à la porte et demande la charité pour l'amour de Dieu. Comme il a mal choisi son moment...

Le jeune drapier, soucieux de ses intérêts, est en conversation avec des acheteurs de haute volée et tout à coup, dans la boutique sans doute la plus élégante de la ville, ce bonhomme malencontreux, sale, vêtu de haillons et qui sent mauvais, murmure la phrase banale sur l'amour de Dieu. En d'autres circonstances, François lui eût donné quelque chose comme il le fait toujours, mais aujourd'hui non. Il a honte de cette irruption de la misère parmi ces personnes difficiles à qui il faut ce qu'il y a de mieux, la dernière mode. Une seconde d'hésitation, puis, d'un mot, il chasse l'importun qui disparaît, dressé par une longue habitude des riches et de leurs refus. A présent, tout rentre dans l'ordre dans le magasin. C'était presque un problème d'esthétique et François ne souffre pas la laideur. De nouveau, les belles soieries se déroulent et s'étalent sur le comptoir avec un chuchotement de plaisir. Soudain une voix se met à crier dans la conscience du jeune commerçant. Personne ne l'entend, mais pour lui elle se fait tonitruante : « Et si cet homme t'avait demandé quelque chose, non pour l'amour de Dieu, mais pour un baron, pour un comte, que n'aurais-tu fait ? » Plantant là ses clients, François abasourdi sort du magasin et court à toutes jambes après le mendiant. C'est tout simplement Dieu qu'il a mis dehors. Les apparences ne comptent pas. Voilà ce que notre « tripudiante » d'hier soir vient de comprendre, et le mendiant rattrapé voit remplir sa main stupéfaite d'une poignée de pièces d'argent.

Dans un élan du cœur, François se promit de ne plus jamais refuser ce qui lui serait demandé pour l'amour de Dieu. Ces mots l'avaient bouleversé.

Le simple d'esprit

Et puis il y avait à Assise un simple d'esprit. Personne ne lui cherchait noise. Au contraire un homme de ce genre passait pour être éclairé de Dieu, circulait comme il voulait, entouré d'une sorte de respect superstitieux. Visiblement, c'était une âme innocente et tout à fait inoffensive. On ne lui connaissait qu'une seule manie qui faisait sourire les uns, réfléchir les autres, suivant l'humeur du moment, parce qu'elle touchait à une forme de vénération et l'objet de cette vénération — ô ironie de la vie —, c'était ce fou de François tapageur et dépensier. Quand « par hasard » le simple d'esprit rencontre François, il s'empresse d'ôter son manteau et de l'étaler sur le sol afin que le « roi de la jeunesse » marche dessus. Cela ne suffit pas. Il annonce qu'un jour, « le jeune homme accomplira de grandes choses et sera magnifiquement honoré de tous les fidèles ». On ne nous dit pas si cette surprenante prophétie est faite souvent, ni si elle ne finit pas par être gênante pour le jeune drapier dont la conduite n'a rien qui puisse édifier, mais tout le monde est au courant.

François devait fuir ce prophète et son idée fixe de le béatifier. Sans vouloir pousser trop loin la bizarrerie de cette situation, nous nous persuadons qu'à certains jours le futur saint devait prestement s'esquiver lorsque de loin il apercevait son zélateur.

Quand se rencontrèrent-ils pour la première fois et combien de fois par la suite ? « Par hasard » permet de supposer ce que l'on voudra. On imagine en tout cas l'effet de la première rencontre sur une imagination aussi vite embrasée que celle de François. N'y avait-il pas là de quoi lui tourner la tête ? « Magnifiquement honoré », quelle surprise, sans compter une extrême satisfaction d'amour-propre chez ce jeune homme épris de gloire, et malgré tout trop intelligent pour ne pas pressentir ce qu'il y avait de religion dans cette vertigineuse annonce. Mais, après tout, ce n'était qu'une parole d'illuminé. Qu'en pensa-t-il ? Nous ne le savons pas, mais si, comme il est probable, le hasard ménagea une nouvelle rencontre accompagnée de la même mise en scène et de la même exclamation, elle dut porter François à réfléchir. Dans sa vie pécheresse, cette insistance devenait un appel. Allons plus loin ; je veux croire, comme le texte m'y autorise, qu'il y eut une troisième rencontre inévitable, puis une autre et d'autres encore. Au lieu de perdre leur force, de telles réitérations pouvaient jeter le trouble dans l'âme de notre François.

Comment s'étonner dès lors qu'il ait eu au milieu d'une fête des moments de gravité subite ? Qu'est-ce que cela voulait dire ? Il voulait être chevalier, prendre sa place dans les rangs de la noblesse. Que venaient faire là-dedans tous les fidèles dont parlait cet homme ?

Les sœurs ennemies

En janvier 1200 éclate la guerre avec Pérouse. Elle a pour prétexte la démolition du château de Sasso Rosso, aux portes d'Assise. Son possesseur, haut et puissant seigneur, s'était réfugié à Pérouse devant la menace des Assisiates, rejoignant ainsi les nobles qui l'avaient précédé lors de la prise de la Rocca.

Ses fils qui défendaient le château furent tués, et ses plaintes s'ajoutèrent aux cris de vengeance des exilés. Tous réclamaient dédommagements et reconstructions. Un ultimatum fut lancé par la Commune de Pérouse à celle d'Assise, qui le rejeta avec hauteur, et les hostilités commencèrent.

Ce ne furent d'abord, mais pendant deux ans, que des escarmouches de part et d'autre, jusqu'au jour où, le 12 décembre 1202, se livra la bataille décisive.

A Assise, toutes les cloches de la ville se mirent en branle et l'armée se rassembla devant la cathédrale. Ouvrait la marche la piétaille derrière les bannières des différents quartiers, celles de

San Rufino, de Sainte-Marie-Majeure, de San Lorenzo, puis venait la cavalerie entourant le « *caroccio* », grand char traîné par des bœufs blancs et portant un autel de cierges allumés autour d'une croix étincelante et des reliques. Des prêtres y célébraient sans interruption la messe sous le gonfanon rouge et azur de la Commune et les trompettes sonnaient bravement.

Parmi les cavaliers se trouvait, bien entendu, notre héros, fastueusement équipé par son père qui tenait à le voir parmi les seigneurs. Après l'excitation de la descente vers la plaine, l'armée mit plus de deux heures pour atteindre les bords du Tibre, à la frontière des deux communes, et se mit en position sur le coteau de Collestrada, près de l'hôpital des lépreux. Le long chemin parcouru avait quelque peu émoussé ses forces, si ce n'est son ardeur, alors que ceux de Pérouse n'avaient eu qu'à passer le fleuve à Ponte San Giovanni pour se ruer sur l'adversaire. Aucune description précise ne nous est parvenue de cet engagement qui tourna vite au massacre. On sait pourtant que les seigneurs exilés se montrèrent d'une férocité sans égale envers les manants qui les avaient spoliés. L'armée assisiate se débanda devant l'ennemi qui la poursuivit dans la vallée et dans les bois au-dessus de Collestrada jusqu'à la chute du jour et la tailla en pièces. On s'acharna sur les fuyards. Soldats et archers furent égorgés, mais les cavaliers faits prisonniers. Posséder un cheval supposait en effet, affaire non négligeable, qu'on pouvait payer rançon. D'après les récits du temps, le fleuve débordait de sang, exagération à la Lucain peut-être, mais il y avait des monceaux de cadavres dans l'eau.

Par un de ces raccourcis que ménage le sort, la bataille se déroula sur un terrain que le père de François avait acquis, et il est plus que probable que le jeune homme tua du monde.

Ce fut de nuit qu'il prit avec ses compagnons d'infortune le chemin des geôles de Pérouse. Les Pérugins ne poussèrent pas leur avantage en s'emparant de la cité ennemie, car les murailles élevées par sa rivale rendaient sa prise hasardeuse. D'Assise, ne voyant revenir que quelques-uns de ses fils, monta dans le soir jusqu'au ciel une plainte dont le souvenir ne s'est jamais perdu.

En prison

Prisonnier avec beaucoup d'autres, tous seigneurs, sauf lui ! On l'avait pris pour un noble puisqu'il était à cheval et qu'il avait de grandes façons. Nobles ou non, sous les huées de la foule, ils furent chargés de chaînes, puis poussés dans un cachot souterrain. Là, ils purent se reconnaître dans le lugubre éclairage d'une lanterne. Aux fers, ces aristocrates d'Assise ! La vie a de ces ironies qui vous glacent : il voulait être parmi les seigneurs, il l'était — et pour combien de temps ?

Dans les ténèbres du soir, des échos du dehors parvenaient jusqu'à eux, faibles sans doute, mais cruels par ce qu'ils évoquaient du bonheur perdu. Connue pour sa folie du plaisir, la jeunesse s'agitait et criait dans les rues de la cité victorieuse. Se souciait-elle un instant des garçons de son âge qui se rongeaient de désespoir dans les soubassements de la tour étrusque ?

Se promener aujourd'hui dans cette Pérouse qui a conservé tant de vestiges de sa magnificence permet très bien d'imaginer, telle qu'elle fut alors, la Pérouse romane. De l'immense place cernée par la cathédrale, la Maison de la Commune et des palais couleur d'ocre, une large rue dévale pleine de l'assourdissante rumeur des voix italiennes. Quelle moue dédaigneuse elle pouvait avoir, la patricienne, pour la petite Assise provinciale avec ses ruelles tortueuses et ses demeures étriquées. Mise à la raison par l'armée pérugine, elle pouvait maintenant se tenir tranquille derrière ses grosses murailles et savourer en paix son humiliation.

Les premières heures durent être atroces pour le beau monde jeté comme une bande de criminels, tout grelottant de froid après l'ardeur du combat, entre ces murailles sinistres. Plus dur que tout, l'insupportable blessure d'orgueil. Ils étaient battus ! On croirait entendre les vociférations et les cris de rage. Seul François ne se plaignait pas. On les avait enfermés dans les profondeurs d'une des tours qui faisaient partie des défenses de la ville.

Des jours et des nuits passèrent dans le désespoir. Aucun de ces jeunes gens n'avait l'habitude de souffrir, la vie n'était faite que pour la joie, le confort, tous les plaisirs délicats des sens, et déjà le rude hiver de l'Ombrie descendait dans les profondeurs des cachots. De complexion fragile, François dut sentir cruellement la brûlure du froid, mais son comportement avait ceci d'étrange qu'il restait le même, comme si le roi de la jeunesse en prison se fût trouvé là aussi libre et heureux que sous un ciel de mai, à la table d'un de ses fameux banquets. Il plaisantait, riait et parfois réussissait même à faire rire ses compagnons au bord de la dépression. A quelle source de bonheur invisible s'abreuvait-il pour échapper aux tortures de la neurasthénie ? Quelques-uns des prisonniers étaient tombés malades, il leur venait en aide de son mieux, mais sa bonne humeur perpétuelle finissait par agacer. En particulier un chevalier de nature hargneuse et arrogante qu'on tenait à l'écart et à qui personne ne parlait. Par quel miracle de gentillesse et de courtoisie François eut-il raison de cet ostracisme et obtint-il la réconciliation ? Mais pouvait-on savoir qui était François alors que lui-même l'ignorait ? Dans des moments d'exaspération, on lui demandait comment il arrivait à se réjouir alors que les chaînes lui alourdissaient chevilles et poignets. Un jour, il eut une réponse stupéfiante à laquelle je désire m'arrêter parce qu'elle sème la déroute parmi ses biographes. D'après Celano, il aurait dit : « ... Je me réjouis parce qu'un jour je serai vénéré comme un saint dans le monde entier. » Réminiscence du simple d'esprit ? Ainsi parle celui qui, il n'y a pas deux mois, faisait la fête avec un entrain inépuisable, festins, femmes et farandoles.

Il avait déjà annoncé que viendrait le temps où il serait prince, et maintenant il se voyait saint et vénéré... On n'aurait su lui en vouloir parce que, même dans ces circonstances abominables, on ne cessait pas de l'aimer, le fils du drapier égaré parmi les nobles... J'imagine que cette prophétie apparemment extravagante dut être accueillie non par des éclats de rire, mais dans un silence consterné : Francesco était devenu fou, c'était d'être enfermé qui avait fait cela.

Voyons maintenant comment relatent cet épisode quelques-uns de nos écrivains modernes : « Je serai adoré par le monde entier » (Sabatier) ; « Je serai adoré » (Arvède Barine) ; « Je serai l'idole du monde » (Englebert) ; « Le monde entier me respectera » (divers traducteurs des Trois Compagnons) ; « Le monde entier tombera à genoux et me priera » (Joergensen) ; « Mon corps est emprisonné, mais l'esprit est libre » (Fortini)...

Il est remarquable que pas un ne cite correctement Celano. Ne dirait-on pas qu'ils éprouvent un malaise identique à celui des camarades de captivité ? De même que ceux-là n'en croyaient pas leurs oreilles, nos auteurs n'en croient pas leurs yeux. Alors ils arrangent le texte à leur idée parce qu'ils ne font pas confiance à Celano. C'est le mot « saint » qui les embarrasse. Ils se figurent peut-être que Celano a déjà voulu donner une image sans retouche avant le portrait officiel que saint Bonaventure voudra *ne varietur* de François canonisé. Je me mets à leur place et les comprends, mais je crois à l'authenticité de la phrase, je crois que François l'a dite sous une brusque inspiration divine. Elle jure avec la vie qu'il a menée jusqu'à ce jour. Certes, il n'a pas vécu comme un saint, mais saint il sera, et il le sait, parce que le lent travail de sa conversion se poursuit par à-coups subits, inexplicables. Il est déjà un objet de scandale, cela fait partie de cette étrange vocation.

Comme il fallait le prévoir, il tomba malade. Le froid humide avait raison des plus robustes. François dont la santé avait toujours été fragile ne résista pas, les poumons furent atteints. Déjà un an achevait de s'écouler depuis son incarcération. La jeunesse passait, mais les geôles de Pérouse ne s'ouvraient pas. Ce fut alors qu'une organisation charitable qui s'occupait des prisonniers malades obtint que François fût élargi contre rançon. Son père fit le nécessaire une fois de plus et François regagna Assise. Il avait vingt-deux ans.

Premières désillusions

Après le cauchemar de la prison, le retour à la maison familiale dut paraître doux à François et réconfortante l'affection dont l'entoura sa mère. Plus vivifiante que tout, la liberté, mais cette liberté que pouvait-il en faire ? Il était malade et très malade, tuberculeux, après ces mois de captivité. Et puis, le souvenir de ceux qu'il avait laissés en prison le visitait sans cesse, comme celui des amis morts dans la boucherie de Collestrada. Les négociations de paix commençaient, disait-on, mais ne rendaient pas la vie à ces absents-là.

Les soins qu'il reçut finirent à la longue par lui redonner un peu de force. Appuyé sur une canne, il put faire le tour de la maison, la reconnaître. Certes, rien n'avait changé autour de lui, mais ce n'était plus le roi de la jeunesse qui se promenait de pièce en pièce, et le changement n'était pas tout entier physique. Peut-être François se sentait-il vieilli par la souffrance et désabusé.

Le printemps s'annonçait avec son irrésistible appel à la joie. Ce moment de l'année, on ne peut pas le rêver plus beau qu'en Ombrie et, dès que cela lui fut possible, François put se risquer à faire quelques pas dans la campagne, presque à la porte de la maison, au bout de la rue. A quel enchantement il s'attendait...

Gagnant un endroit d'où il pouvait voir toute la plaine jusqu'à Pérouse, le damier des champs et des vergers, les étangs qui miroitaient et les méandres du Tescio sous les jeux du soleil, il s'arrêta et regarda tristement ce paysage qui lui était cher : si belle que fût la nature, elle ne le touchait plus. Par un phénomène étrange, l'amoureux de la lumière, des prés tout en nuances délicates, des bois d'un vert encore timide, connut la désolation de l'indifférence. L'homme intérieur exigeait quelque chose de plus que le monde visible ne lui donnait ce jour-là. Il était déçu.

Pourquoi ? Il dut se le demander de retour dans sa chambre, mais le travail que Dieu fait en nous échappe à l'analyse. Simplement, on ne sait pas. Ce qui avait du goût n'en a plus. On se déprend du monde et de soi. Une sorte de langueur s'empare de l'âme. Peut-être la faiblesse du corps y est-elle pour quelque chose, et l'obsession des horreurs d'une guerre inutile, perdue.

François convalescent demandait encore des soins qu'on lui prodiguait, sa mère par amour, son père pour des motifs probablement moins nobles : dans sa tête pleine de calculs, l'avenir du magasin dépendait de la santé de son fils aîné. Il avait versé la forte somme pour le tirer de prison, il voulait à tout prix remettre sur pied le garnement, car c'était ainsi qu'il continuait à le voir. Angelo était encore trop jeune. Avec le tour que prenaient les événements, François devenait de plus en plus intéressant. Il y avait une place à prendre, soit dans le monde des affaires, soit dans le monde des seigneurs, là où les rêves du père rejoignaient bizarrement ceux du fils. Mais aussi Bernardone chérissait-il cet étrange canard qu'il avait mis au monde.

Que se passait-il à Assise ? En deuil de tant de ses enfants, elle se remettait difficilement de ses blessures. Derrière ses fortifications imposantes, il ne lui restait que peu de monde pour la défendre et que pouvait-elle faire d'autre sinon se plier aux exigences de sa rivale victorieuse, la Commune de Pérouse, Commune, mais papale ? A vrai dire, les conditions de paix n'étaient pas déraisonnables. Il s'agissait de dédommager les seigneurs qui s'étaient réfugiés à Pérouse et dont les demeures avaient été saccagées et détruites. Payer et reconstruire, tel était le programme. Assise était riche et elle obtempéra non sans grincer des dents. En retour, les seigneurs dédommagés acceptaient le gouvernement communal et s'engageaient à ne plus porter leurs différends éventuels devant l'adversaire ancestral.

Quels échos de tout cela parvenaient aux oreilles de François ? Il apprenait que peu à peu Assise se repeuplait. Comme lui, elle revenait à la santé. Il pouvait se croire guéri, et l'heure vint où la maladie propice aux songeries spirituelles finit par lâcher prise, pour un temps au moins. Le corps affaibli, libéré de tout désir, avait permis à l'âme de s'exprimer à son tour et les exigences de l'âme peuvent être plus dures encore que celles des sens, mais avec les forces qui croissaient de jour en jour renaissait un monde aux séductions ensorcelantes. Comment, dans son lit de maladie, François avait-il pu oublier la splendeur de la création au point de la méconnaître lors de sa première sortie ? Cela ressemblait à un blasphème. L'obsession de la beauté sous toutes ses formes retrouvait son empire sur cet être aussi singulièrement accordé à la joie qu'à la souffrance.

De nouveau, il se jeta dans les rues de sa ville un peu comme on reprend possession d'une citadelle reconquise. La paix régnait, précaire, humiliée, mais le bonheur redevenait possible et François pouvait se remettre à chanter. Des amis échappés au massacre de Collestrada accoururent vers celui qu'ils pensaient avoir perdu. Le François d'avant la défaite faisait tout oublier d'une année tragique. Comme après toute guerre, un sursaut d'allégresse s'emparait des jeunes hommes tout prêts à mordre à la vie ainsi qu'aux plus beaux jours. Dans l'ordre à peu près rétabli pouvait renaître enfin le charmant désordre des nuits, puisque le roi de la jeunesse était là avec ses chansons, ses éclats de rire et son argent. Lui aussi avait faim de plaisir. Sa phrase malencontreuse sur le saint futur s'effaçait de toutes les mémoires. Même de celle de François ? La fête allait-elle reprendre ?

Elle reprit. Dans son langage emphatique, Celano nous dit que François n'avait « pas encore secoué le joug de son criminel esclavage ». De la guerre avec Pérouse et de la captivité du jeune homme, pas un mot. Sa maladie, selon le chroniqueur, était un effet de la grâce de Dieu pour ramener dans le droit chemin celui qui « s'avançait, magnifique et la tête haute, à travers les grand-places de Babylone ». « Le vice, ajoute-t-il sobrement, finit par vous être une seconde nature. »

Voilà qui est net. Ecoutons cependant la voix de Bonaventure de Bagnoregio, qui n'a jamais connu François et qui, trente-cinq ans après sa mort, nous assure que « jamais il ne se laissa entraîner par la fougue des passions ». Au feu donc tous les témoignages antérieurs qui nous disent le contraire. Et il est de fait qu'en 1263 on fit un holocauste d'une masse de fâcheux documents. Et c'est ainsi que se confectionne un saint de plâtre.

Que ne prête-t-on l'oreille à ce que disait le saint lui-même dans d'invraisemblables crises de larmes : « Je vivais dans le péché. » Et plus tard, avec cette causticité qui ne le quitta jamais : « Ne me canonisez pas trop tôt, je suis parfaitement capable de faire des enfants. »

Mort à quarante-six ans, il ne devait se convertir qu'à vingt-cinq. Il fit bien attendre Dieu qui ne l'en aima pas moins, et je ne dis pas que nous ne l'en aimons que plus, mais, pécheur, le voilà près de nous. Sans péchés, où est la conversion ? « *Etiam peccata... Felix culpa...* »

Ce que les libertins les plus effrénés reprochent au plaisir, c'est sa monotonie et, s'ils ont pratiqué Lucrèce, ce quelque chose d'amer qui s'élève des sources de volupté. Avec sa sensibilité presque maladive, François dut connaître cet écœurement de la satiété. Dégoût salutaire, il faut du temps pour y atteindre, et François avait vingt-deux ans.

Que croyait-il ? Que voulait-il ? Jamais peut-être la terre ne porta de plus grand rêveur. A coup sûr, sa foi était celle de sa mère, la plus purement catholique, mais naïve et superstitieuse, en même temps profonde et peu éclairée. Nous savons qu'il ne souffrait pas le blasphème, indication précieuse. Mais se tourmentait-il de voir que sa vie charnelle s'accordait mal avec sa religion ? Un jeune Italien de ce temps-là connaissait-il de tels problèmes ? On peut en douter.

Et pourtant... Les cathares parlaient, agitaient ces questions dans leurs sermons en plein air et les troubadours chantaient l'amour courtois perpétuellement inassouvi pour la bien-aimée. Comment François n'eût-il pas attrapé au vol quelque chose de ces idées flottant autour de lui ? Cela n'empêchait pas la frénésie des sens, mais lui-même ne se privait pas de faire entendre de sa belle voix les cantilènes provençales dont il était féru. D'un érotisme ésotérique, quel écho pouvaient-elles éveiller chez ce garçon sensible à tout, à la beauté d'une fleur comme à la force d'une idée ?

Que demandait-il à la vie ? Tant de choses, mais avant tout la gloire. Elle le hantait, même après la défaite et l'humiliation de la captivité. Comme à seize ans, il voulait être le premier, le plus admiré. « Vous verrez que je serai adoré » était un cri d'enfant.

Ce qui frappe chez le jeune François, c'est qu'il désire exactement tout ce qu'il méprisera plus tard. Ses défauts sont comme le catalogue de ses vertus à venir, vues à l'envers dans un miroir. Pour le moment, il est fasciné par le clinquant de la chevalerie. L'idole du jour est un aventurier champenois, Gautier de Brienne.

Chevalier idéal
ou chevalier de l'idéal ?

Gautier veut le comté de Lecce. Sa femme de sang normand en a été frustrée par le Saint-Empire, et Gautier s'est mis en route pour le reconquérir au nom des Hauteville, mais cet écervelé est ambitieux. Il veut dans le secret de son cœur mettre la main sur toute la Sicile, et, la première étape, c'est de délivrer, en traversant les Pouilles, les villes soumises au joug allemand. Innocent III ne peut que l'encourager, comptant bien se servir de ce bouillant Français qui galope à travers la péninsule aux cris d'« Italia, Italia » comme d'un condottiere pour reprendre l'Italie méridionale au nom de Rome. Il lui fait d'ailleurs jurer de s'en tenir à son fief héréditaire, mais Gautier n'en fera qu'à sa tête. Ville assiégée, ville prise, il soumet toute la région de Naples.

Après de spectaculaires succès, Brienne voit le sud de l'Italie entre ses mains. Alors, il songe ouvertement à la Sicile, et Innocent III ne peut que regarder et attendre, car l'excommunier serait se déjuger. Mais les Allemands de Sicile, prenant peur, font appel à la flotte de Pise, toujours heureuse de contrecarrer les projets du pape. Ici la tempête entre en jeu : à coups de tonnerre elle dispersa les navires de Gautier. La Sicile respirait de nouveau à l'allemande, et Gautier dut recommencer à zéro, car dans son dos les villes qu'il croyait conquises s'étaient de nouveau soulevées, comme toujours quand on croit le vainqueur vulnérable.

Le comte d'Acerra, le meilleur des capitaines allemands, rapace et cruel, mais d'une intelligence militaire rare, profitait de toutes les armes que lui offrait le destin. Sur la nouvelle d'une maladie d'Innocent III, il fit courir le bruit que le pape était mort. Tarente se souleva. Il fallut donc que Brienne remît le siège devant ses propres places fortes, mais cette fois Brindisi, Otrante, Lecce même furent plus difficiles à reprendre. Enfin, quand il se crut au bout de ses peines, beaucoup de ceux qui l'avaient aidé partirent pour la Terre sainte, car à l'origine c'était pour une croisade qu'ils s'étaient enrôlés sous sa bannière. Le pape certes en avait profité : se croiser, n'était-ce pas se battre pour l'Eglise ? Innocent III avait toutes les faiblesses d'un politicien si, d'un autre côté, il avait le sens de la grandeur de sa charge. Il exultait quand un de ses adversaires était abattu et la lettre qu'il écrivit aux conseillers du jeune Frédéric II après la mort subite, à la suite d'une opération de la pierre, du sénéchal allemand Markwald, celui-là même qui avait appelé au secours les Pisans, est un chef-d'œuvre de rancune, de méchanceté et de joie quasi délirante, ce qui est beaucoup pour un pape. Mais maintenant il s'agissait vraiment de sauver Jérusalem et non plus les affaires de famille des Brienne.

Le pape se contentait de bénédictions, attendant ce qui allait se passer. Et Gautier reprit le cours de ses victoires. Il crut s'emparer de son ennemi d'Acerra qui courut se réfugier dans le château de Sarno, un repaire sur la crête du mont Terranova, près du Vésuve. C'était une forteresse aux murs puissants sur un à-pic. Seule la famine pouvait en avoir raison, et Brienne en bloqua toutes les issues. Jamais jusqu'ici il n'avait perdu de combat et tout ce qu'il avait assiégé s'était rendu. Cependant, le comte d'Acerra avait plus d'un tour dans sa cervelle : il décida une attaque nocturne, fit descendre aux siens la rampe vertigineuse qui séparait sa forteresse du camp français, les pieds des chevaux enveloppés dans du feutre comme dans des pantoufles. Dans le plus grand silence, ils parvinrent au camp qui reposait en pleine quiétude. Là, dans la surprise d'une fin de nuit, ils massacrèrent tous ceux qu'ils purent. Gautier fut pris sous sa tente dont on coupa les cordes, si bien qu'il se débattait dans les plis et qu'à travers l'étoffe on lui porta des coups de lance, comme à une bête. Le prisonnier couvert de blessures fut confié aux meilleurs médecins de Salerne, ville réputée pour cette profession depuis l'Antiquité et où pratiquaient également des chirurgiens arabes. Diepold d'Acerra le voulait sur pied et comptait sur son propre talent de persuasion pour lui arracher le serment de ne plus le combattre. Rien n'y fit. Le borgne — Gautier avait perdu un œil d'un coup de flèche au siège de Terracine — refusa toute compromission et, plutôt que de céder à l'Allemand, arracha les pansements qui protégeaient ses plaies et mourut de septicémie.

C'était ce Don Quichotte qui, en 1204, enflammait la jeunesse italienne, dans cette carapace éblouissante qu'est l'armure du Moyen Age. Image du chevalier que de nombreux jeunes gens rêvent de rejoindre. A Assise, un seigneur dont le nom s'est perdu proclame sa volonté de suivre le libérateur. L'impulsif et généreux François fait aussitôt de même. Il est tout entier dans ces décisions soudaines, et la vue des ballots de drap au magasin est d'un effet nul, sinon contraire, pour le ramener au bon sens. Le fils de Bernardone, à cheval, en armure et la lance au poing, fera voir au monde qu'il est bien de la race des grands.

L'armure

Tout chevalier digne de ce nom se devait de partir à la reconquête de Jérusalem. N'y allait-il pas de l'honneur de la chrétienté ? Malheureusement, la quatrième croisade prêchée par Innocent III avait pris un tour inattendu par les manigances

71

de la politique vénitienne qui l'avait lancée à la conquête de Constantinople, en 1204. Ce fut la « guerre impie » qui se solda par la rupture désastreuse entre l'Eglise d'Orient et celle d'Occident. Byzance prise d'assaut fut mise à sac par les guerriers chrétiens. La croisade ne devait être qu'un fiasco et un scandale. Cependant, un petit nombre de croisés n'avait pas voulu se joindre à cette entreprise de brigandage et prenait le chemin de la ville du Christ pour la délivrer des mains du neveu de Saladin, Malik al-Kamil, sultan d'Egypte.

Pour François son plus beau rêve de gloire allait se réaliser. Peut-être se voyait-il déjà guerroyant là-bas pour le Sauveur, mais les préparatifs du départ demandaient du temps. Le jeune homme allait accompagner un grand seigneur. Ce seigneur anonyme — on croit généralement qu'il était de ceux que François avait connus dans les geôles de Pérouse — accepta de partir avec le fils du drapier pour aller rejoindre les troupes de Gautier de Brienne, dans les Pouilles. François ne se tenait pas d'impatience. Par bonheur, Pietro Bernardone ne s'opposait pas aux desseins de la Providence. Bien au contraire. Puisque son fils allait partir avec un seigneur, il fallait que son armure fût belle, et les meilleurs ouvriers d'Assise se mirent à l'œuvre. Nous ne pouvons plus nous imaginer le travail que représentait la confection de ce vêtement d'acier aux articulations multiples. Tous les mouvements du corps étaient prévus et, comme on ne regardait pas à la dépense, l'acier se rehaussait par places de dorures ciselées avec art. Des semaines y passèrent.

Armure, cheval et tout son harnachement, sans oublier l'indispensable écuyer portant le bouclier de son maître, combien d'argent faudrait-il pour régler la note fabuleuse que représentait tout cela ? Le prix d'une ferme, mais Bernardone accepta tout... Nous touchons là à un des aspects les plus énigmatiques de ce personnage mal compris. Il est avide et brutal, mais devant son fils il éprouve des incertitudes, le voit tantôt drapier, tantôt seigneur, et cela explique les contradictions de cet homme perplexe et en apparence borné. La réussite, il la désire aussi âprement pour son fils que celui-ci même, mais François n'aime l'argent que pour grimper au plus haut de l'échelle sociale et, parvenu là, dominer. Comment ? Il ne le sait. Laconiquement, il affirme qu'il sera prince. A-t-il perdu la raison ? Plus ou moins ouvertement, on le murmure dans Assise. Alors que tant de monde a faim dans le pays, cet extravagant dilapide les écus de son père, et puis il a ces lubies qui faisaient sourire quand il était adolescent. A présent, c'est un homme qui dit des bêtises. La prison n'a pas remis les idées en place dans cette cervelle un peu délirante. Et pourtant on l'aime toujours, ce fou de François...

Vint enfin le jour où, le cœur battant, il put introduire sa mince personne dans cet habit de métal. Il dut en sentir le poids, mais la volonté lui donna les forces nécessaires. L'essayage — quel autre nom lui donner ? — parut satisfaisant. Un magnifique manteau ample et tout brodé d'or fut jeté sur les épaules du jeune guerrier. On jugea plus sage, avant le grand départ, qu'il se promenât ainsi équipé sur une route. Il saurait de cette façon si tout s'avérait conforme à ses désirs.

Ce fut alors qu'eut lieu un incident qui frappa d'admiration ceux qui en furent témoins. François ne devait pas être loin de la ville quand il croisa un chevalier sans doute ruiné par la guerre et vêtu d'une façon minable qui le faisait déchoir et passer de l'armée des seigneurs dans l'innombrable armée des pauvres. Quel regard de détresse et d'envie ne dut-il pas lever sur ce cavalier dans toute la gloire de sa jeunesse dorée en armes... Au lieu de passer son chemin, François s'arrêta. Parla-t-il à cet homme déchu de son rang ? Comment savoir ? Seul est resté dans la mémoire des chroniqueurs le geste du jeune cavalier qui dégrafa son riche manteau et le tendit avec ses armes au pauvre seigneur stupéfait.

Cette nuit-là, il fit un songe comme on ne pouvait en faire qu'au Moyen Age, pareil à une de ces somptueuses enluminures où brillent l'or et les vives couleurs. Il se trouvait dans un palais ou chez lui, mais la demeure familiale était transformée d'une manière prodigieuse. Du haut en bas, les murs disparaissaient sous des armes de prix, heaumes, cuirasses, brassards, boucliers, lances, épées, resplendissants et marqués de la croix ; il y en avait suffisamment pour équiper on ne sait combien de jeunes Assisiates. Encore n'était-ce pas là tout. Au milieu de ce fulgurant arsenal, se tenait une jeune fille de toute beauté. Une voix se fit alors entendre qui fit battre le cœur de François. « Ces armes, disait-elle, sont pour toi et tous tes compagnons. » Quant à la jeune fille, qui était-elle, sinon la dame idéale que tout vrai chevalier devait servir — et mériter.

Tiré de son sommeil, François se sentit transporté de joie de voir confirmer sa vocation. Jamais plus il ne vendrait de drap, il allait se battre dans les rangs de la chevalerie. Il serait prince.

Le lendemain, jour de départ, le fils du drapier goûta les prémices de la gloire dans les rues d'Assise quand il se mit en route. Plaisir délicieux, il se sentait admiré dans sa sombre armure étincelante. Un manteau plus modeste lui couvrait les épaules, mais il ne regrettait pas celui qu'il avait donné la veille. Sa ville que son luxe avait si souvent scandalisée était fière de lui ce matin-là et, le cœur joyeux, il rejoignit son compagnon d'armes, le patricien.

Ce dernier, quelle opinion avait-il de François ? On s'est posé la question. Tout ce qu'on sait, c'est qu'ils prirent ensemble le chemin de Spolète, leur première étape. C'était au printemps. Dans cette nature heureuse, les villes se succédaient, petites et grandes, celles sur les hauteurs, Spello, Montefalco, comme des guerriers veillant sur leurs terres, d'autres, Foligno, Bevagna, dans la plaine, pareilles à des guetteurs tapis derrière leurs créneaux. Des forteresses isolées se dressaient dans le ciel, Castel Ritaldi, Castel San Giovanni, couronnant les collines de leurs donjons qui défiaient le monde. Pour défendre ces vastes étendues de vignes, de prés, d'olivaies et de champs de blé, l'armée immobile redisait son avertissement et sa menace. On n'échappait pas à ce muet appel aux armes qui suivait de loin en loin les voyageurs comme une obsession intermittente. La guerre, la gloire...

Ils arrivèrent à Spolète le soir. Fut-ce la fatigue de la route ? François tomba malade la nuit même dans l'auberge où il s'était logé avec son écuyer.

74

La nuit de Spolète

Que n'a-t-on dit sur ce moment peut-être le plus mystérieux de la vie de François ? Une fois de plus il entendit dans le silence de la nuit une voix qui lui parlait. Lui-même l'a affirmé, et comment douter qu'il fût sincère ? Nonobstant, on a mis sur le compte de la fièvre et de l'illusion un dialogue resté célèbre. La voix, dit Celano, était affectueuse, demandant à François ce qu'il allait faire. Sur quoi le jeune homme expliqua ses projets.

L'interlocuteur lui dit :

— Qui peut donc te donner davantage ? Le maître ou le serviteur ?

— Le maître !

— Alors, pourquoi abandonnes-tu le maître pour le serviteur et le prince pour le vassal ?

Et François dit :

— Que veux-tu que je fasse, Seigneur ?

— Retourne dans le pays qui t'a vu naître et on te dira ce que tu dois faire.

« Retourne chez toi... » Dures ces paroles, mais douce la voix, puisque c'était la voix du Seigneur : tel fut le commentaire du temps. Nos biographes modernes ont ici leurs hypothèses à étaler. La raison exige des éclaircissements. A Assise, le Seigneur semble avoir encouragé François à partir. A Spolète, il lui ordonne de rester. On n'admet pas cette entorse à la logique. Voici donc ce qu'on imagine.

Première hypothèse : François, qui n'a jamais été vigoureux, est arrivé à Spolète épuisé. Il se demande s'il aura la force d'affronter la bataille dans cette lourde armure, sans oublier le poids de la lance et celui du bouclier. La voix qu'il a entendue est la voix du bon sens, mais, la fièvre aidant, le dialogue surnaturel s'organise d'une manière si édifiante qu'il y croit. Au fond il a peur. L'échec de Collestrada l'a démoralisé.

Deuxième supposition : Dans ses entretiens avec son frère

d'armes, noble et fils de noble, il s'est montré hâbleur, affirmant encore qu'un jour il serait prince, et la patience de son compagnon a fini par se lasser. Il a remis François à sa place. Que le bourgeois qu'il est reste bourgeois. On n'imagine pas un petit drapier sans vigueur rompant des lances avec des chevaliers endurcis à la guerre. C'est ridicule. Qu'il retourne chez lui.

Troisième et dernière hypothèse, plus humaine : De toute évidence, François est trop faible pour continuer sa route. Son compagnon le laisse en lui souhaitant meilleure santé et lui donnant rendez-vous à Lecce. Pourquoi Lecce ? Parce que là, au bout de l'Italie, se trouve la cour fastueuse et raffinée de la vieille reine Sibylle dont Gautier a épousé une fille. Lecce, c'est la nouvelle Troie. On s'y retrouvera pour fêter la victoire, si François n'est pas sur pied auparavant.

Sans doute François laissa-t-il son écuyer suivre le jeune seigneur qui se croyait promis à la gloire. Qu'en est-il advenu d'eux puisque l'aventure de Gautier de Brienne devait tourner si mal ? Et que serait-il advenu de François s'il avait poursuivi son chemin ?

Le retour

Il demeura quelque temps à Spolète, et ce fut dans les jours mêmes où Gautier fut fait prisonnier et les siens exterminés — cette nouvelle ne fut connue que plus tard — que François subit les assauts d'une fièvre quarte. Etait-ce le mal dont il souffrait depuis son adolescence ou une malaria contractée l'été passé dans les sous-sols humides de la tour qui servait de prison à Pérouse ? Quand ses forces lui furent rendues, il reprit le chemin d'Assise. Dans quel état d'esprit ?

A Foligno, il s'arrêta. Rentrer chez lui en armure, impossible. On imagine ce qu'eût été le piteux retour de l'aspirant chevalier dans son équipement en parfait état, l'accueil du père et des voisins. Sagement, il vendit armure et cheval et s'acheta des vêtements simples. C'était la solution la plus intelligente. Sans doute allait-il essuyer chez lui un orage, mais, fortifié par la voix du Seigneur entendue dans la nuit, il se présenta tranquillement à la maison paternelle. De l'explication qui suivit, nous ne savons rien. Les documents se taisent, mais il est sûr que Bernardone donna de la voix.

A travers tous les siècles, les discussions d'argent se déroulent toujours avec leur monotone atrocité et celle que François eut avec son père ne devait pas différer du modèle classique, mais enfin, pour François, l'avenir restait assez vague en attendant que le Seigneur lui fît connaître plus précisément sa volonté. Le langage de Dieu n'est pas toujours immédiatement clair. Ordre avait été donné à François de retourner à Assise. Il y était. Qu'allait-il faire ? Entre le jeune homme et son père hors de lui — « Mon argent ! Je veux cet argent ! » —, il dut y avoir au bout de longues et mortelles minutes une sorte de paix malade, un arrangement plus financier que sentimental. A présent que les grandes rêveries chevaleresques s'étaient piteusement dissipées, François se remettrait à gagner son pain comme par le passé. Au magasin donc !

On croit l'entendre à huit siècles de distance, ce père furieux. L'énorme gaspillage d'argent, la déshonorante reculade devant le combat, à quoi s'ajoutaient nombre de griefs plus personnels. Copieuses durent être les larmes de Pica, mais elle comprenait, les mères comprennent tout. Son fils serait un enfant de Dieu. On avait prédit cela à cette femme et elle le croyait.

Aucun document ne donne à croire qu'on se moqua de François. Il souriait de nouveau, comme toujours. Touché par la grâce, mais encore incertain de ce qu'il devait faire, il attendait. Dans quel état d'esprit ? On ne sait. Inventer ne sert à rien. Les faits sont là qui vont parler. En effet, ses compagnons des plaisirs d'hier ne perdirent pas de temps pour le rejoindre et l'entourer. Certes, il y avait des manquants parmi eux, mais à quoi bon remuer les ombres du passé ? La vie demeurait aussi belle que jamais, la terre aussi amoureuse du ciel et du soleil. Réveillé soudain l'adolescent de jadis, le François d'aujourd'hui chantait de sa voix qui portait si loin et restait si douce, et comment eût-il résisté lui-même au charme de son propre sourire qui ramenait la joie dans cette jeunesse meurtrie ? A présent qu'il était un homme, il savourait mieux encore qu'autrefois le plaisir de dominer ces êtres. Sans illusions sur les motifs de leurs flatteries, il restait sensible à l'élan de leur jeunesse vers le gros bonheur de la chair. L'argent remplissait encore sa bourse, à la suite de je ne sais quel boiteux arrangement avec son père, et il pouvait de nouveau jouer au grand seigneur si l'envie lui en prenait.

Ses compagnons lui passaient tout, « pour pouvoir s'emplir le ventre », note l'impitoyable Celano. Une fois de plus ils le sacrèrent roi de la jeunesse et lui mirent dans la main un bâton en guise de sceptre. François, par bonne humeur, par « courtoisie », se laissa faire, commanda un somptueux banquet qui tourna comme d'habitude aux ignominies banales : « repus à vomir, poursuit notre auteur, des convives allaient souiller ensuite les places de la ville de leurs chansons d'ivrognes ». De leurs chansons et du reste ! Et qui donc les suit, le bâton de fou à la main, sinon le roi de la fête ? A un moment, il s'arrête. La titubante farandole continue sans lui et bientôt on s'aperçoit qu'il n'est plus là.

La blessure d'amour

Revenant en arrière, on le découvre immobile, debout dans la rue, silencieux. Qu'est-ce qu'il a ? Jamais encore, il n'a eu un air aussi étrange. On dirait qu'il dort, les yeux ouverts. Il est un peu effrayant. A-t-il vu une apparition ?

— Tu nous a oubliés, lui crie-t-on. A quoi pensais-tu ? Tu veux te marier ?

Cette question absurde le réveille. La voix claire traverse alors la nuit comme un murmure :

— Oui. Et j'aurai pour femme la plus noble, la plus riche, la plus belle qu'on ait jamais vue.

Les rires se déchaînent et le mot de « *pazzo* » court sur ces bouches avinées. Voilà François qui délire de nouveau, il a des visions, et sa folie des grandeurs le reprend. Noblesse, fortune, beauté. Rien ne manque. On s'approche, mais on n'ose pas le taquiner. Son regard n'est plus le même, l'homme n'est pas celui qu'on a connu, pas même celui de tout à l'heure. C'est quelqu'un d'autre.

Qu'est-il arrivé ? Au milieu de cette fête piteuse s'est passé ceci que Francesco, avec ce ridicule bâton de fou à la main, est tombé amoureux. Pendant des années, il a fui quelqu'un ou quelque chose et, tout à coup, ce quelqu'un l'a rattrapé et foudroyé de toute la force de sa tendresse. François a vingt-cinq ans. Au jeu d'échecs de l'absolu, le cavalier est devenu le fou, Dieu gagne.

DEUXIÈME PARTIE

LE FOU DE DIEU

Pareil et différent

Il connut cette joie folle du converti qui voit le monde s'évanouir autour de lui. Où est-il ? S'il pouvait parler, il ne trouverait pas les mots pour le dire, le langage humain n'a plus de sens. Toute notion d'espace et de temps s'efface. L'être même n'a plus conscience de son individualité. Simplement il est perdu et comme englouti par l'indescriptible bonheur.

Plus tard, s'il tente de ressusciter avec des phrases la merveille de cette minute, il peinera tristement sur des qualificatifs inertes. De nouveau, le voilà prisonnier d'un petit univers dont il a entrevu dans un éclair le peu de réalité. L'ambition, l'argent, le pouvoir, le plaisir — vides. Seul existe cela dont le souvenir incommunicable fait battre le cœur et c'est pourtant cela qu'il faut donner aux hommes.

Et maintenant que va-t-il faire ? Il n'est plus le même et en même temps tout est autre autour du nouveau François, comme s'il devenait pareil à un étranger dans un pays inconnu.

Il n'a rien, mais rien n'est comme avant dans sa vie quotidienne, bien que rien n'ait changé en apparence. Simplement ce n'est plus le même homme qui accomplit les mêmes gestes. Sans doute retourne-t-il au magasin, et son père peut le croire revenu à la maison et au drap, encore que Bernardone n'ait pu digérer la difficile affaire de l'armure. Toutefois, il n'est pas mécontent de voir que son fils a mis trêve aux banquets dispendieux qui ne l'ont pas fait monter d'un échelon vers la haute société. François y parviendra autrement. Les affaires et l'argent ouvrent toutes les portes, celles du pouvoir d'abord.

François n'a pas du tout l'air d'y songer. A la maison, il recherche la solitude pour prier, et c'est son silence qui étonne le plus. On ne l'entend plus chanter comme jadis. Dans les rues d'Assise, il ne croise jamais un pauvre qu'il ne lui fasse l'aumône, car le souvenir de celui qu'il a éconduit lui brûle le visage et il a promis à Dieu de ne jamais plus l'offenser de cette manière ; et, si l'argent lui vient à manquer, il donnera au mendiant son bonnet, sa ceinture, n'importe quoi pour que la main tendue vers lui ne reste pas vide. Un jour, avec cette manie qu'il a de toujours aller aux extrêmes, il va jusqu'à ôter en secret sa chemise pour discrètement en faire don à un miséreux.

Mais où donc est passée l'espèce de bourse de Fortunatus, cette bourse miraculeuse qui semblait jamais ne se désemplir ? On soupçonne que le père s'est mis en devoir d'assainir les finances de son héritier. Celui-ci n'est plus du tout l'élégant personnage de naguère et là Bernardone commence — ou continue — à ne rien comprendre. L'économie est une chose, mais une mise trop simple en est une autre, et fâcheuse quand on est le fils d'un des bourgeois les plus riches de la ville. Bientôt il va grogner.

Pica, elle, ne peut que s'émerveiller de la transformation de celui qui reste pour elle son Giovanni, le préféré de ses enfants. Se confie-t-il à sa mère ? En tout cas, il a des idées qu'elle trouve étrangement belles. Ainsi, lorsqu'en l'absence de Bernardone il dîne seul avec elle, il couvre la table de pains pour les pauvres qui viendront frapper à la porte, car la grande faim sévit toujours en Ombrie. Autrefois il guettait l'arrivée des amis qui le conviaient à la fête, maintenant il guette l'arrivée de Jésus sous les haillons de la misère. C'est ainsi que grandit en lui l'amour des pauvres.

La caverne

Parfois on lui demande ce qu'il a. Il n'a rien, il veut être seul, mais comment garder pour lui le secret d'un amour qui lui dévore l'âme ? Qui pourra l'écouter ? Qui pourra le comprendre ?

Une seule personne dont nous ne saurons jamais le nom ni rien. Un ami, un confident mystérieux qui passe comme un ange dans les premières journées d'enivrement spirituel. En vain les savants ont cherché à l'identifier, mais à quoi bon tenter de saisir ce qui se dérobera toujours à la curiosité humaine ? L'inconnu écoute la révélation coupée de pleurs de joie. A côté de cette âme toute frémissante encore sous la touche de la main de Dieu, il quittera la ville, gagnera la campagne, montera vers le mont Subasio, sous les sapins noirs, jusqu'à une caverne qu'ils connaissent tous les deux, loin du bruit de la cité, mais cette fois François veut entrer seul dans ce refuge et dans cette ombre. L'inconnu restera dehors comme pour défendre et protéger du monde la prière de celui qu'il prend sous sa garde. Il est vraiment bien patient et bien attentif, ce compagnon anonyme. Se rend-il compte qu'il s'agit d'une âme d'élite sur laquelle il pourrait agir ? Le silence demeure épais, mais on soupçonne que cet inconnu pourrait être quelqu'un que nous retrouverons plus tard.

Et si... Et s'il n'avait jamais eu d'existence que dans l'imagination ? J'ai été presque tenté de croire qu'il n'a existé que dans la pensée de François, dans sa ferveur nouvelle, comme le jeune homme qui fit avec un grand visionnaire du XVIIe siècle, le P. Surin, un fameux voyage en coche de Rouen à Paris...

Dans la caverne, les heures passaient, non plus du tout dans la béatitude, mais dans l'angoisse du repentir. Bien peu d'hommes ont pleuré comme François. Dans une surabondance de larmes, il revit son passé qui lui fit horreur et, pour la première fois, il prit conscience de l'énormité du péché. Que de saints ont affirmé qu'ils étaient les plus grands pécheurs du monde, et cela sans être crus, bien que cela fût vrai d'une certaine façon. Nous autres ne pouvons bien les comprendre, nous n'avons de nos fautes qu'une idée fugitive et bien peu dérangeante, mais l'âme qui se voit telle qu'elle est, par une grâce terrible analogue à la flamme du Purgatoire, est à jamais désabusée sur elle-même. Il faudrait être saint pour comprendre un saint. De telles épreuves nous dépassent et ne peuvent se décrire, mais quelquefois on peut s'en former une idée quand on a connu la souffrance.

François sortit de la caverne brisé de fatigue et défiguré par le chagrin. D'autres visites suivirent néanmoins, crucifiantes sans doute, mais le jour vint où le jeune homme reparut, le visage illuminé par un sourire qui disait tout : la grâce retrouvée, le cœur rendu à la joie, l'amour, l'amour surtout. Le plus grand pécheur devenait le plus grand amoureux du monde. Et, comme il était italien, sa volubilité de jadis se donna de nouveau libre cours. Il se remit à parler de la princesse, la demoiselle élue qui l'attendait. Délirait-il comme autrefois ? Certains le crurent.

L'image qui parle

Que faire de soi, de sa personne, de son âme et de son corps, quand on tombe amoureux fou de l'Amour ? Que faire de cette conversion qui fond sur vous ? Prier sans aucun doute, prier sans cesse, dire à Dieu qu'on l'aime, mais Dieu ne se montre pas, on ne le trouvera que dans le silence et la solitude.

A certains moments, l'envie prend à François de se rouler par terre en poussant des cris comme pour se débarrasser de cet excès de joie qui l'accable. Il faut malgré tout que la vie continue, gagner son pain. Vendre des étoffes, par exemple. On peut très bien aimer Dieu en vendant du drap. François ne semble pas y avoir songé, pas plus qu'il n'a songé à devenir religieux, et cependant les ordres religieux ne manquaient pas. Il y avait un couvent de bénédictins dans la région.

Un jour qu'il se promenait dans la campagne pour essayer en marchant de voir clair dans ces choses, il poussa jusqu'à une église fort ancienne et tombant en ruine : San Damiano. C'était là que Dieu l'attendait depuis toujours. Une grande croix tragique, pendue au-dessus de l'autel et peinte avec une naïveté touchante, saisit aussitôt son regard. Le Christ aux bras étendus tournait les yeux au loin, comme s'ils cherchaient sur la route quelqu'un de bien long à venir. François aussitôt tomba à genoux.

Dans toute l'Italie il y avait tant de croix et, à force de les voir, on finissait par ne plus songer à ce qu'elles s'efforçaient de dire, mais, pour François, ce jour-là n'était pas un jour comme les autres et il vit peut-être la crucifixion pour la *première fois*. Il eut alors la révélation subite de ce qu'était la mise en croix de Jésus. Ce fut comme si on ne lui en avait jamais rien dit et son cœur se déchira de compassion et d'amour, d'amour pour celui qui s'était laissé clouer sur du bois par amour, par amour pour lui, Francesco di Bernardone, à genoux, muet et le visage mouillé de larmes.

Et, dans une sorte d'immobilité de tout, du temps, de l'air, de la création, le Christ peint se mit à parler. N'est-ce pas terrible, une image qui parle dans une église vide ? Paralysé d'effroi et de stupeur, le jeune homme se sentit arraché à lui-même et comme soulevé de terre. Comment une image pouvait-elle parler ? Mais il savait qu'il ne rêvait pas.

La voix disait : « François, répare ma maison. » Du cœur du Christ dans le cœur de François, l'amour passa et repassa en un indescriptible échange.

Revenu à lui, le jeune homme connut la désolation de l'âme qui se retrouve dans le monde créé. Au bout d'un moment, il se signa et sortit, emportant dans la tête une phrase qu'il comprenait de travers et dans le cœur l'ineffaçable empreinte de la cruci-fixion. Elle le faisait tellement souffrir que, de retour à Assise, sans effort pour se retenir, il en gémissait bruyamment de douleur, mais il savait maintenant ce qu'il avait à faire. Dieu lui avait enfin révélé clairement sa volonté : réparer les murs de son église en péril. Il n'y avait d'erreur que dans une lettre minuscule : où François croyait comprendre « église », il eût dû penser « Eglise », mais comment l'aurait-il pu ?

A Rome, à Rome...

L'idée lui vint de faire le pèlerinage à Rome. Peut-être y avait-il là le désir de bouger, de se remuer le corps et l'âme, car il était de ces hommes qui ne tiennent pas en place, ou plutôt un élan mystérieux dont il ne saisissait pas le sens, mouvement de la grâce qui allait le mener par les chemins du monde. Sans doute son père était-il en voyage. L'occasion était belle. Abandonnant le magasin aux mains des commis — et peut-être de son frère Angelo —, il se mit en route. A cheval ? C'est peu probable. On se le figure plutôt allant à pied comme il ne devait plus cesser de le faire. Celano nous dit qu'il emprunta les haillons d'un pauvre pour le voyage. De même qu'on endosse un uniforme. L'armée des sans-avoir avait fait une recrue.

Arrivé à Rome, on pense bien qu'il ne perd pas son temps à visiter les curiosités de la ville, mais court au parvis de Saint-Pierre où foisonnent les mendiants. C'était la longue basilique de Constantin, bâtie sur le tombeau des deux apôtres Pierre et Paul et qui faisait l'admiration de toute la chrétienté avec ses ombres mystérieuses, ses pavements et ses mosaïques byzantines. Voilà François parmi les pauvres. Il se mêle à eux comme pour se mêler à Jésus-Christ et il est heureux, joyeux même, nous dit notre chroniqueur. Lui-même doit trouver bien étrange cette nouvelle situation, mais il s'en félicite comme d'une aubaine. Que la vie est donc intéressante et comme il se réjouit de cette liberté du cœur délivré des soucis du monde... Lui jadis si friand de plats délicieux mange avec appétit les rogatons qu'il tire de sa besace.

Ce festin achevé, il se rend dans la basilique, à l'autel de saint Pierre où se déposent les offrandes des fidèles. Elles lui paraissent scandaleusement chiches. Est-ce ainsi qu'on traite le prince des Apôtres ? Et, par un de ces gestes de grand seigneur qui lui sont restés chers, il vide sa bourse à grand bruit dans l'ouverture sous l'autel. Quelle magnificence ! Autour de lui on l'admire ; un peu confus, il se sauve, rejoint ses amis les pauvres avec qui il passera la journée. On dirait qu'il veut disparaître parmi eux, rivalisant avec eux dans ses guenilles, la main tendue, habité par une joie sans nom. Mais pourquoi n'a-t-il pas donné cet argent ou partie de cet argent aux pauvres qui étaient avec lui ? C'est la question qui vient immédiatement à l'esprit, mais le personnage est plein de ces contradictions.

Le baiser au lépreux

De retour chez lui, il reprend ce mode de vie qui devait sembler si étrange aux siens, à sa mère et aussi à celui dont on parle si peu, son frère Angelo qui n'approuvait pas. Où donc était le jeune homme brillant et sûr de lui-même dont les chants égayaient le voisinage ? La mise à présent modeste qu'il affectait de trouver à son goût, quelle lubie en était l'origine ? Qu'en pensait le père et qu'y pouvait-il ? Tempêter ne servait à rien : à l'âge de vingt-cinq ans, son fils était libre de s'habiller à sa guise. Pourvu qu'au magasin sa tenue fût correcte. Mais le magasin n'était-il pas déjà quelque chose du passé ?

On imagine le désarroi que jetait l'excentrique au sein d'une famille installée dans le confort et les conventions bourgeoises. Enfermé dans sa chambre, il y passait des heures à prier quand il ne sortait pas pour visiter ses nouveaux amis, les pauvres. Se doutait-il du malaise qu'il créait autour de lui ? Aux yeux du monde, faire le saint personnage, c'était porter un jugement tacite sur les personnes moins férues de dévotion, bonnes catholiques peut-être, mais sans étalage. Et puis, François souriait et son charme désarmait les critiques.

Parfois, un nuage venait assombrir le bonheur du nouveau converti : des pensées qu'il chassait aussitôt, mais qui n'en revenaient pas moins avec une persistance suspecte, une nostalgie subite de la bonne vie qu'il menait hier, « du temps de ma vie pécheresse », devait-il écrire plus tard ; et quand un Italien, fût-il un saint, parle de sa vie pécheresse, on sait bien ce que cela veut dire ; alors d'où venait ce trouble soudain ?

A d'autres moments, une idée folle lui surgissait à l'esprit et ne le quittait pas. La vieille bossue d'Assise... Elle était d'une laideur monstrueuse dans sa difformité et François s'était mis en tête que, s'il persévérait dans sa vie de continence et de mortifications, il serait un jour comme elle. Pouvait-on imaginer chose plus absurde ? Mais l'idée fixe tenait bon. De qui procédait tout cela sinon du démon ? C'est ce que François finit par se demander et, comme il lui arrivait si souvent dans des heures de désolation spirituelle, le Seigneur fit entendre sa voix.

Résonnait-elle dans le silence comme une voix humaine ou parlait-elle dans le secret au cœur du prédestiné ? La percevait-il comme un son venu de l'extérieur ou l'appréhendait-il intérieurement comme une pensée, mais si forte et si doucement impérieuse qu'elle créait cette illusion de frapper l'air ? Qu'importait ? Cette voix, il la connaissait si bien, elle l'avait tant de fois réconforté... C'était la voix même de l'Amour, celle dont les inflexions lui étaient si chères. Ce jour-là, elle l'instruisit sur la transformation intérieure que Dieu attendait de lui : « Ce que tu aimes encore de façon charnelle et vaine, remplace-le par des valeurs spirituelles... préfère l'amertume à la douceur si tu veux me connaître... »

L'amertume ? François était prêt à tout pour suivre le Seigneur dans la voie la plus rebutante. Du coup, la tentation démoniaque s'effaça comme un mauvais rêve et le dégoût le prit au souvenir des voluptés dont il avait étourdi sa jeunesse. Cet adorateur de la beauté, si délicat dans ses préférences artistiques, l'esthète enfin n'avait-il pas vaincu les répulsions que lui inspiraient la puanteur des mendiants, leurs maladies infectes et le grouillement de la vermine sur leur chair et dans leurs loques ?

Quelque chose devait l'avertir qu'il pouvait aller beaucoup plus loin dans la série des répugnances. On n'allait pas exiger de lui l'impossible ; mieux valait ne pas y songer. Un jour qu'il se promenait à cheval aux environs d'Assise, il entendit le petit son terne et bien connu de tous qui faisait fuir les plus vaillants. Comme du fond des plus anciens récits des Ecritures venait vers lui un lépreux agitant sa cliquette. Toute la nature de François se révolta, mais une force irrésistible le fit sauter à bas de son cheval et marcher droit sur ce porteur d'épouvante. Nous ne pouvons pas nous imaginer cette minute parce que nous ne savons pas ce qui se passe dans une âme soumise à une épreuve d'une telle hauteur. On nous dit que François s'approcha du lépreux dont le visage n'était qu'une plaie, lui prit la main et posa la bouche, cette bouche jadis si dégoûtée, sur cette chair en pourriture. Alors une joie immense envahit le jeune homme et le baiser de paix lui fut rendu aussitôt. Retournant vers son cheval, il remonta en selle et voulut jeter un regard vers son lépreux, mais, dit Celano, il eut beau chercher de tous côtés, il ne vit personne. Le cœur battant, François se mit à chanter.

San Damiano

Ici commence la grande aventure. Le contemplatif passe à l'action. De l'argent, il faut de l'argent pour réparer l'église, et il en faut beaucoup. François court au magasin d'où par bonheur son père est absent, détail qui n'est pas tout à fait sans importance. Sans doute Bernardone est-il à une de ces foires où il emmenait autrefois son fils. Quoi qu'il en soit, François fait main basse sur quelques ballots d'étoffes d'écarlate choisies avec soin, puis, montant à cheval, galope jusqu'à Foligno. Là, il vend et les étoffes et le cheval, et sans tarder se met en route à pied.

A San Damiano, le desservant, un pauvre et vieux prêtre, se trouvait à l'église quand il vit la porte s'ouvrir, et François parut. Celui-là, le prêtre le connaissait bien : un bon garçon qui lui faisait quelquefois l'aumône avec beaucoup de grâce, mais aussi un incorrigible fêtard, vivant dans le péché. Assise fermait les yeux sur le péché, mais grognait quand le jeune homme semait l'argent de tous côtés et donnait fête sur fête alors que la disette sévissait dans tout le pays et que tant de monde avait à peine de quoi subsister.

Après une inclination, François alla vers le prêtre et lui baisa la main. Son respect pour le clergé était aussi connu que sa conduite tapageuse. Cette fois, l'ecclésiastique ne put s'empêcher de lui trouver un air bizarre. Vêtu très simplement — où était l'élégant habituel ? —, il paraissait un peu surexcité et se mit sans préambule à dire l'objet de sa visite : réparer San Damiano. Il avait pour cela tout l'argent nécessaire, là, dans sa bourse. Le seigneur prêtre voulait-il l'accepter ? Ce discours débité avec précipitation ne manqua pas d'abasourdir le clerc ; pris de court par cette irruption de la charité, il refusa l'argent tout net, vu l'importance de la somme qui lui parut suspecte.

Changeant de tactique, François révéla au prêtre qu'il s'était converti, que sa vie était devenue tout autre et qu'on devait lui faire confiance dans son dessein. Là encore, le prêtre se montra rétif, il demeurait sceptique à l'égard de ces conversions sensationnelles, mais sans lendemain. Vinrent alors les supplications : qu'il fût au moins permis à François de trouver asile pour un temps dans cette église qu'il voulait réparer lui-même. Il supplia et, de guerre lasse, le prêtre finit par y consentir, mais il ne voulait pas de l'argent. Cette histoire lui paraissait embrouillée, incroyable. Peu importait au nouveau converti tout à la joie d'avoir obtenu gain de cause. Quant à la grosse bourse pleine d'or, il n'y tenait pas plus que si elle eût contenu de la poussière.

Si Dieu n'en voulait pas, il n'en voulait pas non plus et, par un dernier grand geste de seigneur, il la jeta avec mépris dans le coin d'une fenêtre.

Du côté de chez Bernardone

A la maison, on s'inquiétait. Où était François ? Depuis plusieurs jours il avait disparu et, si d'abord on avait pu croire à une escapade tout à fait dans le caractère de cet excentrique, à présent on la trouvait longue. De retour de voyage, le père mis au courant était allé droit au magasin et un seul coup d'œil lui avait suffi pour voir qu'il manquait des coupons de drap et aussi, et surtout, de précieuses étoffes d'écarlate. D'une voix épouvantable, il réclame des explications, et les garçons terrorisés lui apprennent que c'est le signor Francesco qui a tout pris, en a fait des ballots et tout emporté à cheval. A cheval ! Où ? Comment savoir ? Il paraissait extrêmement pressé — et il est parti. Mais où ? Par là. Voilà Bernardone qui se transforme en ouragan. Cela lui arrive souvent, mais cette fois le tonnerre attire les passants. Le fils Bernardone a encore fait des siennes ; il a profité de l'absence de son père pour piller le magasin. Lui qu'on croyait devenu si sage, pieux même, hantant les églises. C'est ainsi qu'il méditait son coup. Du vol ? Quel autre nom donner à la chose ? Même s'il s'agit d'une indélicatesse domestique.

Lorsque le drapier fut en état de réfléchir, il arrêta son plan de conduite et s'en fut ameuter amis et voisins pour fouiller les alentours et retrouver le coupable. Cela prit du temps, François se doutait bien qu'on allait agir et fut pris d'une vive inquiétude, d'autant plus qu'un ami l'avait informé des démarches et de la stratégie paternelles. Qui était cet ami ? Sans doute le confident mystérieux qui l'accompagnait à la caverne où François pleurait si amèrement les fautes de sa jeunesse. A San Damiano, il ne se sentait pas en sûreté ; alors, comme un animal traqué, il se réfugia dans une sorte de cave creusée derrière l'abside et s'y cacha un mois, mourant de peur. Il y avait de quoi. Bernardone, tel un nouveau saint Paul avant sa conversion, battait la campagne dans les alentours en ne respirant que menaces et carnages.

François ne sortait que pour les cas de stricte nécessité. De temps à autre, on lui apportait de la nourriture qu'il mangeait dans l'obscurité de son antre. Il priait, jeûnait, suppliait Dieu de le délivrer de ceux qui le poursuivaient. On peut s'interroger sur le sens de ces supplications, car enfin où voulait-il en venir ? Tôt ou tard, ne lui faudrait-il pas abandonner sa cachette ? Peut-être y faisait-il une sorte de retraite. Il lui arrivait d'entendre les cris des amis de Bernardone qui tournaient autour de San Damiano, persuadés qu'il n'était pas loin et furieux de ne pouvoir le dénicher. Mais la grâce agissait sur François qui avait mis en Dieu sa confiance tout entière et sans réserve. Là, il le savait bien, était le moyen le plus sûr de résoudre son problème. Il faudrait Péguy pour nous expliquer que la confiance qu'on met en Dieu est le point faible du Seigneur et qu'il y a des armes auxquelles il ne résiste pas, mais il répond à sa manière et sa manière à lui, ce matin-là, fut d'abord d'envahir de joie le cœur de l'enfant bien-aimé et d'en faire un homme.

Il avait eu son heure de lâcheté — c'était celle où Dieu le guettait une fois de plus —, il se traita de capon et le nouveau François quitta son refuge et se mit en route, un François hâve, affaibli, vêtu de guenilles, presque méconnaissable. Dès qu'il parut en ville, une volée d'injures l'accueillit, suivie d'une volée de pierres et de poignées de boue qui lui barbouillèrent le visage. En même temps retentissait le cri qui allait prendre un sens prophétique : « *Pazzo ! Pazzo !* » Fou. C'était le fou de Dieu qui se présentait au monde. Comme celui qu'il aimait tant avait agi dans sa Passion, il garda le silence devant la meute humaine, perdu dans la prière, et marcha de l'avant. Telle fut l'entrée glorieuse de saint François d'Assise dans son siècle.

Bernardone
L'auteur essaie de comprendre.

Bernardone était chez lui, attendant des nouvelles et rongeant son frein. Voilà un mois que cela durait. Il s'était saigné aux quatre veines (mais c'était un homme très sanguin) pour ce garçon qui tournait mal. L'argent, l'argent pour faire la fête avec les jeunes seigneurs, frayer avec la noblesse, parce qu'il en rejaillirait de l'éclat sur le nom familial plébéien. Mais cela ne suffisait pas. Une armure ensuite fut jugée indispensable à François pour devenir chevalier et faire irruption de force dans les classes supérieures. Et il l'avait eue, son armure, et il l'avait vendue frauduleusement, gémissait l'éternel bailleur de fonds. Le prix d'une grosse ferme ! Mais, si sottement dilapidée cette fortune, restait encore un espoir : le négoce, le drap, cette fripouille de François était malgré tout un vendeur-né avec ses manières exquises, ses simagrées aristocratiques et cet art d'embobiner le client sans en avoir l'air, donnant l'impression qu'il se séparait par faveur des belles étoffes rares qu'il aurait mises de côté pour lui. Par faveur... Quelle raclée il lui réservait par faveur si jamais il remettait la main sur lui...

C'était une sorte de consolation d'y songer. Car il n'oubliait pas les ballots de tissus rares effrontément volés au magasin. Le ciel lui devait une vengeance. Dans ces dispositions d'esprit, il entendit tout à coup un gros murmure qui montait d'une rue voisine. Des cris. Une émeute ? Tout était paisible en ce moment à Assise. Le bruit des gens en colère se rapprochait. Bernardone jeta un coup d'œil dehors.

Ce qu'il vit lui coupa le souffle. Un guenilleux suivi de jeunes gens et même d'enfants qui lui jetaient des pierres en criant : « Au fou ! » François. Impossible de s'y tromper, c'était lui, cet horrible mendiant, ce traîne-misère qui le déshonorait en public. C'était le comble. Pris d'une colère qui lui envoya le sang à la tête, il se jeta dans l'escalier, la rage décuplait ses forces agréablement, et une sorte de volupté sauvage s'emparait de toute sa personne à la vue de sa victime à quelques mètres de lui. Il allait « punir ». La salive lui en coulait sur le menton. Que fait le loup quand il voit une brebis ? Il bave.

Ce qui suivit fut affreux. Sans le savoir peut-être, le drapier se fit l'instrument du démon furieux de voir lui échapper une âme de choix dont il avait si patiemment fait le siège. Bernardone s'ouvrit un chemin à travers la foule et, se ruant sur son fils, commença par l'étourdir d'une tempête de gifles, puis le saisit par les cheveux et le traîna jusque chez lui. Là, devant Pica horrifiée, il le jeta dans un réduit où il l'enchaîna et le roua de coups, « pour le reconvertir aux charmes du monde en meurtrissant son corps », nous dit saint Bonaventure. On se frotte les yeux, mais le texte est là, avec une lourde innocence qui frise l'humour noir.

Toutefois, le père s'aperçut bientôt que sa méthode ne valait pas grand-chose, et d'ailleurs ses affaires l'appelaient dans le Nord. Il confia donc à sa femme la clef du cachot et partit. Comment ne pas songer à Barbe-Bleue ? Seule avec son fils bien-aimé, Pica se mit à raisonner tendrement avec lui à travers la porte. Elle aurait tant voulu voir tout s'arranger à l'amiable, même après ces préliminaires mouvementés, mais François se montrait d'une douceur de fer. Enfin, vaincue par l'amour, Pica lui rendit la liberté, changea ses vêtements en lambeaux.

Quittant pour toujours la maison de son enfance, François regagna son premier refuge à proximité de San Damiano. Quels projets avait-il en tête ? L'avenir se cachait encore à sa vue, mais il ne savait qu'une chose avec certitude, c'était qu'il ne pourrait plus vivre qu'entièrement en Dieu.

Du temps passa, puis Bernardone reparut sur la scène comme un cauchemar, demanda où était François et fit éclater sur la tête de sa femme qui l'avait laissé fuir un de ses orages d'où les injures partaient comme des éclairs. Cela dut le soulager un peu. Cependant, il lui restait un compte à régler avec son héritier et il bondit à San Damiano. On savait maintenant où logeait le solitaire, mais c'était un nouveau François qui se trouva face à face avec lui. Calme et ferme, le doux révolté déclara que toute violence était inutile : jamais il ne rentrerait à la maison. Cette fois le drapier comprit. Il revint à la charge cependant et fit entendre la haute clameur de l'homme lésé dans ses biens :

— Mon argent !

Oui, bien sûr, la bourse pleine d'or que François avait jetée dans un coin, à San Damiano, sur le rebord d'une fenêtre. Elle y était encore. Le prêtre n'y avait pas touché. Un gros soupir de soulagement s'échappa de la poitrine paternelle.

Tentons de voir la situation telle qu'elle se présentait aux yeux du drapier. On l'accuse d'ordinaire d'avoir été un fort méchant homme, et il le fut parfois, mais pas toujours. Enfant chétif, François lui fut très cher et, avec Pica, il l'entoura de soins très attentifs, il lui facilita avec une indulgence qui touchait à la faiblesse une adolescence et une jeunesse heureuses, car il était fier de lui et lui passait les caprices les plus insensés, et il y en eut, s'occupant de lui bien au-delà de sa majorité légale fixée à seize ans. A prix d'or, il l'avait tiré des prisons de Pérouse et, par la suite, ne lui ménagea pas ses largesses. Il grognait, mais payait toujours avec cette générosité imprévisible particulière aux natures avares. Et, il faut le dire, il aimait son fils à sa façon. Cela avait duré jusqu'à la vingt-cinquième année de François et où étaient le résultat, la réussite ? Tout à coup il se trouvait devant un demi-fou, un incapable, bref — le mot devait avoir son équivalent dans la langue ombrienne —, un raté, un raté pas très honnête qui s'en allait après s'être emparé de ballots d'étoffes précieuses pour les liquider à Foligno. Pica soutenait que son fils était un saint, mais les femmes sont idiotes.

Bernardone était résolu à traîner le « saint » devant les consuls, à le faire comparoir en justice et renoncer à son héritage. On n'excuse pas ses accès de fureur sadique, mais que pouvait-il comprendre à un homme aussi profondément indéchiffrable que son propre fils ? La rue criait : « Au fou ! » La rue n'avait pas tort !

Pour le moment, nous sommes encore à San Damiano, et la bourse pleine d'or est là, sur le rebord de la fenêtre. A qui appartient-elle ? Ici commencent les difficultés. Thomas de

Celano (I) nous dit qu'en vendant à Foligno « comme d'habitude toute sa marchandise » et son cheval par-dessus le marché, « il vendit tous ses biens et se désintéressa de l'argent ». On voudrait bien le croire, parce que cela s'accorde avec les idées conventionnelles qu'on se forme d'un saint, mais le prêtre de San Damiano « par crainte des parents refusa l'argent » (Celano, II). Plus tard, l'évêque d'Assise déclara qu'on ne pouvait employer à aucun usage sacré de l'argent mal acquis et conseilla à François de restituer à son père la somme qu'il avait voulu consacrer à la réparation de l'église. Saint Bonaventure voit les choses autrement. Selon lui, le père « retrouva la bourse dans le coin de la fenêtre, ce qui le calma, mais ce n'était pas assez de l'avoir dépouillé, lui, François, de son argent... il voulut le traîner devant l'évêque... ». Peut-être François considérait-il que ce qui appartenait à son père était aussi à lui — juridiquement, il avait en partie raison —, ou peut-être ne pensait-il à rien de précis en emballant ces étoffes sinon qu'il fallait de l'argent pour réparer l'église dont les murs cédaient, comme le Seigneur le lui avait demandé, mais il ne croyait certainement pas qu'il volait. Et la bourse était là, gardant son secret, sur le rebord de la petite fenêtre.

Le grand refus

Encore ivre de rage et, pense-t-il, fort de son droit, Bernardone est bien résolu d'agir, il court au palais de la Commune, dépose une plainte devant les consuls contre son fils pour qu'il lui rende l'argent qu'il a volé. Sur l'ordre des consuls, un héraut part avertir François d'avoir à se présenter devant eux.

« Par la grâce de Dieu, répond François, je suis désormais libre et suis serviteur du seul Dieu Très-Haut. » Et il refuse de comparaître. Dans quel embarras il jette la justice humaine avec sa sublime réponse... Mais, puisqu'il est au service de Dieu, strictement il ne dépend plus de la juridiction civile, et les consuls s'inclinent. Reste l'évêque. Bernardone y a bien songé et il a dû hésiter. Avec ces hommes d'Eglise, on ne sait jamais dans quel embrouillamini théologique on va se fourrer, d'autant plus qu'il s'agit de la réfection d'une église. Mais il n'a pas d'autre recours.

A l'évêché donc ! Bernardone dépose sa plainte. Ce qu'il veut, ni plus ni moins, c'est que François renonce à ses droits d'héritier et restitue tout ce qu'il possède encore. Homme sagace et prudent, mais fort attaché aux biens terrestres, Mgr Guido, évêque d'Assise, cite François dans les formes. Celui-ci ne demande pas mieux que d'obéir, car « le seigneur évêque est père et maître des âmes », et François est le plus soumis des fidèles. Le prince de l'Eglise l'accueille avec joie et lui tient un petit discours qui est un modèle de tact et de bon sens : « Tu as scandalisé ton père... Si tu veux servir Dieu, rends-lui donc l'argent que tu possèdes... Peut-être est-il mal acquis ? [Quelle finesse dans ce peut-être...] Et Dieu ne veut pas que tu l'emploies pour des choses sacrées. Aie confiance, agis comme un homme... Pour San Damiano, Dieu pourvoira. *Dominus providebit.* »

On ne pouvait pas mieux faire pour transformer François en ardent soldat du Christ. La tête lui tourne un peu devant la foule de curieux qui s'est assemblée pour assister à la scène sur la place publique, un peu en contrebas de la maison paternelle, devant Sainte-Marie-Majeure, où se trouve le palais épiscopal édifié sur l'ancienne demeure du poète Properce, le voluptueux admirateur de la beauté, mais de quoi diable aurait-il peur, lui, François ? Sans un mot, il arrache ses vêtements avec une précipitation fougueuse et les lance l'un après l'autre aux pieds de son père, tous, jusqu'à ses chausses, et par-dessus le marché la maudite bourse qu'il avait bel et bien rapportée et cachée dans une poche. Le voilà nu comme au jour de sa naissance. Nu aujourd'hui pour sa seconde naissance.

Après le brouhaha de tout à l'heure, les spectateurs sont muets. Puis, ce qui les émeut aux larmes, c'est le cilice que l'élégant d'hier porte à présent contre la peau. Cela il va le garder à jamais, l'horrible machin de crin pénitentiel qui tue l'instinct de volupté et châtie la chair nuit et jour.

Du théâtre dans tout cela ? Oui, certes, mais c'est François avec ce goût irrésistible du geste spectaculaire qui fait qu'on ne regarde que lui. Il a été ainsi depuis son enfance, quand il fallait être le premier, le point de mire. Et maintenant cette faiblesse est au service d'une sincérité furieuse qui confine à la démence. Les fous ont la manie de se mettre nus, lui aussi se sent fou, fou de colère et fou d'amour, et, dans le délire de l'exaltation, il s'écrie avec une autorité magistrale : « Ecoutez, écoutez tous. En toute liberté désormais, je pourrai dire " Notre Père qui es aux cieux ". Pietro Bernardone n'est plus mon père, et je lui rends non seulement son argent que voici, mais encore tous mes vêtements. » Et il a ce dernier cri qui a le ton du Magnificat : « J'irai nu à la rencontre du Seigneur. »

Aussi bouleversé que la foule, l'évêque pleura et, attirant le jeune homme dans ses bras, l'enveloppa de sa chape. L'Eglise prenait ainsi possession d'un de ses plus grands fils. Sous les regards désapprobateurs de la foule, son père partit avec son bien, mais la tristesse au cœur. C'était le 10 avril 1206.

On ne trouva rien de mieux que des vêtements mis au rebut, une chemise et le manteau troué d'un jardinier, pour habiller François, mais il reçut cette défroque avec reconnaissance et plus tard y traça une croix avec un morceau de craie...

Et maintenant où aller ? Il décide de quitter Assise pour quelques jours et de chercher refuge à Gubbio où il a un ami, sans doute depuis les geôles de Pérouse. Il a le choix entre la route et un chemin par la forêt, et il choisit les arbres pour chanter sous leur voûte fraternelle l'excès de son bonheur. En quelle langue ? En français, cette langue bien-aimée qui lui jaillit du cœur dans ces moments-là.

Et comme dans un opéra surgissent des brigands. Ils l'ont entendu chanter de loin et leur déception est extrême quand au lieu d'un riche ils tombent sur une sorte de miséreux. Puisqu'il n'a pas un sou vaillant, ils lui arrachent son manteau, ne lui laissant que sa chemise, et lui demandent qui il est. « Je suis le héraut du grand Roi ! » Cette réponse grandiose fait beaucoup

rire la canaille. Puis, à plusieurs, ils prennent notre héraut du
« grand Roi » et, avec une gaieté sauvage, le culbutent dans une
fondrière pleine de neige. Prudemment, François attend qu'ils
aient pris du large, sort enfin comme il peut de son fossé, puis,
grelottant, éclate de rire et se remet à chanter, le cœur plein de sa
joie mystérieuse.

Courte parenthèse

Dans une de ses confidences dont beaucoup nous sont reve-
nues, François a révélé que, depuis le jour de sa conversion, il
avait sans cesse été malade. Peut-être était-ce le prix d'une grâce
insigne, mais, des conversions, il en avait eu plus d'une avant
celle-là. Il s'était donné et repris jusqu'au moment décisif de son
dépouillement spectaculaire sur la place publique. Le pécheur
disparaissait alors devant le saint. Or c'est le pécheur que nous
avons essayé de suivre et de comprendre, et nous avions le
sentiment d'approcher de sa vérité, parce que dans ses faiblesses
nous nous retrouvions. Nous étions de la famille, mais, à partir
du moment où Dieu s'empare de lui, l'homme se simplifie et nous
le perdons quelquefois de vue. Pour reprendre une phrase de
Dante, il se cache dans la lumière. Il est tout près de nous par la
charité et infiniment plus loin par l'indescriptible transformation
intérieure. Pourtant, la main qu'il nous tend garde toute sa
chaleur humaine et sa douce voix italienne trouve infailliblement
le chemin du cœur.

En y resongeant, la scène du dépouillement, à une époque où
la pudeur n'avait pas encore été confondue avec la pruderie,
faisait partie d'une des formes de la pénitence publique. Se
dépouiller des signes extérieurs de la richesse, de ces vêtements
dans lesquels il avait goûté à tous les plaisirs du monde — et celui
de paraître n'était pas le moindre pour lui —, quitter l'orgueil de

sa jeunesse, montrait à tous que François répudiait avec éclat tout son passé. Le renoncement devant la foule était en soi, dans la mentalité du Moyen Age, un acte juridique. François sans ressources désormais choisissait le camp des déshérités et des exclus.

Et l'évêque faisait le geste spectaculaire qui y correspondait, devenant tout à coup non plus Mᵍʳ Guido, évêque d'Assise, mais l'Eglise, émancipant François de tous les biens du monde.

L'accueil bénédictin

Voilà donc François nu sous cette chemise que les brigands lui ont laissée par un reste d'humanité peut-être et, tout transi qu'il est, il n'en chante pas moins la louange du Seigneur dans les bois. Ira-t-il ainsi jusqu'à Gubbio par ce froid ? La campagne a souffert d'inondations en cette fin d'hiver, et l'eau, quand ce n'est la neige tardive, recouvre encore les chemins. Il se souvient d'un monastère bénédictin dans les environs. Sans aucun doute on y accueillera l'itinérant si drôlement vêtu, mais l'ère des désillusions commence. Il fait mauvaise impression au moine qui lui ouvre. Pourtant n'est-ce pas recevoir Jésus que faire entrer un pauvre ?

Alors on lui donne une grossière souquenille, autant dire une longue blouse de palefrenier, et on l'envoie aux cuisines laver la vaisselle. Là au moins il n'aura pas froid, mais c'est à présent la faim qui le tenaille. Un morceau de pain lui est offert qu'il pourra tremper dans un peu de l'eau grasse réservée aux cochons. Cela lui permettra de tenir quelques jours, puis il décide de partir, et la porte lui est largement ouverte. Soit dit à l'honneur de saint Benoît, l'histoire nous rapporte qu'un peu plus tard le prieur lui fit des excuses pour lui-même et pour les moines, lorsqu'il apprit qu'il avait hébergé un saint, et l'on ne sait ce qui est le plus triste de l'accueil ou des excuses, mais le pardon fut largement accordé avec amour.

A Gubbio, François trouva celui qu'il cherchait, un ami d'autrefois qui se montra humain et le revêtit d'une tunique avec une ceinture, le chaussa de sandales et lui donna un bâton de pèlerin. S'agissait-il d'un ancien compagnon de fête ? On le voudrait, mais il est beaucoup plus probable qu'ils s'étaient connus en captivité, dans les souterrains de Pérouse.

Des allées et venues de François dans les semaines qui suivirent, nous n'avons que de maigres indices. Il ne pouvait tenir en place. On eût dit que, ne voulant que suivre le Seigneur, il adoptait un itinéraire invisible qui le menait là où il était sûr de le rejoindre et, comme il l'avait un jour embrassé sur la route dans la personne d'un lépreux, ce fut dans un hospice de lépreux qu'il alla le retrouver. On accepta qu'il soignât les pauvres malades. La joie surnaturelle qui l'habitait quand il lavait ces êtres torturés qui faisaient peur au monde, nous n'arrivons pas à nous la figurer. Il dépassait l'abnégation et le dévouement communs à ceux qui consacrent leur vie à la souffrance humaine. Saint Bonaventure, qui ne nous fait grâce d'aucun détail, nous dit que François ôtait des morceaux de chair pourrie, étanchait le pus, allait jusqu'à baiser les plaies comme il eût baisé les plaies du Christ, posant la bouche sur des bouches dévorées par l'atroce maladie, mais c'était au Christ en eux qu'il prodiguait ces marques d'amour, et elles lui étaient rendues au centuple.

Nous nous sentons ici dans l'inimaginable, simplement parce que nous sommes d'une autre famille d'âmes et que les notions que nous avons de la sainteté sont brumeuses, mais il n'est pas inutile de pousser jusqu'aux abords de la mystique horreur pour saisir le personnage qui bouleversa l'humanité chrétienne.

San Damiano *revisited*

Il n'oubliait pas la pauvre église que le Seigneur, pensait-il, lui avait dit de réparer et, laissant les lépreux par obéissance, il revint à San Damiano pour y commencer les travaux. Mais la bourse pleine d'écus d'or n'était plus sur le rebord de la fenêtre et les pierres s'obtenaient-elles sans argent ? Problème, mais pas pour lui. Avec cette simplicité qui nous émerveille encore, François s'en tint au conseil évangélique et, fort de la promesse de Dieu, il demanda afin d'obtenir. Mendier des pierres, comment s'y prendre ?

Il se mit à parcourir les rues de sa ville en criant : « Qui me donnera une pierre recevra une récompense du Seigneur ! Qui m'en donnera deux recevra deux récompenses ! Qui m'en donnera trois recevra trois récompenses ! » Grand étonnement d'abord. Pour stimuler le bon mouvement, de cette voix charmante que tout Assise connaissait, il chanta Dieu. Peut-être y eut-il des sourires et des moqueries, mais l'inattendu de la demande et la douceur de cette mélodie joyeuse finirent par agir et les pierres apparurent, une ici, l'autre là. Il n'y avait pas si longtemps, on lui en jetait pour l'insulter et lui faire mal — avec le sentiment peut-être obscur de se venger de quelqu'un qui avait longtemps subjugué tout le monde par ses extravagances et son charme — et à présent on lui en apportait comme on offre un cadeau. Grosses ou petites, il acceptait tout, regagnant San Damiano avec sa récolte de pierres sur les épaules, épuisé, mais heureux. Une fois de plus, l'Evangile pris à la lettre manifestait l'efficace de la prière. La méthode était si simple ! Que ne la suivait-on !

Restait à présent, tâche plus rude encore, la réparation des murs écroulés, mais là François montra qu'il savait aussi très bien s'y prendre, ayant été à bonne école avec le peuple d'Assise, quand il travaillait à construire les murailles de la ville, après la démolition de la forteresse. Il avait en quelque sorte fait son apprentissage de manœuvre et de maçon. Et, comme il chantait alors dans l'exaltation de la victoire, il chantait aujourd'hui la joie d'obéir à ce qu'il croyait un désir du Sauveur.

Trop âgé pour lui donner un coup de main, le desservant n'en fut pas moins ému d'une foi aussi rare et aussi zélée. C'était un bénédictin venu du couvent de Subasio et, du moine ou de l'église, on peut se demander lequel fut le mieux édifié ! En tout cas il se chargea de nourrir cet homme de bonne volonté qui d'abord reçut avec gratitude cette marque de charité, puis, s'apercevant que le vieux religieux lui préparait des mets délicats, refusa poliment et prit le parti d'aller mendier son pain comme un vrai fils de Dame Pauvreté.

On n'aimait guère les mendiants, mais, par acquit de conscience, certains lui donnaient souvent n'importe quoi, des restes fort peu appétissants, François recevait tout avec de grands mercis, mais un jour, regardant ce qu'on lui avait jeté dans son écuelle, il crut qu'il allait vomir. La nature n'était pas encore domptée ; il prit bravement sur lui et mangea. La récompense vint aussitôt. A peine avait-il sur la langue cette immonde nourriture qu'elle lui parut délicieuse.

A San Damiano, cependant, les curieux s'arrêtaient pour voir ce laborieux personnage qui chantait tout seul en mettant des pierres en place. Ils appartenaient à cette race d'hommes que rien n'intéresse comme de voir travailler le prochain, mais le prochain en question ne l'entendait pas de cette oreille et, avec cette gentillesse qui n'était qu'à lui, il invitait en français les oisifs à offrir au Seigneur un petit effort manuel. Les uns riaient et passaient ; d'autres, reconnaissant avec stupeur dans ce maçon à la fois pieux et jovial l'élégant libertin de jadis, se sentaient pris d'émotion comme devant un mystère et lui venaient en aide. On a dit qu'il réussit même à former une équipe de travailleurs volontaires, mais c'est faire un large crédit à la générosité humaine. Bientôt les murs se relevèrent. C'était au début de septembre 1206 qu'il s'était mis au travail et, lorsqu'il eut fini, il se crut en règle avec Dieu de ce côté-là. En réalité, tout restait à faire.

Naturellement, il devait continuer son œuvre de raccommodeur d'églises en ruine. Avec un instinct de castor, il irait là où les murs menaceraient de s'écrouler. D'abord San Pietro, une chapelle près d'une des propriétés de son père, dans la plaine d'Assise, où, jeune homme, il allait bien souvent chercher le frais dans les heures jaunes de l'été et que nous pouvons situer grâce au testament de son neveu. Et le petit chemin qui conduisait à la chapelle menait dans l'autre sens à San Damiano, comme si les jours heureux de sa jeunesse étaient là, mis entre parenthèses par ces deux églises. Puis il y aurait la Portioncule. Mais la première, San Damiano, et la troisième, la Portioncule, devaient chacune jouer un rôle déterminant dans sa grande aventure humaine.

A la maison, *suite*

Bien différente était l'atmosphère chez Bernardone qui rageait dans son cœur du matin au soir, tantôt dans un sombre silence, tantôt se libérant dans de brusques accès d'indignation. Avoir recouvré son argent représentait une maigre consolation dans le désastre familial. Son fils en qui il plaçait tant d'espoirs était devenu un objet de scandale, la risée de toute la ville. Plus irritant que tout le reste, cet apitoiement de quelques bonnes âmes et, pour mettre le comble à l'exaspération du drapier, ces murmures qui commençaient à courir sur les vertus de ce garnement, de ce vieux garnement, car François n'était pas autre chose : à vingt-cinq ans bien sonnés, il se conduisait comme un gamin qui a perdu la tête.

Son jeune frère Angelo voyait la situation avec plus de calme et beaucoup d'ironie. Il était goguenard. Pour lui, François demeurait l'hurluberlu de la famille, le fêtard prétendu converti qui jouait maintenant au saint. Aussi se réservait-il, un jour qu'il le croiserait dans la rue ou ailleurs, de lui décocher une petite flèche bien acérée pour crever cette baudruche, rien de bien méchant en apparence, une petite phrase innocente, de style dévot, mais meurtrière. Et, au fond, il n'avait pas fait une mauvaise opération, puisque l'évincement de son frère aîné l'avait changé en héritier à part entière.

Quant à la mère, elle se lamentait. C'est l'affaire des femmes de pleurnicher, selon Bernardone. La bonne Pica ne s'en privait pas. Un peu agaçants, ces sanglots étouffés, mais il fallait s'y attendre.

Rencontrer François dans les rues était inévitable. Bernardone n'y manqua pas. On voudrait croire qu'il eut un mouvement du cœur aussi brusque qu'inattendu. Ce fut tout le contraire. Dès qu'il vit son fils, il le maudit avec force. On ne sait ce que dit alors François. Peut-être garda-t-il le silence et passa, mais l'incident se renouvela à plusieurs reprises. François vêtu comme un pauvre recevait la malédiction paternelle en présence de passants scandalisés et il devait en souffrir, car il finit par imaginer un moyen d'atténuer la tristesse de cette épreuve. Un mendiant nommé Albert, choisi pour son aspect vénérable, fut chargé par lui, moyennant la moitié des aumônes qu'il recevrait, de l'adopter pour fils, de l'accompagner dans ses courses à travers la ville. Et chaque fois qu'ils se trouvaient face au drapier et que celui-ci proférait sa malédiction habituelle, Albert faisait un signe de croix sur son fils adoptif et lui donnait sa bénédiction, détournant ainsi la mauvaise parole du père dénaturé. François disait alors à Bernardone : « Crois-tu que Dieu ne soit pas capable de me donner un père qui me bénisse pour annuler tes imprécations ? » Cette scène étrange surprenait les Assisiates. Elle les touchait aussi.

Elle ne touchait pas du tout Angelo qui guettait le moment de décocher son trait empoisonné. L'occasion, il la trouva par un matin d'hiver glacial où, vêtu de haillons, François priait en grelottant. Assez fort pour être entendu, son frère dit alors à un voisin : « Demande donc à François de te vendre pour un sou de sa sueur ! » La réponse vint sans tarder en français, joyeuse, accompagnée d'un sourire : « Je l'ai déjà vendue au Seigneur ! ».

La voie étroite

François savait bien qu'on ne va pas à Dieu par les consolations, le chemin court étant la souffrance qui mène à lui tout droit. Cette joie surnaturelle qui l'habitait voisinait avec la maladie et des mortifications intérieures reçues comme des grâces, non sans batailler quelquefois, le vieil homme n'en finissait pas de mourir. L'amour-propre surtout avait la vie dure. Un jour que François allait mendier de l'huile pour la petite église de San Damiano, il se trouva devant une maison et s'apprêtait à frapper à la porte quand, par une fenêtre entrouverte, il vit non sans émotion un groupe d'hommes parmi lesquels il reconnut d'anciens compagnons de fête... Pour eux la fête continue — sans lui. Ils chantent, ils dansent et s'apprêtent à jouer après avoir festoyé. Il voit tout cela, il regarde, le flot des souvenirs envahit l'âme avec une force extraordinaire, surtout si la musique s'en mêle. Pris de honte, il n'ose entrer et, le rouge au front, il s'éloigne. Cette minute de faiblesse nous rapproche de lui !

Dans la cruelle incertitude qui suivit, il s'accusa durement de lâcheté et, revenant sur ses pas, courut jusqu'à cette maison. Là, avec une humilité profonde, il fit un aveu public de sa faute. On imagine la scène : la stupeur des passants qui n'y comprenaient rien, et jusqu'aux battements de cœur de ce petit homme en haillons qui luttait vaillamment en lui-même contre le démon de l'orgueil. Lorsqu'il se fut ressaisi, il pénétra chez les joueurs et présenta sa requête en français. Pourquoi en français ? Parce que c'était François et qu'avec ses compagnons d'hier il parlait français.

On l'écouta en silence. Il dut y avoir un moment de gêne extrême. Ce mendiant, ils n'en croyaient pas leurs yeux, c'était le prince de la jeunesse, le dominus d'antan qui demandait de l'huile pour l'amour de Dieu, et comment la lui refuser, son huile, mais aussi que dire au singulier personnage dont la présence remuait en eux un monde de souvenirs ? Son charme agissait encore sous les haillons. Il prit l'huile qu'on lui donna au bout d'un instant et, avec sa courtoisie habituelle, il remercia et se retira. Celui qui demande des choses difficiles donne en même temps le courage de les accomplir.

Le retentissement de la grande scène devant l'évêque et la foule d'Assise n'était pas près de s'oublier. Ce spectaculaire adieu aux biens de ce monde faisait du fils Bernardone un être à part. On le guettait aux actes. Et que faisait-il ? Il parcourait la ville avec une écuelle de mendiant et chantait les louanges du Seigneur. D'autres gagnaient leur pain quotidien en travaillant dur. Lui, demandait humblement qu'on lui donnât le sien. Et de nouveau on se mettait à rire, et, pis que tout, à sourire, car dans le rire il peut y avoir la gaieté de l'indulgence, mais dans le sourire entre le dédain. Son habit, son bâton, ses sandales, cette ceinture autour des reins le désignaient à l'ironie des âmes sceptiques. Il avait, bien sûr, réparé les murs d'une petite église, mais non tout seul, l'aide lui était venue. Bonne intention et bon travail. A présent, on se demandait où tout cela le menait. Lui aussi peut-être.

Pourquoi ne pas rendre la vie à une autre église aussi mal en point que San Damiano ? Elles ne manquaient pas dans la région. Il résolut de les prendre l'une après l'autre, comme un médecin va de malade en malade. La première fut celle de San Pietro, près des remparts, modeste, encore debout. Avait-il des dons d'architecte ? Certains le croient, il y a souvent un architecte chez un Italien.

Le jour vint où, dans une forêt de chênes, il se trouva devant un vieux sanctuaire de sept mètres sur quatre, déserté, car ne servant que pour les forestiers et les vignerons. C'était une chapelle appartenant aux bénédictins sous le vocable de Notre-Dame-des-Anges, devenue plus tard Notre-Dame-de-la-Portion-cule, c'est-à-dire du petit espace, ou encore du petit bénéfice, car c'était un oratoire de peu de fidèles. Dieu, qui l'attendait partout, l'attendait là pour lui parler d'une façon précise, mais François savait-il qu'il posait le pied sur le seuil de la gloire humaine dont il ne voulait plus ?

Avec son énergie habituelle, il se mit à l'œuvre et, par dévotion pour la Sainte Vierge, il décida de vivre en ermite dans ce lieu même où on la vénérait. Les travaux s'achevaient ; un moine du mont Subasio venait, à la prière de François, dire la messe de bonne heure. Un matin, le jour de la Saint-Matthias, il lui lut ce passage de l'Evangile où Jésus envoie ses apôtres en prédication et leur donne une règle de conduite.

« Ni or ni argent ni monnaie ; ils ne doivent emporter pour la route ni bourse ni besace ni pain ni bâton ; ils ne doivent avoir ni chaussures ni deux tuniques, ils doivent prêcher le royaume de Dieu... » Ces paroles firent tressaillir François comme si une voix fût tombée du ciel dans son oreille. La messe terminée, il demanda au prêtre de lui expliquer le discours de Jésus point par point et, à mesure que s'éclairait le sens de ces phrases brèves et décisives, il se sentit enveloppé de joie. Le message attendu depuis si longtemps lui parvenait enfin. Et il eut ce cri : « Voilà ce que je veux, ce que toute mon âme désire ! »

Du coup, il jeta son bâton, ses sandales, son manteau, sa ceinture de cuir. L'Evangile se révélait à lui dans son éblouissante lumière. Soudain il devenait le disciple du Christ. Ne le connaissait-il donc pas, l'Evangile ? Que de fois il l'avait entendu depuis son enfance, mais le Livre a ceci de particulier qu'on peut l'entendre tout au long des années et qu'il arrive une minute où il sort de ces pages une voix silencieuse, mais assourdissante, et qu'on ne pourra jamais faire taire.

Etat de l'Eglise

L'amour filial de François pour l'Eglise de Rome demeure un des traits les plus marquants de son caractère. De sa jeunesse jusqu'au jour de sa mort, sa fidélité ne connut pas d'incertitude.

Il put hésiter sur la route de sa conversion, il ne douta jamais d'une institution que le Christ lui-même lui disait sur le point de s'écrouler, mais le jeune converti ne pouvait pas comprendre un tel message. Paradoxalement, sa foi même s'y opposait. Que San Damiano menaçât ruine était évident, mais non l'Eglise. C'était impensable. Elle était là pour toujours, jusqu'à la fin des temps. Elle était l'Eglise comme le ciel était le ciel.

Pourtant, n'avait-il pas des yeux pour voir ? De l'Eglise de 1200 on ne peut faire, dans son ensemble, qu'un tableau très sombre. Nul besoin d'en chercher les preuves chez ses adversaires ; les témoignages catholiques suffisent. En tout premier lieu, la multiplicité des bulles d'Innocent III contre les abus les plus scandaleux, mais, si le pape s'inquiétait du délabrement général en Europe, ses bulles comminatoires ne pouvaient pas grand-chose contre l'usure, la vénalité, les excès de table et l'intempérance sexuelle de beaucoup de prêtres, et jusque dans les monastères. Le scandale était partout. Un luxe inouï se voyait dans l'Eglise. Luxe et luxure. On chansonnait les moines paillards. Des clercs défroqués couraient les routes et se répandaient en chansons agressives contre les dignitaires du clergé. Les vers latins de ces goliards étaient souvent admirables ; les *Carmina Burana* trouvent un écho dans l'*Enfer* de Dante, ne serait-ce qu'au chant XIX sur la simonie. La foi même se trouvait atteinte. Le cardinal Jacques de Vitry tournait les yeux vers l'Eglise d'Orient et se posait des questions.

Certes, les chrétiens fidèles ne manquaient pas. François connaissait des prêtres parfaits, mais il était loin d'ignorer que l'Eglise traversait une crise de désordres. Ne l'aurait-il pas constaté de lui-même que les prédicateurs itinérants venus du Nord, de Lyon et de Milan l'en auraient informé avec leur perpétuelle critique d'un épiscopat ravagé par le goût des richesses auquel ils opposaient la pauvreté évangélique. Comment leur donner tort sur ce point ? Mais François tenait bon pour la même raison qui faisait que le gros du peuple ne cédait pas sur l'essentiel : au milieu de ses excès, l'Eglise gardait le pouvoir des clefs, celui d'ouvrir les portes du Paradis par l'absolution des péchés. François restait immuablement catholique.

Des prêtres parfaits, il en avait connu au moins trois.

Dans son enfance, le vieux chanoine de Saint-Georges qui racontait l'histoire de saint Georges et jetait le jeune garçon attentif dans la voie idéale de la chevalerie spirituelle dont il ne sortit jamais.

Vint ensuite le prêtre de San Damiano qui connaissait bien le jeune homme et qui, le premier, se rendit compte qu'un François transformé se tenait devant lui, cherchant le Christ.

Le troisième enfin fut ce bénédictin de Subasio qui venait lui dire la messe chaque jour à la Portioncule. Le 24 février 1208, c'est l'aube. Le murmure des paroles latines trouble à peine le silence dans la petite église romane perdue au milieu des chênes. A la lueur des deux cierges, le prêtre lit l'Evangile. François reconnaît au passage les versets encore mystérieux. Tout à l'heure le moine va lui en révéler le sens. Voici le moment décisif, la messe est dite, les cierges éteints, la porte ouverte, François prend la route.

L'autre

A partir de ce moment, François fut un autre homme. Tous les théologiens du monde réunis ne pourraient décrire cette transformation de l'être intérieur qui ne relève pas de notre psychologie classique. François laissait la place au Christ. Il restait homme, mais il était habité par le Christ. Le François d'hier, mourant d'amour, s'était rendu.

Ce que nous prenons pour une conversion dans le sens habituel du mot est simplement un changement d'habitudes. On renonce à ceci, à cela, non sans combattre, parce qu'on a accepté un

« credo » qui exclut toute action délictueuse, mais l'homme intérieur n'a pas bougé. Il gouverne ses convoitises, mais demeure l'homme des convoitises. Il n'y a pas eu substitution d'une personne à une autre. Dans le cas de François, si.

Et maintenant qu'allait-il faire, le François nouveau ? Son premier soin fut de se confectionner une tunique grossière et d'étoffe rugueuse et, pour bien marquer le sens de sa mission, il la tailla en forme de croix. Ainsi vêtu comme de l'armure de Dieu, nu-pieds, les reins ceints d'une corde, il rentra dans Assise et se mit à parler. De sa voix haute et claire et qu'on entendait de loin, il s'adressait à tout le monde. Les mots jaillissaient d'eux-mêmes de son cœur plein de cet amour qu'il voulait partager avec tous. Dieu fou d'amour pour chacun de ceux que rencontrait ce petit homme aux yeux brûlants...

On l'écoutait avec stupeur. Il s'exprimait d'une façon si simple et si passionnante, avec des mots si directs et qui tombaient si juste que chacun les recevait comme pour lui seul. Beaucoup le suivaient, émerveillés que ce fût François qui leur tînt ce langage si différent des sermons tombant du haut d'un ambon le dimanche. Maintenant il ne s'agissait plus de lui jeter des pierres et de crier : « *Pazzo !* » Ce qu'il disait était du nouveau. Où avait-il appris tout cela, lui qui ne savait jadis que des chansons d'amour ? Que lui était-il arrivé ? Et il les connaissait, ses Assisiates. Il ne leur parlait pas pour leur faire peur, mais pour leur annoncer la paix et la joie de la Bonne Nouvelle : « *Pace e bene !* », comme l'exalté qu'on entendait jadis dans les rues de la ville. Et, cependant, quand il les regardait et les exhortait à la pénitence — et vite parce que le temps est court —, le cœur leur battait d'une vague inquiétude. Aucun ne se jugeait coupable et paradoxalement tous se sentaient visés à cause de cet homme qui circulait parmi eux et, avec les mots les plus ordinaires, les mots de tous les jours, pas le discours des savants, leur répétait que Dieu aime les pécheurs et ne hait que le péché.

De l'admiration, on passe vite à l'enthousiasme et celui-ci est contagieux. Fut-ce alors ou un peu plus tard ? Un jeune homme dont nous ne saurons jamais le nom, peut-être un garçon tout juste adolescent, une de ces âmes simples et mystérieuses qui ne discutent pas avec la grâce, voulut prendre le même chemin que François et trouver la paix avec lui. Ce fut en vérité son premier disciple. Il n'est qu'à peine mentionné par les biographes, mais il fut le premier et demeure près de François comme une ombre lumineuse.

Par les chemins du monde

Nous sommes toujours en hiver, mais voilà François dans les rues et sur les routes, saluant les gens d'un vœu de paix et de joie, et il prêche. Le mot est mal choisi et fleure l'ennui. D'abord, pour prêcher, il faut avoir fait des études. On prêche beaucoup sur la terre ombrienne : cathares, vaudois, parfois avec talent. Il y a toujours des curieux pour les écouter. Ces prédicateurs ambulants ont la tête pleine de théologie et de controverse. Notre François, lui, ne sait rien, hormis quelques paroles du Christ retenues avec amour et redites à qui veut les entendre avec une ferveur et une humilité qui arrachent des larmes, parce qu'on a l'impression que ce n'est plus de la bouche de cet homme que viennent les paroles, mais de la bouche même qui les a proférées, en Galilée, pour la première fois.

Pour François, il semble évident que parler chemin faisant ne suffit pas. Il faut faire un sermon. Où ça ? Dans une église. Par une fidélité instinctive à l'enfance, il choisit la chapelle de son école où le vieux prêtre parlait à sa classe de la vie des saints, en particulier de saint Georges. Comment s'y prend-on pour faire un sermon ? Il ne sait pas, mais sa facilité naturelle lui vient en aide. Il est tombé amoureux de Dieu et de quoi veut-on que parle un amoureux si ce n'est de son amour ? S'il en parle platement, il ennuie ; s'il est inspiré, il rend amoureux son auditoire. C'est cela même qui explique le succès immédiat de François. On peut douter qu'il soit monté en chaire. La chaire est faite pour les savants dont il faut avoir le style relevé, mais François ne se sert pas de grands mots. Un enfant le comprendrait. Tout le monde le comprend et, très simplement, il parle du plus grand mystère qui soit : l'amour de Dieu pour chaque homme au monde. Pas un seul n'est excepté, même les méchants, même les pires. Il croit ce qu'il dit et il le croit avec une telle force que ces gens qui l'écoutent en sont bouleversés. Les sermons du dimanche ne dérangent personne, et ce petit homme si misérablement vêtu, sans rien de remarquable dans son apparence, mais dans les yeux un éclat comme si son âme avait pris feu, celui-là on l'écoute avec une attention passionnée, parce qu'on dirait qu'il fait tout changer autour de lui. Le monde n'est plus le même, personne n'est le même, ne se sent le même. Il s'est passé quelque chose. Quand M. le curé parle, lui pourtant si vénérable, il ne se passe rien. C'est impossible à expliquer. Et, quand le petit homme s'en va, on se demande si c'est vraiment le fils du drapier ou quelqu'un d'autre qu'on a entendu. Or c'est quelqu'un d'autre.

Un témoin au-dessus de tout soupçon

Après le tout premier, qui, lui, est resté inconnu, un peu comme si tous ceux qui aimeront François dans la suite des temps devaient se reconnaître dans ce visage effacé, le premier disciple connu fut un riche citoyen d'Assise, Bernard de Quintavalle, un personnage, docteur dans l'un et l'autre droits à l'université de Bologne, installé dans un imposant manoir, homme de petite noblesse, mais très considéré, dont on essaiera d'abord de supporter les vertus. Sa conversion fut loin d'être subite et c'est par là qu'elle nous intéresse. Son coup de foudre, il l'eut, si l'on peut dire, au ralenti.

François et sa conversion qui avait fait tant de bruit retenaient son attention. Le nouveau pauvre avait subi les avanies des moqueurs et des cyniques ; les insultes ne lui avaient pas été épargnées, ni les pierres, ni la boue lancée parfois avec elles. Il acceptait tout avec cette incompréhensible humilité qui exaspère le monde et provoque le mépris. Bernard observait ces choses et s'interrogeait. S'il s'agissait d'un simulateur, où trouvait-il la force de persévérer ? Le doute s'installait en lui et, pris de pitié pour le pauvre « *pazzo* », il lui offrit un soir un refuge dans sa maison et le pria de dîner avec lui.

Si courtoise fut l'invitation que François l'accepta. Elle dut se renouveler plusieurs fois. Une amitié mûrit qui devait magnifiquement s'épanouir plus tard, lorsque François se mit à prêcher, mais là encore quelle prudence chez ce Bernard de Quintavalle ! Il n'était pas homme à s'engager à la légère. Par un de ces revirements si fréquents dans les milieux populaires, l'hostilité envers François tournait au respect, puis à l'engouement et presque à l'amour.

Comment voir clair dans tout cela ? Bernard avait eu sans aucun doute de longs entretiens avec « son » pauvre et celui-ci parlait du fond du cœur, avec une sincérité bouleversante — mais quoi, il est si facile de s'exalter, de présenter de soi sans en avoir conscience une image flatteuse, voire édifiante, de se payer de mots...

Quintavalle, personne grave et l'aîné de François, voulait se former un jugement personnel et rationnel sur le compte de son hôte et il eut recours, peu de temps après le premier sermon de François à Saint-Georges, à un de ces pieux stratagèmes qui nous éloignent de lui de prime abord, mais dont le fruit devait le justifier. Quand François dormait chez lui, il avait l'habitude de lui faire dresser un lit dans sa propre chambre où, la nuit, brillait toujours une veilleuse.

Curieux de nature, méfiant, observateur attentif, il était en bonne place pour déceler enfin toute la vérité sur François. Au bout d'un laps de temps raisonnable, il feignit de dormir. Certains écoutent aux portes ou regardent par le trou d'une serrure, inépuisable source d'information, la meilleure disait un romancier anglais. Quintavalle trouva autre chose : il se mit à ronfler. Il vit alors François se glisser hors de son lit et s'agenouiller, les yeux au ciel et les mains levées, puis se mettre à murmurer : « Dieu ! Dieu ! » A la douce lumière de la petite lampe, Quintavalle regardait cet homme dont les austérités avaient déjà usé le corps. Sous le vêtement grossier qui ne le quittait pas, il ne restait pas grand-chose du « roi de la jeunesse », et maintenant ces exclamations étouffées... Elles n'étaient pas faites pour être entendues par un autre que Dieu et chaque fois elles frappaient l'indiscret témoin en pleine poitrine comme un coup dans une porte. Ce qu'il entendait, c'était un dialogue d'amour. La réponse était dans l'appel lui-même. Le cri d'amour de l'homme pour Dieu se confondait avec le cri d'amour de Dieu pour l'homme. Tout s'évanouissait autour de cet échange où passait l'effroi d'un mystère. « Je t'aime », disaient ensemble la créature et son Créateur, unis et comme fondus l'un dans l'autre. On avait peur. « Dieu ! », répétait François, dans une sorte d'enivrement.

Cela dura jusqu'au point du jour. Ni François ni son hôte n'avaient dormi, mais Quintavalle avait senti son cœur changer. Ce matin-là en quelques mots qu'on nous a conservés, il fit à François cette déclaration : « J'ai complètement décidé dans mon cœur d'abandonner le monde et de te suivre en ce que tu m'ordonneras. »

Conversion étonnante, plus encore que celle de François qui, elle, avait été longue et laborieuse avec des hésitations, des fuites devant l'Amour, des retours éperdus suivis de nouveaux abandons, puis la capitulation finale arrachée de haute lutte. Quintavalle se rendait du premier coup comme un enfant. Ce riche, ce notable envoyait tout promener, remettant sa volonté entre les mains d'un pauvre ignorant qui ne savait rien d'autre que Dieu.

Et soudain on vit la prudence changer de camp. Ce fut François qui fut d'avis de réfléchir sur une décision aussi grave et aussi difficile. Le mieux ne serait-il pas de prendre conseil ? De qui ? Mais du Seigneur qui leur dirait sa volonté dans l'Evangile. Comment ? On ouvrirait le livre au hasard par trois fois. Cette forme de bibliomancie était très courante au Moyen Age et l'est restée jusqu'à nos jours.

Un ami de Quintavalle, juriste aussi, mais de biens plus modestes, Pierre de Catane — chanoine de la cathédrale, disent certains textes, ce qui pouvait n'être qu'honorifique, car on n'a pas retrouvé dans le registre de la cathédrale son nom parmi les chanoines de ces années-là —, exprima le désir de se joindre à eux, comme ils allaient partir pour l'église la plus proche, San Nicolò. Là, ils entendirent la messe, puis, lorsque l'église fut vide, ils demandèrent au prêtre la permission de consulter l'Evangile resté sur le lutrin.

Le livre s'ouvrit d'abord à ce verset de saint Matthieu : « Si tu veux être parfait, va, vends tout ce que tu possèdes et donne-le aux pauvres et tu auras un trésor au ciel » (Mt 19,21). Verset capital et déterminant qui n'admettait aucune réserve. La deuxième fois, le livre donna les précisions nécessaires : « N'emportez rien sur la route, ni bâton, ni besace, ni chaussures, ni argent... » C'était le même verset de saint Luc (Lc 9,3) dont le bénédictin lui avait fait le commentaire à la Portioncule ; cette réitération dut avoir un effet prodigieux sur François. Tout était prévu sur le plan pratique. Enfin, la troisième fois, le conseil le plus difficile, on oserait dire le plus impossible : « Qui veut venir après moi, qu'il renonce à soi-même, qu'il prenne sa croix et qu'il me suive » (Lc 9,23). Là, nous quittons le plan terrestre pour aborder celui de l'absolu. L'abandon de soi, ultime richesse, la plus tyrannique...

François eut alors cet élan qui proclamait tout son idéal spirituel : « Voilà notre vie, voilà le conseil que le Christ nous donne, voilà notre règle et celle de tous ceux qui voudraient venir avec nous. »

Si nous admirons l'enthousiasme de François découvrant un Evangile qu'il avait entendu sans doute bien des fois, mais d'une oreille plus légère, nous n'en sommes pas moins touchés par la modestie et par l'humilité de Messire Bernard et de Pierre de Catane qui écoutent comme de bons élèves ce simple prêtre leur expliquant ces versets qu'ils connaissent par cœur, mais ils ont retrouvé avec François la fraîcheur d'âme si longtemps perdue dans la vie mondaine. « Comment un homme peut-il naître de nouveau ? », demandait Nicodème à Jésus. Quintavalle et Pierre de Catane le savent maintenant. Le temps de se débarrasser de leurs biens et de revêtir la bure, et ils seront frère Bernard et frère Pierre. Les notables sont morts.

Se séparer de tous ses biens d'un seul coup, je me demande qui d'entre nous n'y a jamais rêvé au moins une minute dans sa vie. Pour Pierre de Catane, ce dut être vite fait, mais, en ce qui touche Quintavalle, ce fut plus long et l'opération ne manqua pas de pittoresque. En public, sur la place Saint-Georges, le 16 avril 1208, François aida son disciple à distribuer son or aux malheureux venus d'un peu partout et, comme il fallait une ombre à cette fête inattendue, un avare se présenta sous l'aspect d'un prêtre qui avait naguère vendu des moellons à François pour San Damiano. Voyant tout cet argent semé à pleines mains, il s'estima payé au-dessous du prix. Il s'appelait Sylvestre. On croit voir le sourire de François et sa main plongeant dans le sac d'or pour dédommager le personnage : « Vous voilà satisfait, seigneur prêtre ? », lui demande-t-il. Et Sylvestre s'en va, content de ce qu'il a obtenu.

Rentré chez lui, il eut un songe cette nuit-là : il vit un dragon énorme menaçant la ville, puis François et, dans la bouche de ce dernier, une croix d'or qui montait jusqu'au ciel et s'étendait sur toute la terre, mettant le monstre en fuite et ramenant la paix. Une vision aussi nettement prophétique donnait à réfléchir. Des jours passèrent, Sylvestre fit pénitence chez lui, puis s'en fut trouver François, un nouveau Sylvestre, vaincu par la grâce, qui non seulement rapportait l'or convoité, mais abandonnait lui aussi tous ses biens et prit sa place dans la confrérie naissante.

Ce fut le premier prêtre de la fraternité et cela créait une situation nouvelle. Abandonner ses biens n'était pas si facile quand on était clerc et qu'on possédait un bénéfice ecclésiastique ; de même, pour les héritiers de biens nobles, il fallait se soumettre au droit compliqué du Moyen Age, et ces problèmes se posèrent bientôt à l'évêque d'Assise qui tenait François sous sa juridiction.

Frère Gilles et les autres

L'inquiétude spirituelle qui agitait l'Italie de cette époque touchait-elle François ? Même dans sa jeunesse adonnée au plaisir, aurait-il pu rester sourd aux prédications exaltant, en plein air, l'idéal de la pauvreté évangélique ? A quel moment prit-il conscience de ce que le Seigneur voulait de lui quand Il lui demandait de réparer son Eglise en ruine ? On ne peut facilement dater un événement d'ordre intérieur. Sans doute préféra-t-il garder le silence sur une question aussi grave. Nous savons seulement, et cela peut suffire, qu'il eut toujours un profond respect pour ce que Maritain appelait le personnel de l'Eglise, depuis le seigneur pape jusqu'au plus modeste curé de village. Les hérésies qui fourmillaient ne troublèrent jamais sa foi, mais ce vent de mysticisme qui soufflait de l'Italie méridionale devait au moins l'effleurer. Qu'était-ce donc que ce règne de l'Esprit-Saint annoncé par Joachim de Flore, sinon un grand renouveau d'amour ? Et qu'avait-il à prêcher d'autre, lui, François Bernardone, sinon l'amour que prêchait Jésus ?

Beaucoup s'interrogeaient sur le problème du salut dans un monde presque aussi perplexe que le nôtre. Un homme de la campagne nommé Gilles se posait des questions, lui aussi ; pieux et illettré, d'une simplicité parfaite, il avait entendu parler de François et de sa grande ferveur, et il rêvait de se joindre à ses compagnons. Le 23 avril 1208, il dit adieu à ses parents et s'en fut à la recherche du saint. Rares sont les dates dans l'histoire de l'aventure franciscaine à ses débuts. Elles sont précieuses et celle-là compte, car elle annonce la venue d'une des âmes les plus purement fidèles à l'esprit du fondateur.

Gilles se rendit d'abord à l'église Saint-Georges dont on célébrait la fête, puis il prit le chemin de la Portioncule et rencontra près de Rivo Torto François qui sortait d'un bois. Sans se lancer dans des explications, Gilles se mit à genoux et présenta sa requête. Il y eut alors entre ces deux hommes un de ces coups de foudre spirituels qui allaient être si fréquents dans l'histoire de l'ordre. Voir clair dans le cœur du nouveau venu était facile... François l'accueillit joyeusement, le releva et lui fit un petit discours : « Ah ! mon cher frère, dit-il, si, venant à Assise pour y choisir un chevalier ou un chambellan, l'empereur jetait les yeux sur toi, comme tu pourrais être fier ! Or, c'est Dieu lui-même qui t'invite à sa cour en t'appelant à le servir dans notre petite milice. » Et, le prenant par la main, il le présenta à ses compagnons : « Voici un bon frère que Dieu nous envoie. Mettons-nous à table et mangeons pour fêter son arrivée. »

Etant donné l'état de pauvreté absolue dans lequel ils vivaient, on peut croire à la frugalité du festin, mais le style seigneurial de l'accueil nous rend dans un éclair le François de jadis et ses grandes et belles façons.

Ce même jour, il emmena Gilles à Assise pour lui trouver de quoi se faire un habit. De quelle couleur ? Les documents de l'époque parlent d'une étoffe grise, comme celle que portaient les lépreux, mais cette couleur faisait fuir. Le brun lui fut préféré et les franciscains s'habillèrent plus tard à peu près comme ces moineaux que nous aimons tous. La tunique de François que l'on conserve dans l'église inférieure d'Assise est d'un brun qui tourne au noir. Quoi qu'il en soit, ils rencontrèrent en chemin une pauvresse qui demandait la charité. « Donne-lui ton manteau », dit François à son néophyte. Avec quelle joie il fut sur-le-champ obéi ! Gilles révéla par la suite qu'il crut voir le manteau s'envoler au ciel avec lui.

Quelques jours plus tard, les frères se séparèrent pour aller deux par deux prêcher dans toute l'Italie. François emmena Gilles comme compagnon dans la Marche d'Ancône. Exultant de joie, ils chantaient à plein gosier. En chemin, François faisait des prédictions sur l'avenir et sur l'énorme quantité de poissons qu'il prendrait dans sa nasse. Gilles, qui savait bien qu'en tout les poissons n'étaient qu'au nombre de six, écoutait dans un émerveillement silencieux.

Parfois, François s'arrêtait, pour parler sur les places dans les villes et dans les bourgades, exhortant ses auditeurs à la pénitence. Gilles, qui se tenait près de lui, guettait le moment propice comme un compère et disait alors : « Fort bien dit ! Vous pouvez l'en croire ! » Devant une ingénuité aussi limpide, on reste muet. On croirait, on voudrait croire que les gens étaient sensibles à ces sermons improvisés, ressemblant si peu à des sermons. De ce XIIIe siècle si loin de nous, il nous en arrive un écho qui nous touche encore. Pas le moins du monde émus, les passants se montraient surpris et parfois hostiles. Qui étaient ces deux hommes en guenilles ? Les avis étaient cependant partagés. Quelques-uns se doutaient qu'il y avait là-dedans du mystère et de la vraie religion, mais beaucoup les prenaient pour des fous et les demoiselles s'enfuyaient, craignant que leur folie ne fût contagieuse. Elle ne l'était pas encore, personne ne songeait à les suivre. Enfin, leur tournée accomplie, François désira revoir tous ses frères et, ne sachant comment les toucher, il pria Dieu de les rassembler, lui « qui avait réuni les enfants dispersés d'Israël ». Avec Gilles, il revint alors à la Portioncule et, tout étonnés, ils se retrouvèrent tous dans la cabane qu'ils s'étaient construite. Là, comme ailleurs du reste, ils se croyaient au Paradis.

Dès cette première année, ils furent pris d'une sorte de désir de voir leur enthousiasme envahir la terre. Ils avaient déjà parcouru la Marche d'Ancône et l'Ombrie deux par deux, ils voulaient aller plus loin. A sept, ils descendirent vers le Sud, par la route que François aurait dû prendre, après Spolète, s'il avait poursuivi son aventure guerrière.

A Terni, ils remontèrent le cours de la Nera où tombaient des cascades étincelantes. Cette montagne d'eaux vives les avait un instant fascinés, mais ils n'étaient pas venus pour jouir de la solitude, ils devaient convertir Rieti où, leur avait-on dit, les gens tournaient au paganisme à cause de la douceur de la terre dans cette vallée heureuse.

Quand, après avoir longé le lac de Piediluco resserré entre les monts Réatins, ils arrivèrent au col qui dominait le val, leurs yeux leur avaient semblé caresser de la lumière. Tout le paysage s'offrait à eux — n'est-il pas toujours le même, avec ses damiers d'eau, de champs, de vergers, de bois... Certains monts brillent, couverts d'une première neige, mais toutes les couleurs de l'automne se disputent les vignes et les arbres dans une brume dorée...

Ils avaient d'abord gagné droit la montagne, là où tout en haut le bleu du ciel avait l'air de découper les sommets. Le village de Poggio Bustone dominait vertigineusement la vallée. Et ils y avaient salué tous les habitants qu'ils rencontraient d'un joyeux : « Bonjour, braves gens ! » Immédiatement adoptés, ils étaient montés plus haut pour réparer un petit ermitage construit au-dessus de quelques rochers creux et que leur donnaient les bénédictins.

Plus tard dans la saison, ils descendirent dans la vallée. Rieti était superbe dans sa ceinture de remparts bas, crénelés, comme une couronne de combat royale dessinée par un enfant. Si païens fussent-ils, les habitants ne demandaient pas mieux que de les accueillir et de les écouter, et leur apportaient des poissons et des fruits. La douceur du climat inclinait à la douceur des âmes. Un jour, François croisa un chevalier splendide dans son armure qui le salua courtoisement. Alors, il lui dit : « Jusqu'ici tu as servi magnifiquement le monde avec ton épée et ton bouclier, tu es un parfait chevalier. Désormais tu porteras une tunique de laine rude et une corde autour des reins et tu seras le chevalier du Christ. »

C'est ainsi que, laissant là son armure, Ange Tancrède de Rieti suivit François. Partis à sept, ils revenaient avec un nouveau compagnon, et la vallée de Rieti fut toujours l'endroit privilégié où François aima se réfugier, même à l'heure des grandes souffrances.

Hommes de sac et de corde

Quelle force mystérieuse attirait des hommes vers ce petit groupe qu'ils voyaient passer, chantant dans les rues des villes perchées sur les hauteurs ombriennes ou par les champs et par les bois ? Pieds nus, une corde pour ceinture, vêtus en pauvres avec une robe qui ressemblait à un sac, mais joyeux comme des enfants, ils semblaient venus d'un autre monde où la tristesse n'existait pas. Pouvait-on, ne possédant rien, vivre heureux sur cette terre ? L'âge d'or était-il là ? Assise observait avec une vague admiration, mais non sans malaise, ces guenilleux qui dérangeaient les idées reçues. Et tout cela au nom du Seigneur...

L'un après l'autre, quatre nouveaux venus, des Assisiates, se présentèrent : Sabbatino, Morico, Jean de Capella, Philippe le Long. Sabbatino qui demeura obscur. Morico, un religieux qui soignait les lépreux ; atteint déjà par ces blancheurs de peau morte, il avait appelé François au secours et fut guéri par un électuaire composé par celui-ci, des miettes de pain trempées dans l'huile puisée à la lampe qui veillait toujours devant l'autel de la Vierge. Puis Jean de Capella, ainsi nommé parce qu'il portait un bonnet par-dessus sa capuche et qui fut, disent certains, le Judas de la bande. Là, un doute se lève : pourquoi fallait-il qu'il y eût un Judas ? pour établir une ressemblance avec le récit évangélique ? L'idée ne vint certainement pas de François, mais les légendes ne se font pas toutes seules et il faut se méfier des légendes. L'accusation ressemble à un règlement de comptes du temps de saint Bonaventure. Jean de Capella créa une communauté de lépreux et eut l'idée d'une fraternité parallèle, mais les interventions de la Curie romaine provoquèrent une mise au point de François, à son retour d'Egypte, et rien n'indique que Jean de Capella ne se soumit pas immédiatement à celui que, jeune, il avait rejoint. Philippe le Long, originaire d'un village sur l'autre versant du mont Subasio, devait laisser une réputation de doux amoureux du Christ, il comprenait et interprétait les Ecritures sans être passé par les écoles.

En attendant, les dix frères se mirent en route dans des directions différentes. Sans être déçus — comment François pouvait-il jamais les décevoir ? —, leur joie s'en trouvait plus sobre. Les fruit amers ne tardèrent pas. Dans les rues d'Assise, on accueillait ces va-nu-pieds avec des sarcasmes et parfois avec des questions assez pertinentes : « Hier, vous aviez largement de quoi vivre et, maintenant que vous avez tout vendu, vous venez nous demander du pain ! N'êtes-vous pas fous ? » Ils répondaient avec douceur, en invoquant l'amour de Dieu et en souhaitant paix et bonheur à tout le monde. Finalement ils emportaient avec des lazzi quelques croûtons de pain et d'indescriptibles rogatons, le rebut dont on ne voulait plus à la cuisine, mais ils s'estimaient comblés parce que la joie qui envahissait l'âme de François habitait aussi la leur.

François, du reste, ne cessait de les encourager, car certains, devant l'hostilité du monde, ne pouvaient se retenir de trembler un peu. On les prenait pour des hommes des bois et les blasphémateurs ricanaient lorsqu'ils parlaient de Dieu, mais à cela, disait François, il fallait répondre tranquillement en prêchant la pénitence et ne pas oublier que par eux le Seigneur lui-même parlait aux méchants et aux orgueilleux. Peu à peu, l'opinion se répandait que ces mendiants n'étaient pas des mendiants comme les autres. Rencontraient-ils sur la route d'autres pauvres plus pauvres qu'eux ? Ils arrachaient alors à leur misérable habit une manche, un grand carré d'étoffe grossière, et s'en défaisaient au nom du Christ afin de venir en aide à cette misère qui surpassait la leur.

Ils allaient deux par deux à travers le pays, car c'était ainsi que Jésus avait envoyé ses disciples.

A propos des chroniqueurs

Les chroniqueurs se contredisent avec une sorte d'émulation, ou ils abrègent ou bien parfois allongent indûment leurs récits pour des raisons d'esthétique ou de vraisemblance ; mentir ne les épouvante pas. On peut choisir selon sa sensibilité personnelle.

La première entrevue de François et d'Innocent III fournira un excellent exemple de ce que je veux dire.

Certains témoins de François ont une méthode différente. Il s'agit de reconnaître un saint. Ils n'hésitent jamais et sont infaillibles. Ce sont les animaux pourchassés qui se réfugient à ses pieds ou dans ses bras parce qu'ils savent que, là, la méchanceté des hommes ne les atteindra pas. C'est le lièvre qui se blottit contre François et ne veut plus le quitter. C'est le chevreau qui se précipite vers lui et à qui François fait affectueusement la leçon en lui donnant toutes les instructions nécessaires pour ne pas se laisser prendre, mais le petit animal ne veut rien savoir et s'attache aux pas de son sauveur ; ce sont les oiseaux qui se posent sur lui comme dans les branches d'un arbre protecteur ; ce sont les poissons qui écoutent ses conseils de prudence ; enfin, c'est le fameux loup de Gubbio, converti obéissant qui renonce à la chair et se fait loup chrétien. Tous ceux-là ne se trompent jamais sur le compte de François ; ils n'ont besoin ni de Celano I, ni de Celano II, ni de saint Bonaventure, maître en l'art d'arranger un portrait, ni même des Trois Compagnons ou de l'honnête Anonyme de Pérouse par qui la voix de l'innocent frère Gilles parvient jusqu'à nous par-dessus les siècles bavards. Ni même... ni même du seigneur pape qui a connu François et l'a aimé, Grégoire IX, et qui le canonise. Les bêtes sauvages et ses frères très simples n'ont pas attendu pour apprendre ce qu'ils savaient avant tout le monde.

Devenu le chef d'une petite troupe qui ne demandait qu'à lui obéir dans l'allégresse, François dut sentir le poids de sa responsabilité. En face des problèmes de la vie, l'énorme confiance de ses disciples lui jetait un défi. Il avait onze mendiants sur les bras et qui ne savaient même pas leur métier, il fallait tout leur apprendre.

Le vœu de pauvreté absolue n'allait pas sans poser de problèmes. On ne pouvait compter que sur cette vertu qui restait si souvent abstraite : la charité du prochain. Bien que son assurance demeurât inébranlable, François ne se plongeait pas moins dans la prière pour demander à Dieu ce qu'il voulait de lui et des siens.

Un jour qu'il s'était retiré dans la solitude, il connut d'abord la terreur à contempler « le Maître de la terre entière », et le souvenir du temps qu'il avait perdu dans ses jeunes années mit sa conscience à la torture. Bientôt, cependant, il fut envahi d'une joie surnaturelle qui lui rendit la paix intérieure et tout à coup ravi en extase, dans une nappe de lumière qui allait s'élargissant, il vit la foule immense de ses disciples à venir s'étendant jusqu'aux extrémités du monde. Lorsqu'il revint à lui, il retourna vers ses frères, transformé par l'idée qu'il avait reçu une mission.

Allait-il convertir le monde ? On peut croire que c'était son rêve, un de ces nombreux rêves qui l'avaient guidé depuis son enfance. Pour le moment, il lui fallait instruire ses disciples. Il commença par leur décrire sa vision qui ne manqua pas de les ravir : une multitude venant de tous pays vivre sous leur habit. « J'ai même encore dans les oreilles le bruit de leurs pas. »

On imagine l'enthousiasme de la petite troupe : de France, d'Espagne, d'Allemagne et d'Angleterre, une foule aux multiples dialectes se hâtant vers eux... Le prix dont se paieraient ces grâces fut présenté ensuite avec douceur : d'abord se cueilleraient des fruits exquis, puis d'autres moins doux et moins suaves, enfin d'autres encore et ceux-là amers, immangeables, bref, ils allaient mendier, mais ils ne devaient pas oublier qu'un jour le Seigneur ferait d'eux une grande nation.

Tenir bon

« Mon Eglise tombe en ruine », avait dit le Christ à François dans la petite église de San Damiano. Ce qui était vrai de San Damiano l'était beaucoup plus de l'Eglise qu'il avait fondée et qui se détruisait spirituellement. Les maux qui sévissaient ne variaient pas depuis des générations : simonie, avarice, grossièreté des mœurs et mépris des exigences évangéliques, c'était un catalogue de ce qu'il ne fallait pas faire. Des milliers d'âmes chrétiennes soupiraient après l'idéal que proposait Dieu dans les Ecritures et, voyant que l'Eglise ne le leur donnait pas, erraient et cherchaient ailleurs. Où ? Touchées notamment par la ferveur d'un Pierre de Vaux ou de prédicateurs cathares qui confrontaient l'Evangile au luxe païen de l'Eglise romaine et à la corruption cynique d'un clergé qui avait perdu le sens de sa tâche ou qui n'y était pas préparé, elles suivaient ces nouveaux bergers. Sans doute, il y avait des exceptions. Les saints ne manquaient pas dans des lieux parfois isolés, comme s'ils étaient à eux seuls la véritable Eglise. Il y eut même des saints comme jamais tout le long du XIIe siècle, hommes et femmes, et femmes surtout, parmi les grands visionnaires et les grands mystiques. Avec l'énergie si particulière à leur sexe, elles se tiennent, tout le long du siècle, comme des statues plus grandes que nature, de sainte Lutgarde à Elisabeth de Thuringe, de Mechtilde de Magdebourg à Elisabeth von Schönau, au fond des monastères et sur les marches du trône, de sainte Hildegarde à Elisabeth de Hongrie.

Mais le désordre général formait un écran d'une éloquence trop spectaculaire pour que l'Eglise ne fût pas menacée d'un désastre ; or elle était dans l'Occident la seule Eglise chrétienne reconnue par la majorité du peuple. Se séparer d'elle parce qu'elle n'était plus évangélique, c'était aller grossir les rangs des hérésies qui se réclamaient de l'Evangile pur et simple, mais sans Eglise. Et qu'est-ce que François voulait d'autre que l'Evangile avec sa règle faite de trois versets impératifs ?

Ce que tout le monde voyait, il le voyait aussi, mais, si degradée que fût l'Eglise, elle restait malgré tout à ses yeux la maison du Christ. Un hérétique lui désigna un jour un prêtre qui vivait ouvertement avec une concubine et la question insidieuse fut posée à François : si la messe dite par cet homme aux mains souillées pouvait être valable. Pour toute réponse, François alla vers le prêtre et, s'agenouillant devant lui, baisa les mains qui tenaient à la messe le corps du Seigneur. Ce fut ce sens de l'Eglise qui garda François de verser dans ce qui pouvait être déjà un protestantisme naissant, comme ce fut le cas des « Frères du Libre Esprit ».

Influences manichéennes

Aux moqueries et aux insultes des Assisiates succédait peu à peu un respect proche de l'admiration quand les mendiants de François demandaient humblement à manger et chantaient joyeusement les louanges du Seigneur. Cet incompréhensible bonheur, on le leur enviait et il leur faisait des adeptes. Des conversions inattendues se multipliaient parmi les riches et les savants comme parmi les moins favorisés. Ils savaient pourtant ce qui les attendait. Qui n'était au courant de la vie mortifiée des Poverelli ? Renoncer à toutes les gourmandises de la chair, aux délices du confort, à la volupté, avoir faim, avoir froid et prier, prier, prier, tel était le coût de cette béatitude. Il ne paraissait pas trop élevé. Aujourd'hui encore, on se demande par quel miracle intérieur se recrutaient ces âmes données à Dieu.

La présence de François y était pour beaucoup. Ce malade perpétuel n'en exultait pas moins et communiquait à tous cette paix du cœur unique et surtout cet amour des frères les uns pour les autres. Enfants de Dieu, ils avaient conquis la liberté de ceux que le monde ne peut plus séduire et qui jouissent de ne plus rien posséder. Quelle légèreté cela donnait, mais aussi quelles épreuves... Car enfin, le corps était toujours là avec ses convoitises maîtrisées. « L'ennemi, disait François, c'est le corps. » A cause de cela, il devait souffrir.

« Le corps, c'est le diable », disaient les prédicateurs cathares dont la pureté de mœurs étonnait saint Bernard lui-même. Et, bien avant eux, dans cet Orient mystérieux où l'ombre et la lumière se mêlaient, la chair était assimilée au mal et vouée aux

129

ténèbres. Morte, chez les zoroastriens, elle était abandonnée dans les tours du silence. Se pouvait-il qu'un peu de ce pessimisme ternît la joie si claire de l'âme franciscaine ? Le fait est qu'il fallut du temps pour que François voulût bien donner à sa pauvre chair suppliciée par les mortifications et la maladie le nom affectueux de notre frère le corps. La paix entre eux s'était faite. Avant cela, cependant, il avait interdit les macérations classiques. Les instruments servant à cet usage, discipline, ceinture hérissée de pointes, furent jetés en tas et brûlés. Sans doute s'était-il avisé qu'il n'en était pas question dans les Evangiles : pauvreté, chasteté, obéissance suffisaient largement.

Instruction des frères

Ce qui frappe, chez François, c'est la délicatesse. Il savait très bien commander, mais le ton impérieux n'était pas son fait. Dans les premiers temps, il devina que les frères, tout zélés qu'ils fussent, avaient honte de mendier. Ce vestige d'amour-propre ne l'irrita pas, simplement il décida qu'il donnerait l'exemple et partit seul pour la quête, de porte en porte, et revint le soir avec tout ce qu'il fallait. Cela dura quelques jours, mais ses forces s'y épuisaient, et les frères sans doute un peu confus écoutèrent ses instructions sur l'art de mendier, puis s'en furent docilement à leur tour. L'orgueil vaincu laissa place à une gaieté enfantine. De retour à la Portioncule, ils comparaient en riant le résultat de leurs expéditions individuelles.

Si profond était l'amour de François pour la pauvreté qu'un jour, rencontrant un miséreux encore plus dénué de tout qu'il ne l'était lui-même, il en eut une crise de tristesse et comme de jalousie. « Le monde dit que nous sommes pour l'amour du Christ les plus pauvres des pauvres. Eh bien, c'est faux : celui-ci nous en donne la preuve ! »

Tel était dans sa douce rigueur et sa nudité l'enseignement de François. A ses frères, il donnait tout ce qu'il possédait dans son cœur.

Les frères lui demandèrent un jour, comme les disciples du Christ : « Apprends-nous à prier ! » Que pouvait-il faire de mieux que ce que fit Jésus ? Il leur apprit à réciter de toute leur âme le Notre-Père, et voici la note toute franciscaine : les frères en éprouvèrent une telle joie que, dans leur simplicité, ils se mirent à le chanter.

TROISIÈME PARTIE

FACE AU MONDE

Le pape et le mendiant

Ses compagnons ayant une règle et une discipline évangéliques, François s'avisa que, sans le savoir, il avait fondé un ordre — sans le savoir parce qu'il n'en avait nullement eu l'intention. Peut-être se rendit-il compte qu'au lieu d'agir il était agi, et que la grâce le menait là où elle voulait sans le consulter depuis qu'il avait fait le sacrifice de sa liberté et de tout son vouloir. Tôt ou tard, tout le conduisait à Rome pour faire accepter la plus simple de toutes les règles, car il voulait l'approbation du pape. Jusqu'ici les auteurs de règles monastiques ne les soumettaient pas à Rome et l'approbation était tacite, sauf en cas de refus. A Rome même l'attendait une dure épreuve. Il allait se trouver devant une des plus grandes figures de l'Eglise et à coup sûr un des personnages les plus redoutables du temps.

Il l'avait montré particulièrement l'année précédente, quand le monde, une fois de plus, avait connu les soubresauts de l'Histoire, comme le coup de patte d'une bête blessée qui envoie ses chasseurs *ad patres*. En janvier, Pierre de Castelnau ; en juin, Philippe de Souabe.

Pierre de Castelnau ne voulait pas quitter son monastère, car il avait quelque répugnance à s'occuper des hérésies. Innocent III lui dit : « Agir vaut mieux que contempler ! » et l'envoya comme

135

légat dans le Languedoc. Là, Castelnau essaya toutes les armes que le pape avait mises à sa disposition à défaut d'armée : l'interdit, l'excommunication, pour forcer Raymond VI de Toulouse à ne plus protéger les cathares. Le 14 janvier, le légat fut assassiné d'un coup d'épieu, comme à la chasse, aux abords du Rhône, par un écuyer du comte de Toulouse. Ce fut pour le pape l'occasion rêvée de lancer une croisade d'extermination contre les Albigeois, comme si tout potentat ne pouvait gouverner qu'avec les idées de l'Eglise. Le pouvoir spirituel prenait singulièrement l'allure d'un pouvoir humain.

En juin, Philippe de Souabe, victorieux et maître de Cologne, presque assuré désormais de demeurer seul empereur, était assassiné par un partisan de son rival. Le meurtrier, Othon de Wittelsbach, était-il à la solde d'Othon de Brunswick et à celle du pape ? On déguisa ce crime politique en crime passionnel et on répandit le bruit qu'un prétendant à la main de sa fille Béatrice, évincé et fou de rage, avait poignardé le monarque dans un couloir du palais des évêques, à Bamberg. Et on eut la sagesse d'exécuter aussitôt le meurtrier ! La Diète de Francfort fit d'Othon le seul empereur ; le pape crut disposer enfin d'un empereur soumis, mais il devait vite déchanter et, une fois de plus, allait user de son arme favorite et imparable : l'excommunication qui ramenait les têtes couronnées à la raison romaine. Mais on n'en était pas encore là.

En 1209, Innocent III était dans la force de l'âge. Né à Agnani où un des ses successeurs, Boniface VIII, devait recevoir d'une main française le soufflet qui fit le tour du monde, il était issu de la noble famille des comtes de Segni qui donna neuf papes à la chrétienté, il se considérait comme l'oint du Seigneur, maître absolu du pouvoir temporel comme du spirituel, moins grand que Dieu, plus grand que l'homme (le mot surhomme n'existait pas encore), juge de tous, jugé par Dieu seul. Tel était son pouvoir d'arbitre des rois que lui-même n'en voyait pas les limites. Un souverain se montrait-il rétif, il l'excommuniait. Pour châtier Philippe-Auguste de son adultère, il fit jouer une clause de féodalité le soumettant au roi d'Angleterre. Ces détails juxtaposés peuvent donner une idée de l'impression de terreur qu'il produisait, l'occasion s'y prêtant. Mais, d'autre part, c'était un grand spirituel et il entreprit aussitôt qu'il fut pape la réforme profonde de l'Eglise. Il la sauva.

Le portrait que nous donne de lui une fresque du monastère de Subiaco nous fait voir dans un visage étroit des traits resserrés, les yeux se touchant presque, un regard fixe et impérieux, un nez mince et long, une bouche petite, les oreilles largement décollées et ouvertes comme pour entendre toutes les rumeurs de l'univers. Détail qui a son intérêt, il se nourrissait de citrons.

Par une de ces ironies dont l'Histoire semble raffoler, le jour où François voulut se présenter à lui, on ne pouvait trouver du fond de la Sicile jusqu'aux confins de l'Italie du Nord un homme plus occupé et plus préoccupé que ce personnage qui se disait prince de toute la terre. Or, une des idées qui s'agitaient le plus constamment sous cette tiare pointue et dorée était d'en finir avec les désordres de l'Eglise en lançant à travers l'Europe une croisade de renoncement et de pauvreté. De plus, il venait de jeter l'anathème sur les cathares et la guerre contre les Albigeois s'organisait.

Par cette journée de printemps de 1209, il se promenait de long en large au Latran, dans la galerie dite du Miroir, et, du plus loin qu'il vit François et ses onze compagnons, il les fit éconduire, chassant de sa présence l'homme entre tous providentiel qui pouvait le mieux faire triompher son idéal. Mais tout monarque a ses phobies et l'une des phobies d'Innocent III était l'hérésie, parce que l'hérésie, c'est la révolution. Il se méfiait de ces « Bonshommes de Lyon », de ces chiffonniers de Milan qu'on appelait Patarins — et deux ans plus tôt il avait fait brûler les maisons de ceux de Viterbe — comme de tous ces exaltés qui agitaient l'Evangile et attaquaient le clergé dans ses mœurs. A quoi servait l'Eglise, disaient-ils, si elle ne se conformait pas littéralement à l'Evangile ? La réforme donc, la réforme à tout prix. Principe inattaquable en apparence, mais dangereux. A quoi servaient les Eglises si l'Evangile suffisait, et qui eût osé dire qu'il ne suffisait pas ? L'argument était spécieux, mais fort, il contenait en germe tous les protestantismes en marche vers l'avenir. Alors, cette petite troupe de va-nu-pieds qui sollicitait une audience, c'étaient encore de ces hurluberlus illuminés qui voulaient sûrement en remontrer au chef de la chrétienté. Dehors !

On voudrait savoir comment les choses se passèrent ensuite, mais les récits qu'on nous fait ont quelque chose d'officiel et de convenu, sauf un qui nous vient d'Angleterre en 1236 et qui a été jugé absurde. Nous verrons.

Voici donc François et sa petite troupe de pauvres qui demandent audience au plus politique des successeurs de Pierre, mais on n'accède pas si aisément au pied du trône du serviteur des serviteurs de Dieu. Par bonheur, Guido, l'évêque d'Assise, est à Rome qui, bien étonné de le voir là, et encore plus étonné de la requête de celui qu'il enveloppa naguère de sa chape, consent à lui venir en aide. Il va trouver un saint personnage de ses amis, le cardinal Jean de Saint-Paul, de la famille des Colonna, chargé naguère d'instruire les procès des Vaudois et au courant de tous les problèmes de l'hérésie. Mgr Guido lui explique le programme de François. Encore l'Evangile ! Mais l'évêque rassure le cardinal : François est un catholique on ne peut plus obéissant. Fin diplomate, le prélat eut l'inspiration de loger quelques jours tout ce petit monde « évangéliste » dans son palais. Un supplément d'information ne sera pas inutile : François va pouvoir parler tant qu'il voudra et découvrir ainsi le fond de sa pensée.

Le cardinal de Saint-Paul, c'était la Curie. Il s'efforça de montrer à François que sa règle, bien que fort belle, ne s'adaptait pas au monde présent. Pourquoi ne choisissait-il pas de suivre la loi du Christ dans un ordre religieux comme il y en avait déjà tant ? Mais François n'avait aucune vocation de ce genre, le Christ lui avait dit sa volonté, cela suffisait, et il comprit qu'il était là pour se battre et se battre pour le Christ. Le cardinal s'obstinait en vain. On ne peut qu'être touché de voir alors ce même juge qualifié des hérésies convaincu par le discours passionné de François. Une audience du pape fut obtenue.

Ici, les témoignages diffèrent. François ne devait pas payer de mine dans ses vêtements de misère, l'entourage de ses compagnons n'arrangeait rien. Si l'on en croit Roger de Wendover, moine de l'abbaye de Saint-Alban, en Angleterre, le pape le considéra avec dégoût, mais écouta cependant la lecture de cette règle nouvelle. Son commentaire fut simple et brutal : « Frère, va garder les cochons. C'est à eux qu'on devrait te comparer plutôt qu'aux hommes. Roule-toi dans le fumier avec eux, offre-leur ta règle et sois leur prédicateur... » Ainsi parla le surhomme de la chrétienté.

François, continue le narrateur, inclina la tête et n'eut rien de plus pressé que de se mettre à la recherche d'un troupeau de porcs, de se rouler dans la boue avec eux jusqu'à ce qu'il fût bien sale des pieds à la tête, puis dans cet état infect retourna voir Innocent III. On ne nous dit pas comment il parvint jusqu'à lui, les récits légendaires ne s'embarrassent guère de ces détails triviaux. Le pape, devant cette bouleversante simplicité, fut dans l'admiration et d'une voix plus douce ordonna au prédicateur des cochons d'aller se laver et de revenir. La seconde entrevue eut lieu sans tarder ; et, à ce modèle d'obéissance ainsi qu'à ses frères, le pape conféra la charge de prédication.

Voilà une histoire bien édifiante et à laquelle croira qui voudra. Peut-être en retiendra-t-on la violence naturelle d'Innocent III, sa défiance instinctive des nouveautés religieuses et la persévérance de François d'Assise.

La vérité me semble tout autre. La nuit même de l'après-midi où, se promenant dans la galerie du Miroir, Innocent III fit chasser sans les recevoir les moinillons loqueteux qu'il avait aperçus, il eut un songe assorti d'une vision. Si l'on supprimait les rêves dans l'Histoire au Moyen Age, la machine n'avancerait pas. Le pape rêva donc qu'un palmier croissait lentement à ses pieds jusqu'à ce qu'il eût atteint des proportions fabuleuses et Dieu lui révéla que cet arbre n'était autre que le mendiant en gris couleur de cendres qu'il avait refusé de voir.

Sans hésiter, cette fois, il fit rechercher par ses serviteurs le pauvre inconnu. Le cardinal Jean de Saint-Paul, de son côté, ne pouvant pas infléchir les buts de François et conquis par son enthousiasme et sa décision, lui demanda de l'accepter comme un de ses frères de cœur, puis ne vit d'autre solution que d'obtenir une audience du pape. Innocent III écouta le mendiant faire l'exposé de sa règle et en admira la simplicité. Mais les cardinaux de la Curie présents à cette entrevue déclarèrent au-dessus des forces humaines les propositions du Poverello. Les objections étaient fortes : « La mystique conduit à la politique » ; une assemblée de mendiants hors d'un ordre répandrait un certain désordre ; il existait suffisamment de règles monastiques pour en choisir une ; si on voulait fonder un nouvel ordre, comment vivre sans argent aucun ?

Le cardinal de Saint-Paul eut alors une inspiration : soutenir que cette règle était impraticable, c'était refuser l'Evangile et blasphémer contre le Christ. Aujourd'hui encore, à huit cents ans de distance, on peut se demander s'il existe une réponse à cette argumentation intraitable. Le pape, en tout cas, dut y être sensible, car il dit à François : « Mon fils, prie le Christ de nous révéler sa volonté, je pourrai alors t'accorder ce que ta générosité désire. »

Puissance des rêves

Les historiens sceptiques ont beau jeu pour récuser ce qu'on appelle l'élément onirique des biographies traditionnelles, car, demandent-ils, où est la preuve que tout cela n'a pas été inventé après coup ?

Ce serait singulièrement méconnaître la psychologie de l'homme du Moyen Age qui agissait si souvent par prémonitions et voyait dans le rêve un moyen choisi par Dieu pour communiquer avec lui et parfois lui signifier sa volonté. Il en allait de même des visions. Intellectuelles sans doute, mais se présentant avec une précision telle que l'homme avait la certitude de voir une image extérieure à lui-même. A ses yeux, l'illusion n'était pas possible et l'action suivait, tout raisonnement écarté. La psychanalyse n'existait pas pour déranger ce système d'idées forces venues d'un autre monde. Pour l'humanité de ces temps lointains, le sommeil offrait une source d'énergie spirituelle et même de révélations d'ordre mystique. Avons-nous tous beaucoup changé sur ce point ?

Les explorations scientifiques dans les profondeurs du cerveau de l'homme endormi nous livrent des constatations intéressantes sur les intermittences du rêve. On peut priver un homme de ses rêves en le réveillant à l'instant où le songe commence, mais, au bout d'un certain nombre de nuits sans rêves, il mourra. Nous avons besoin de nos rêves pour vivre. Cette vérité magnifique est une découverte de notre temps, mais elle laisse entier le secret de cette vie étrange où l'âme se meut pendant près d'un tiers de notre expérience terrestre. Ayant accompli leur rôle, les rêves s'effacent. Ceux qui restent gardent parfois une apparence de réalité hallucinatoire. L'homme du Moyen Age n'en faisait pas mystère et se laissait diriger par eux lorsqu'il les croyait venus d'en haut, mais, pour nous, cette imagerie un peu fantomatique est comme une série de souvenirs d'un voyage fait par un irresponsable et nous récusons le témoignage d'un voyageur que ne guide pas la déesse Raison. Il n'en reste pas moins vrai que cette fantasmagorie vitale prend sa place dans notre destinée.

Le rêveur des XIIe et XIIIe siècles, plus près que nous d'un monde instinctif, savait peut-être mieux que nous le croyons faire la part du charnel et du spirituel dans ces confrontations nocturnes de lui-même avec lui-même. Des exemples que nous tenons encore pour historiques lui étaient fournis avec surabondance par des textes de l'Ecriture. Le songe de Jacob qui vit des anges montant et descendant sur une échelle qui atteignait le ciel, celui de Pharaon qui rêva de vaches grasses suivies de vaches maigres et que Joseph élucida. Ces songes révélateurs font irruption dans la nuit de l'Histoire, et cela jusque dans les Temps modernes. Il est intéressant de savoir que, la veille de sa mort tragique, le président Lincoln fit à une réunion de ses ministres le récit du rêve qu'il avait eu la nuit précédente, se voyant dans une barque qui l'emportait en haute mer « sans rames, sans gouvernail, sur un océan sans limites. Je n'ai aucun secours. Je vais à la dérive, à la dérive, à la dérive ! ». Et il conclut : « Mais, messieurs, cela n'a rien à voir avec notre travail, voyons les affaires du jour. » Cinq heures plus tard, il mourait au théâtre du coup de revolver d'un fanatique.

Entre Innocent III et François d'Assise, l'échange se passe de vision à vision, l'une répondant à l'autre, comme des bateaux qui se croisent, la nuit, en pleine mer.

Le mendiant et le pape

Lorsque François revient le voir, le pape a encore en tête les remarques de ses cardinaux et, devant ceux-ci, toujours présents, reprend leur point de vue et se fait en quelque sorte l'avocat du diable. « Comment vivrez-vous ? De quoi allez-vous vivre sans argent ? Et avec quel argent ? » Le bon sens pratique parle ici sa langue de tous les jours.

A ces questions simples, François répondit simplement : « Seigneur, je m'en remets à Monseigneur Jésus-Christ : s'il s'est engagé à nous donner la vie éternelle, il ne nous frustrera certainement pas, au moment voulu, de l'indispensable à notre vie matérielle sur cette terre. » Mais le pape ne voulait pas céder, même si, au fond du cœur, il se sentait remué par les paroles de cet homme manifestement inculte. « L'homme, par sa nature, lui dit-il, est instable et ne persévère jamais bien longtemps dans les mêmes voies. Va, demande au Seigneur de t'inspirer des vues plus sensées pour ton avenir et, quand tu seras sûr de tes désirs, tu reviendras me voir et alors j'approuverai ta règle. »

François se retira. Dans le silence de sa prière, Dieu lui inspira une parabole. Aussitôt il revint voir Innocent III. C'était le troisième face-à-face du pape rouge et or comme le soleil couchant et du petit homme couleur de terre.

En regardant ce doux obstiné, le pape se souvint d'un songe qui l'avait visité peu de temps auparavant et rempli d'inquiétude. Il se voyait dormant dans son lit, sa tiare sur la tête, et la basilique du Latran penchant dangereusement de côté, quand, par bonheur, un petit moine, l'air d'un mendiant, s'appuyant contre elle de son épaule, la soutenait et la gardait de crouler. Le mendiant, il le reconnaissait, c'était celui-là même qui lui parlait, et comment le pape ne l'eût-il pas écouté, racontant une histoire allégorique, alors que lui-même avait encore en mémoire un songe ?

Un roi richissime avait épousé dans le désert une femme très belle et très pauvre ; elle lui donna de nombreux enfants. Mais elle demeura au désert. Quand ses fils furent grands, ils se plaignirent de ne rien avoir. Elle leur dit : « Vous êtes enfants du roi, allez à sa cour et il vous donnera ce qu'il vous faut. » Alors ils gagnèrent le palais du roi. Celui-ci s'étonna de leur beauté : « D'où venez-vous ? leur demanda-t-il. Qui êtes-vous ?

— Les fils de la pauvre femme qui vit dans le désert.

— Ne craignez rien, vous êtes mes fils. Ceux qui ne me sont rien sont nourris à ma table, à plus forte raison, je m'occuperai de vous. »

Et François ajouta :

— Pas de danger que meurent de faim les fils et héritiers du Roi éternel... car le roi de la parabole était le Christ qui pourvoirait à tout et c'était lui, François, qui les avait engendrés.

Ce discours acheva de persuader le pape, mais non tout à fait autant qu'il eût fallu pour lui arracher une approbation formelle. Il fit à François des recommandations affectueuses et l'invita à revenir le voir quand le nombre de ses frères se serait multiplié. Alors, et alors seulement, il pourrait lui accorder davantage. Il lui permit cependant de prêcher.

Ici, quarante-sept ans plus tard, saint Bonaventure, à des fins d'hagiographie idéale, nous décrit la scène de façon un peu différente. Il nous montre le pape, « émerveillé par le discours de François », acquiescer sans réserve. « Non seulement il lui accorda tout ce qu'il demandait, mais il promit par la suite de lui donner encore plus... Il approuva sa règle, lui donna mission de prêcher et fit faire de petites tonsures à tous les laïcs compagnons de François pour leur permettre de prêcher la parole de Dieu sans être inquiétés. » Détail qui n'est pas sans intérêt, la Curie ajouta que les frères devaient élire un chef, et cela allait faire un ordre de plus dans l'Eglise, écartant ainsi le spectre d'une hérésie comme celle des Bonshommes de Lyon.

D'approbation écrite de la règle, point.

Après une prosternation aux pieds du seigneur pape, François prit son congé et avec ses frères sortit aussitôt de la ville par la via Salaria. Que pensait-il en quittant Rome ? Avec toute son innocence retrouvée, il n'en restait pas moins italien, et sa finesse naturelle l'instruisait du prix des bonnes paroles. Mais comment discuter avec un personnage coiffé d'une tiare, lui qui n'était rien, lui qui ne savait rien ? Quelle figure pouvait-il faire devant ces hommes pleins d'un savoir étourdissant ? Le pape lui avait donné son assentiment verbal. La parole du pape lui suffisait, cependant s'ils disparaissaient l'un ou l'autre ? *Verba volant.* Quand le Poverello entendit ses frères exulter et chanter victoire, ne dut-il pas secrètement souffrir ? Il pressentit non pas l'échec, mais bien pis, la réussite illusoire. Les cardinaux avaient trop grogné. On ne voulait pas de sa règle toute simple, et lui d'autre part ne voulait pas fonder un ordre. C'est ici que les documents se taisent, crainte de ternir la belle image. François à la Cour de Rome était comme un enfant, mais il avait une intelligence surnaturelle du sens caché des événements et il dut flairer les hésitations dans ces compliments et ces bénédictions qui n'engageaient à rien de précis. L'approbation remportée de haute lutte n'était qu'une permission de principe. C'était à Jésus seul qu'il devait s'en remettre, et le Christ lui rendit doucement la joie que le monde n'a jamais pu donner. Dans une vision nocturne, il retrouva tout son courage : il vit un arbre gigantesque à la cime duquel il se trouva enlevé et, l'empoignant des deux mains, il réussit sans effort à la courber comme il voulait jusqu'au sol. Or cet arbre était le pape.

Le piège de la halte bienheureuse

Aller à pied jusqu'à Spolète en plein soleil était dur et les frères, harassés de fatigue et mourant de faim, ne trouvaient de consolation qu'en s'entretenant de l'heureux succès de leur expédition romaine et de tous les espoirs qu'elle promettait, mais comme, n'en pouvant plus, ils s'arrêtaient dans une plaine désertique, un inconnu vint à eux et leur donna du pain. Quand ils voulurent le remercier, il avait disparu. Qui était-ce ? A quoi bon se le demander ? Le miracle est l'ordinaire des premiers frères. Revigorés, ils continuèrent leur route et atteignirent près d'Orte un lieu si agréable qu'ils y demeurèrent quinze jours.

A vrai dire, ils n'y voyaient passer personne, mais ils n'eussent pas été franciscains si la beauté du paysage n'eût pas agi sur eux. Ils allaient mendier leur nourriture à Orte ou sur la route de Narni et cachaient le surplus dans un vieux tombeau étrusque. Tous se sentaient si heureux qu'ils résolurent de ne plus quitter cette charmante thébaïde où l'on était si bien, loin des hommes, pour prier Dieu et se livrer à la contemplation dans un dénuement absolu. Il y avait des rochers, d'où jaillissait l'eau vive, des cascades, des cavernes pour s'abriter, de grands pins, une nature merveilleuse.

François vit le piège. Leur vocation les appelait ailleurs. Il fallait convertir le monde, non pas seulement le voisinage, Spolète, puis Assise, mais le monde entier ! Et ils partirent sans murmurer, dans l'allégresse de l'obéissance, car tout leur était joie sous les ordres de leur guide.

Le pape leur avait permis de prêcher. François usa de ce privilège avec un bonheur extraordinaire. Sans du tout le savoir, ils prenaient la place d'un clergé tiède et routinier qui ne connaissait, à quelques exceptions près, que la corvée du sermon dominical et ne s'avisait pas d'annoncer la parole de Dieu sur les routes. Ces méthodes-là n'étaient bonnes que pour les hérétiques. Mais Innocent III avait eu l'idée d'une prudente contre-offensive catholique en concédant verbalement à François et à ses compagnons ce qu'ils désiraient avec tant de passion...

Le frère

Nous pouvons mal nous former une idée de l'enthousiasme que François provoqua dans un pays spirituellement débilité comme l'Italie de ces années-là. La sensibilité paralysait l'action de la grâce. Une piété formaliste et ostentatoire pouvait faire illusion. Restaient aussi, et là est un point de ressemblance avec notre époque, un vide que les plaisirs ne comblaient pas, une faim d'autre chose, une inquiétude du cœur. L'Eglise ne savait plus parler à l'âme parce qu'elle s'enlisait dans le monde matériel.

Paraissait alors sur une place ou au détour d'un chemin un homme aux pieds nus, vêtu comme un mendiant, qui se mettait à crier d'une voix joyeuse : « *Pace e bene !* » On l'écoutait malgré soi. Celui-là savait parler et ce qu'il disait était si simple que tout paraissait nouveau dans ce langage sans mots difficiles à comprendre, ces mots qui embrouillent les idées. Nul besoin d'avoir étudié pour le suivre et on le suivait, d'abord parce qu'il parlait en marchant et surtout parce qu'il croyait tout ce qu'il disait, et il le croyait avec une telle force qu'on le croyait comme lui et avec lui, et que toutes ces choses qu'on avait apprises enfant et presque oubliées se mettaient à devenir vraies d'une façon terrible.

Il fallait à tout prix sauver son âme, il fallait aller au Paradis. Cela, on le savait, mais on ne l'avait jamais su comme maintenant sur les talons de ce petit homme. Tout ce qui fait battre d'amour un cœur italien, on en recevait comme de grands coups sourds dans son cœur à soi. C'était incroyable : il était amoureux de Dieu et ce n'était pas tout, parce qu'il passait toutes les bornes, le fou à la belle voix chantante, il disait que Dieu est amoureux de nous, et tout à coup il pleurait, il pleurait d'amour et des femmes se mettaient à pleurer aussi, les femmes d'abord avec la facilité qu'elles ont pour cela, puis des hommes, les jeunes d'abord. Il continuait, il semblait ne pas s'apercevoir qu'il était suivi par une foule. Les gens quittaient leur travail, sortaient de leurs maisons. On aurait dit qu'il les avait ensorcelés et qu'il allait leur faire quitter cette terre pour les mener droit chez Dieu.

Comment s'y prenait-il pour les faire passer de l'amour à l'inquiétude ? En dressant tout à coup devant eux le mur de feu noir qui leur coupait le chemin du jardin céleste et de la béatitude sans fin. Avare, jette ton or à la face du démon comme la plus nauséabonde ordure si tu veux entrer au Paradis ; débauché, laisse là toutes tes femmes et tous tes plaisirs qui t'empêchent de voir la mort courant après toi.

L'effroi des fautes secrètes dont leur vie était pleine, ils le ressentaient sans que François fût obligé de le leur dire, mais il le leur disait malgré tout, non pas avec les grands effets de sainte indignation du clergé et ses menaces de feu et de tortures, mais avec une tristesse inconsolable et des élans de tendresse déchirante comme s'il allait perdre des enfants bien-aimés et, ne trouvant plus ses mots, il se mettait à faire des gestes, le visage ruisselant. Quelle éloquence valait ces mains tendues vers eux ? On avait envie de se jeter à genoux pour le réconforter et lui promettre de revenir au Seigneur. Il y avait des femmes qui le faisaient tout à coup sans fausse honte, amoureuses de Dieu, du ciel, de tout, du prédicateur sans doute, Italiennes... Quelques hommes les imitaient, les jeunes surtout, tous se sentaient atteints.

Des prêtres de passage observaient en silence.

Rivo Torto

Les chroniqueurs ne cessent de nous rappeler la faiblesse de François : une flamme extraordinaire animait ce corps délicat. C'est un des mystères de sa destinée que la force physique lui fut ôtée aux jours où il en avait le plus besoin pour accomplir sa vocation. L'énergie intérieure suppléait à tout.

Après ces victoires spirituelles qu'il remportait, ces conversions en masse qui le jetaient dans un abîme d'humilité et d'adoration, il fallait trouver un gîte. On chercha. Une première démarche auprès de l'évêque d'Assise demeura vaine. Finalement, on opta pour une cabane des plus modestes près du lit d'un torrent à sec par temps ordinaire, redoutable quand éclatait un orage, Rivo Torto. Jadis dépendant d'une léproserie, elle n'appartenait plus à personne et la petite troupe s'y installa tant bien que mal. Plutôt un abri contre le soleil et la pluie qu'un logis, mais François déclarait avec sa bonne humeur habituelle qu'elle servait mieux qu'un palais de point de départ pour le Paradis. Il fallait se serrer pour y tenir tous, impossible de s'y asseoir ou de s'étendre. Chaque frère avait son nom inscrit sur une poutre. Des laïcs eussent trouvé insupportable ce manque absolu de tout confort, de toute idée même de confort, et cependant quelles heures inoubliables y connurent ces frères dans le rayonnement de François qui leur apportait Dieu. L'été de 1210 passa, puis l'hiver. Qu'importaient le chaud du jour et les nuits glaciales ? François était parmi eux, veillant avec amour sur ses enfants.

L'amour était le don qu'il leur faisait. Il leur donnait Dieu. Ce fut pour ces âmes entièrement libérées l'éblouissement de la Joie. François avait vu juste en insistant sur l'état de pauvreté parfaite. Il n'y avait pas à s'y tromper. Elle est la toute première des Béatitudes, et elle l'est d'une façon gênante pour une société qui se veut et se croit chrétienne, mais François est un extrémiste qui n'admet aucun faux-fuyant. D'indispensables vertus accompagnent Dame Pauvreté, sans quoi le message évangélique est trahi. Charité, humilité, pureté de cœur et toutes les autres... Par un raisonnement inverse, on peut les prendre à rebours et voir ce qui en reste. Il est très facile d'imaginer un pauvre avide de richesses, un pauvre pourri d'orgueil, un pauvre obsédé de luxure, un pauvre arriviste, hanté par le désir du pouvoir. Le monde en regorge : ce ne sont pas là les pauvres en esprit.

Le vrai pauvre est celui qui a faim. C'est celui-là que François a pris pour modèle. Le vrai pauvre n'a rien et veut tout ce que Dieu veut bien lui donner et rien d'autre : le pain quotidien d'abord. Le vrai pauvre, c'est le Christ, puisque le Christ s'est fait pauvre pour les hommes.

Le riche est un personnage à part. Le Magnificat nous dit que Dieu le renvoie les mains vides. C'est ennuyeux pour le capitalisme, et même s'il se cache sous les traits du totalitarisme comme le loup sous une peau de brebis. Deux mille ans après la venue du Christ, on cherche encore un système qui tranquillise tout le monde. On a trouvé la famine et la guerre — avec l'athéisme. François, lui, croyait avoir découvert la bonne réponse dans l'Evangile pur et simple. Le pape avait regardé ce petit homme têtu et demandé à réfléchir. Tout espoir n'était pas perdu.

Deux cabanes, séparées par un auvent et couvertes de feuillages par les frères, Rivo Torto, lieu de délices pour l'âme, était un purgatoire pour le corps. Une nuit, François entendit une voix : « Je meurs. » C'était un frère qui gémissait. François lui demanda ce qu'il avait. « Je meurs de faim. » Vite, tout le monde debout. Qu'on prépare un repas et pour la compagnie entière. Il ne faut pas qu'un frère meure de faim, mais il ne faut pas non plus qu'il soit gêné de manger seul. François est de bonne race. Médianoche austère sans doute. Des croûtons, des raves trouvées dans les champs, peut-être des œufs... Quoi d'autre ? De l'eau du torrent. De la gaieté en guise de dessert. Le charme de François devait transformer tout cela en festin ; le fugitif souvenir d'autrefois dut l'effleurer.

La joie régnant parmi ces hommes peut sembler inexplicable. Ils chantaient, priaient, écoutaient les enseignements de celui qu'ils appelaient simplement le frère. A huit siècles de distance, cette petite communauté si fervente nous paraît étrange, non par son idéal, mais par son mode d'existence qui pose vingt questions. La règle était stricte, le travail obligatoire. « Que celui qui ne veut pas travailler ne mange pas. » En échange de leur travail, les frères pouvaient recevoir tout ce qui était nécessaire, excepté l'argent. Et, quand le nécessaire ne venait pas, ils allaient à l'aumône comme les autres pauvres. L'argent, c'était la phobie de François qui le comparait à des excréments. Interdiction absolue d'en accepter, et il ajoutait : « Prenons donc garde, nous qui avons tout abandonné, de ne pas perdre pour si peu le royaume des cieux. »

Quels travaux faisaient-ils donc ? Ceux qu'ils connaissaient le mieux, les soins à donner aux lépreux dans un lazaret voisin comptaient parmi les plus utiles. On les faisait même entrer dans la cabane pour les soigner ; toutefois, il y en avait un de si répugnant que François lui-même demanda qu'on ne lui permît pas d'entrer. Il arriva qu'un frère, Jean le Simple, par étourderie ou par excès de zèle, prit sur lui d'introduire la malheureuse puanteur vivante dans la minuscule fraternité. Loin de s'emporter, François eut honte, installa le lépreux à la place d'honneur près de lui et lui donna à manger et à boire, buvant lui-même à l'écuelle où le malade avait posé ses lèvres suintantes. On multiplierait sans fin des actes de charité semblables.

Il va sans dire que la continence ne souffrait pas la plus légère atteinte. Un frère était-il tourmenté de désirs impurs, le remède était simple et d'une efficacité dont François se portait garant pour l'avoir vérifiée lui-même : aller aussitôt se plonger dans l'eau glaciale du torrent jusqu'à ce que la tentation prît fin. On regagnait ensuite, frissonnant et pacifié, l'espèce de nid tiède qu'était la cabane.

Un jour de septembre 1209, un empereur va passer avec toute sa suite éblouissante dans les environs : Othon IV, venant de Pérouse, se rend à Viterbe pour s'y faire couronner par le pape. Qu'est-ce qu'un empereur ? François et ses frères resteront dans la cabane, tous, sauf un qu'on dépêchera près du personnage pour lui rappeler que les victoires sont éphémères. Quelques mois plus tard, le potentat sera excommunié, et ses succès iront en s'amenuisant. Cette indifférence de François aux fastes du pouvoir fit une énorme impression sur les gens de l'Ombrie.

Sermon dans la cathédrale

Si grande qu'elle fût déjà, la popularité de François s'accrut d'un coup d'une façon prodigieuse lorsqu'on apprit que le pape avait approuvé sa règle. François n'eut pas besoin d'en informer lui-même les populations, les frères se chargeaient de ce soin. Qu'elle ne fût que verbale n'infirmait en rien la permission de prêcher accordée par Innocent III. Qui se fût avisé de la contester ? La seule présence de François ranimait les aspirations religieuses dans toutes les classes de la société, mais la soif de l'Evangile agissait autant que la curiosité. Assise voulait entendre celui qui autrefois l'avait scandalisée prêcher le Christ et le prêcher dans une église où elle pût voir de tous ses yeux le fils qu'elle tenait déjà pour un saint. L'église Saint-Georges fut jugée trop petite pour contenir la foule. Pourquoi ne parle-t-on jamais de ce passionnant face-à-face dans la cathédrale ?

De l'église San Rufino, seule la façade reste à peu près telle que François la vit. Elle garde cette majesté un peu massive du style roman, simple dans son ensemble, mais d'une singulière richesse dans le détail. Une galerie de colonnettes la barre de droite à gauche sous les trois rosaces, pareilles à des roues qui tourneraient immobiles au-dessus des portails. Beaucoup d'énigmes se lisent sur cette haute page de pierre grise. Dans le tympan du grand portail central, le Christ en roi barbu et couronné trône entre la lune et le soleil. D'un côté, sa mère assise allaite son enfant ; de l'autre, Rufin, l'évêque martyr. Voilà pour le ciel, mais d'étranges choses se passent dans l'encadrement arrondi de la porte que gardent deux lions féroces très occupés à dévorer

151

celui-ci un Maure, celui-là le bélier juif : le plus curieux est dans une sarabande de bêtes fort suspectes qui se pourchassent en se mordant tout autour de l'entrée, l'encerclant d'une guirlande maléfique qui semble frétiller tant l'artiste a su les rendre vivantes. Lâchées là par le diable, elles jettent la note infernale si fréquente dans l'art du Moyen Age ; elles animent la pierre avec une vivacité hallucinante et créent un indéfinissable malaise. Ce n'est pas tout. Autour de la rosace centrale que protègent le lion, le bœuf, l'aigle et l'homme, symboles des Evangélistes, rôdent les ombres de certains animaux mutilés par le temps et presque disparus au point de ne laisser que la trace de leurs pattes.

Assise était à une demi-heure de marche de Rivo Torto. On dut aider François, affaibli par le jeûne ; sans doute le mena-t-on à dos d'âne jusqu'à la cathédrale et, comme c'est encore l'usage dans certaines églises d'Italie, on le fit monter sur une tribune au lieu de l'emprisonner dans une chaire. Cela lui donnait la liberté de mouvements dont il avait besoin, car il lui fallait aller et venir en parlant avec la gesticulation qui lui était habituelle.

Lorsqu'il considéra sa ville natale presque tout entière autour de lui, devant ces milliers de visages tournés vers le sien, sa faiblesse physique disparut, cédant la place au feu d'une énergie soudaine qui lui rendit sa jeunesse. Ce qu'il dit, nous ne pouvons que le deviner, mais il n'avait que le Christ de l'Evangile dans le cœur et ce n'était qu'un cri d'amour qui s'échappait de ce cœur ardent comme celui d'un prophète. Ses paroles d'une simplicité bouleversante allaient droit à la conscience de chacun. La tendresse de Dieu passait dans cette voix qui émouvait avec la séduction mystérieuse d'un chant, mais il ne s'agissait pas seulement de rendre la joie aux âmes inquiètes s'interrogeant sur leur salut. Toute la ville était coupable, l'avarice resserrait les cœurs comme les cordons d'une bourse, la luxure tuait l'amour, les haines politiques chassaient l'Evangile mieux que les coups d'épée, il savait tout cela parce qu'il connaissait tous les habitants de sa ville et qu'il avait vécu comme eux parmi eux.

Ne le connaissaient-ils pas, eux aussi ? La confrontation dut être saisissante. Ce religieux grossièrement vêtu et la corde aux reins, qui arrachait larmes et soupirs en parlant de Dieu, ils l'avaient vu quatre ans plus tôt, roi de la jeunesse, dissiper en seigneur et dans le désordre des sens les écus de son père le drapier. Tous s'en souvenaient parfaitement et lui ne l'avait certes pas oublié, mais il y avait ceci qui faisait passer un frisson : le Seigneur s'était emparé de l'homme de plaisir et avait pris sa place pour parler à chacun des habitants d'Assise. Dieu s'était déguisé en pauvre et clamait son Evangile comme jadis en Terre sainte. On eût cru que François disparaissait derrière la personne dont il parlait le langage.

A l'appel de la pénitence, des gémissements s'élevaient de la foule au bord de cette frénésie religieuse si fréquente au Moyen Age. Pendant ces quelques heures au moins, dûment fustigée, Assise voulut se convertir. Elle avait son prophète, elle tenait son saint. Elle ne le lâcha plus. On peut espérer que la bonne Pica était encore en vie et put entendre son fils dont elle avait prédit la gloire spirituelle. Et Bernardone ? On ne sait rien. Peut-être derrière un pilier se posait-il des questions ?

Les frères n'assistèrent pas à ce triomphe. Restés à Rivo Torto, ils eurent cependant une consolation de choix sous la forme d'une vision étonnante. François n'était pas encore de retour qu'ils virent entrer par la porte un char de feu, lequel traversa la cabane, sortit, revint, sortit encore, revint une dernière fois, puis disparut, laissant les frères terrifiés et ravis, car dans cette lumière surnaturelle ils avaient reçu la grâce de voir clairement dans la conscience les uns des autres et, nul doute, n'y virent que du bien. C'était l'âme de leur frère François qui les dédommageait ainsi de son absence en leur portant ce témoignage de son amour.

Paix, Assise !

Les gémissements d'Assise repentante dans la cathédrale de San Rufino se justifiaient largement. Elle avait grand besoin de se convertir, non seulement à cause des turpitudes habituelles — là, sa voisine exécrée, Pérouse, lui rendait des points —, mais parce que les hostilités entre bourgeois, bas peuple et patriciens répandaient chaque jour le sang dans les rues. Situation inextricable : Pérouse était la vassale du pape ; Assise se trouvait toujours sous la protection théorique de l'empereur, comme les Communes lombardes. Les Assisiates ne pardonnaient pas aux seigneurs revenus chez eux après la guerre avec Pérouse : c'étaient des traîtres. Ceux-ci pratiquaient une revendication permanente des biens dont ils avaient été lésés pendant leur absence, malgré l'accord qu'ils avaient signé. Les heurts étaient d'une férocité atroce, cela durait depuis dix ans.

A Pérouse, en mars, avec l'assentiment un peu forcé du pape, Othon avait reconduit les anciens commandants de l'empereur dans leur fonction et leurs droits, notamment le duc de Spolète, ce qui forçait les Assisiates à s'unir. On abolit le servage, mais d'autre part on rendit aux nobles certains de leurs biens.

Quel rôle joua François dans la pacification de sa ville ? Frappée d'interdit par Innocent III et son podestat excommunié, Assise finit par chercher un accord entre les partis. Il le fallait bien, la misère s'installait dans la cité jadis prospère. De toute son éloquence, François appelait la paix. Elle ne vint pas, mais fut remplacée par sa parente pauvre : la trêve, une de plus, le 9 novembre 1210. Il y eut des concessions de part et d'autre. Peut-être la voix passionnée du saint avait-elle eu des échos. On ne saurait rien affirmer de plus.

Cette année-là, entra dans le fraternité le fils d'une des plus nobles familles d'Assise, les Offreduccio. Y avait-il chez François une tendance à la taquinerie, taquinerie si l'on peut dire d'un ordre supérieur, inconsciente peut-être ? On peut se le demander

154

en lisant l'histoire de l'épreuve que Rufin dut subir par une sorte de caprice spirituel. Rufin était petit et délicat, cousin de Claire, le détail a sa valeur. Très peu doué pour la prédication et, pour aggraver son cas, légèrement bègue. François eut un jour l'idée très particulière de lui demander l'impossible : « Va prêcher à San Rufino. » Consterné, Rufin prie humblement d'être dispensé d'un devoir qu'il est sûr de ne pouvoir accomplir. Ce n'est pas un refus d'obéissance, mais il plaît à François d'y voir un manque d'empressement à obéir et il ordonne à Rufin d'aller prêcher à la cathédrale à demi nu, vêtu seulement de ses braies. Cette fois, Rufin s'incline et part pour l'église de San Rufino martyr, y arrive, monte à la tribune et commence un sermon sur la pénitence. Un concert d'éclats de rire salue cette étrange apparition. S'agit-il d'une plaisanterie ? Pas du tout. Le malheureux de sa langue indocile essaie de parler de Dieu, mais l'hilarité générale empêche qu'on ne l'entende.

Cependant, à la Portioncule, François se ressaisit tout à coup. Pourquoi cet ordre absurde qui fait inutilement souffrir un frère modèle ? Aucune hésitation ne lui semble permise. Il ira sans tarder réparer son manque d'humanité. Accompagné de frère Léon qui porte sur le bras un habit, il se rend à la cathédrale, ôte sa tunique, reste à demi nu, et prend la place de Rufin. Nouvelle explosion de rires. Les frères ont-ils perdu la tête ? Mais François se met à parler de la nudité du Christ dans sa Passion et soudain le silence se fait. L'émotion s'empara des fidèles en entendant des paroles qui leur serraient le cœur et les larmes coulèrent sur ces visages un instant plus tôt déformés par une gaieté vulgaire.

Rufin devait devenir un des trois frères qui accompagnèrent François et prirent soin de lui jusqu'à sa mort.

La Portioncule

Au printemps de 1211, la communauté franciscaine fut chassée de Rivo Torto, le ruisseau tortueux, de la façon la plus inattendue. Les frères étaient un jour à prier quand un paysan poussa rudement son âne dans ce qu'il appelait la bicoque : « Allons, entre là-dedans ! » François décida de partir sur-le-champ avec ses compagnons et, autant qu'eux, il en eut de la peine. Si humble que fût la masure, ils s'y étaient attachés comme à un des lieux que le Seigneur avait bénis de sa présence. Il y aurait sans doute d'autres heures de grâces, mais non tout à fait comme celles-là où, par moments, la terre avait paru toucher au ciel.

Ce paysan poussant devant lui son bourricot dans la « bicoque », on eût dit qu'il venait lui-même poussé par la Providence pour chasser les frères jusqu'en un lieu meilleur. François fit encore appel à l'évêque d'Assise, mais, le seigneur Guido n'ayant toujours rien à lui donner, il se rendit chez les bénédictins de Subasio. L'abbé lui offrit généreusement, contre une redevance de quelques poissons chaque année, la chapelle de Notre-Dame-des-Anges, fort modeste édifice entouré d'un terrain exigu, mais, ô merveille, sis en pleine forêt. François le connaissait bien : c'était de là qu'il était parti à la conquête du monde et il y revenait. Dans ce refuge idéal, la petite fraternité s'installa avec enthousiasme. Une chaumière s'éleva en quelques jours, sous les grands chênes, puis, tout autour, des huttes pour les religieux. Chacun avait la sienne. Rustique monastère où la Pauvreté se trouvait chez elle. François n'eût rien rêvé de mieux, et il y connut, avec ses frères, un temps de *Légende dorée* dont nous retrouvons l'image enchanteresse dans les *Fioretti*. Jamais le Moyen Age ne nous a livré dans des pages plus délicieuses toute la fraîcheur de sa foi chrétienne. Les miracles s'y tiennent comme par la main, mais la vérité trouve largement son compte dans les portraits de ces franciscains de la première heure.

A la Portioncule, prière et contemplation alternaient avec le travail, sans oublier la prédication. François chassa « un frère mouche » confit dans l'oisiveté. Pour tous les autres religieux, les occasions ne manquaient pas de mettre la charité à l'œuvre, qu'il s'agît de venir en aide aux paysans ou de soigner les lépreux de la maladrerie voisine. Il va sans dire que la seule récompense acceptée se présentait sous forme de vivres, l'argent étant refusé sauf dans des cas de maladie qui nécessitait l'achat de médicaments.

Ces six années passées à Notre-Dame-des-Anges restèrent comme une préfiguration du Paradis dans la mémoire des frères. Là ils avaient suivi le Christ et vécu l'Evangile. Semblable à celui qui fut son unique modèle, François donnait à ses frères ce qu'il avait reçu de Dieu. Une grâce particulière faisait que sa seule présence les rendait saints, sans pour cela modifier leurs traits personnels. Si la sainteté peut être excentrique, la leur l'était parfois à l'extrême. C'étaient tous des individus. On ne se lasse pas du récit de leurs fantaisies, le bouffon voisinant avec une simplicité qui jette dans la stupeur parce qu'elle découvre des âmes où pas l'ombre d'une ombre ne vient troubler une transparence de cristal.

D'où venaient-ils ? D'un peu partout, des champs et des villes, de la noblesse, du peuple, de l'Université, de la riche bourgeoisie comme Bernard de Quintavalle, de l'Eglise comme Sylvestre. En les accueillant, François les simplifiait. A vivre près de lui, ils devenaient à tout jamais fils de François, sans rien perdre chacun de soi-même, les prêtres comme les autres. Car après Sylvestre il vint d'autres clercs. François, il ne faut pas l'oublier, ne se voulait pas clerc ; d'ailleurs l'absence de toute étude théologique lui en aurait, *a priori,* interdit le titre.

Ce que vous cherchez,
vous ne le trouverez pas dans les livres.

Certains sacrifiaient de gaieté de cœur toutes leurs richesses et des demeures parfois somptueuses. D'autres parmi les moins fortunés, mais avec une générosité égale, renonçaient à des biens plus humbles, témoin ce frère campagnard qui se sépara non sans peine de sa vache. D'autres encore, épreuve difficile, renonçaient à toute la richesse culturelle acquise au cours de longues années d'études ; tel fut le cas de Bernard de Quintavalle ; il offrit à Dieu des bibliothèques : l'oubli d'un grand savoir. Sa réputation de juriste n'en demeurait pas moins présente dans son Alma Mater de Bologne, et ce fut à Bologne que François eut l'inspiration de l'envoyer un jour au nom de l'obéissance pour fonder un couvent.

Bernard n'hésita pas un instant. Il s'en fut là-bas, il revit les rues qu'il connaissait si bien, les palais surmontés de tours orgueilleuses et la foule turbulente des étudiants qui parcourait nuit et jour les places de la cité. Au milieu de la plus grande, la Piazza Maggiore, pieds nus et vêtu de cette tunique étrange de sa fraternité, le docteur d'hier fut pris pour un fou et, avec la cruauté ordinaire de tous les temps, hué par les gamins. « *Pazzo ! Pazzo !* » Ce cri si familier à toutes les oreilles franciscaines, il l'entendit avec un sourire et un visage joyeux. Il aurait pu se sauver, il s'assit sur une borne. Des hommes se joignirent aux enfants. On lui jeta de la poussière, puis des pierres, on le houspilla. Il ne bougeait pas.

Le lendemain, il revint pour subir le même traitement et une fois encore le surlendemain, martyr de cette obéissance amoureuse qui caractérisait les fils de François.

Une persévérance aussi singulière attira cependant l'attention d'un curieux qui observait Bernard. Ce visage où brillait la joie n'était pas celui d'un fou. Intrigué, il s'approcha et lui demanda qui il était et ce qu'il faisait là, sur la grand-place de la ville. Pour toute réponse, Bernard tira de dessous sa tunique la règle de François et la lui tendit. L'homme la lut et fut plongé dans l'étonnement par la haute qualité spirituelle du document. Les lazzi autour d'eux avaient cessé, on épiait et on attendait. L'opinion du passant n'était pas sans valeur ; c'était, en effet, un savant docteur en droit, Nicolas dei Pepoli. Il se tourna vers des amis qui l'accompagnaient et déclara : « Voici l'état religieux le plus sublime dont j'ai jamais entendu parler », puis il offrit à Bernard une maison où il pourrait fonder un couvent. Bernard ne voulait rien d'autre, mais les choses réussirent trop bien à son gré. Au bout d'un certain temps, le couvent fondé, le fondateur si copieusement insulté plus tôt se vit l'objet d'une admiration générale qui tournait à la vénération à cause de l'austérité de sa vie. Un peu plus et on le prenait pour un saint. Sans hésiter, il prit la fuite et rentra à Assise. « Frère, dit-il à François, le couvent est établi. Envoyez-y des frères. Quant à moi, par le trop grand honneur qu'on m'y fait, je crains d'y avoir perdu plus que je n'y ai gagné. » Et d'autres frères furent envoyés.

Quant à Nicolas dei Pepoli, le savant docteur, il entra plus tard dans l'ordre qu'il avait aussitôt admiré.

Jean le Simple

On n'en finirait pas de rapporter les traits des premiers compagnons de François. Le mot de délicieux vient irrésistiblement sous la plume, soit à cause de leur fraîcheur et de leur naïveté, soit par la pureté de cœur qu'ils nous révèlent. Frère Gilles resterait un favori s'il fallait choisir. On aime aussi particulièrement frère Jean le Simple qui, labourant son champ, apprit que François était au village et courut à sa recherche. Il le trouva balayant l'église, car François tenait beaucoup à ce que la maison du Seigneur fût toujours propre et accueillante.

159

Sans hésitation, Jean lui prend son balai, se met au travail et nettoie l'église. Après quoi, il s'assoit à côté du saint et lui dit rondement que, puisque le Seigneur a ménagé cette rencontre, il est prêt à faire tout ce que voudra François. Emu par cet élan, François lui demande alors de se dépouiller de tous ses biens, s'il veut se joindre aux frères. Pour toute réponse, Jean le Simple court aux champs et revient avec un de ses bœufs, sa part d'héritage, qu'il est prêt à vendre pour en donner l'argent aux pauvres, mais, à la maison, on apprend ce qui se passe et la famille entière est en larmes. Les enfants surtout, ses jeunes frères, manifestent bruyamment leur douleur. Jean va partir, Jean va les quitter pour toujours. Et le bœuf par-dessus le marché.

François supporte mal ce désespoir. Avec cette gentillesse qui l'a fait aimer dès ses plus jeunes années, il va tout arranger et promet de rendre la joie à tout le monde. Qu'on prépare le repas. « Nous allons manger ensemble, ne pleurez plus. » Il leur parle si affectueusement, si gaiement aussi. Comment résister à son charme ? Au bout d'un moment, la bonne humeur est revenue, cela ressemble à une fête. François explique alors que Dieu fait un fort grand honneur à Jean et à sa famille en le choisissant pour le suivre. « Etre serviteur de Dieu, c'est être roi. » Etre roi ! Voilà de quoi être fier ; l'allégresse est générale. Cependant, François voit bien que ces gens sont pauvres. « Ne vous tourmentez pas, leur dit-il, je prends le frère et je vous rends le bœuf. » Grand soulagement. Jean part, puisqu'il le faut, mais on garde le bœuf. Et, nous dit naïvement la chronique, « ils se réjouirent surtout de ce que le bœuf leur fût rendu ». François était trop fin pour n'avoir pas deviné que le bœuf comptait plus que le garçon.

Jean revêtit donc l'habit franciscain et s'appliqua désormais à imiter François le plus fidèlement possible. C'était, pensait-il, le moyen le plus sûr de devenir un bon religieux. S'il voyait François faire une génuflexion, il en faisait une de son côté. Il allait jusqu'à reproduire tous ses gestes. Si François levait les mains au ciel et soupirait en priant, il pouvait être sûr qu'à deux pas de lui Jean le Simple levait les mains au ciel et soupirait exactement de la même façon. François, qui s'était pris pour lui d'une amitié immédiate, amusé d'abord, finit par se lasser de ce scrupuleux mimétisme et, un jour, il le réprimanda. Peine perdue. « Père, lui dit Jean le Simple, j'ai promis de faire tout ce que tu ferais, je veux donc faire tout ce que tu fais. » Devant la candeur de cette âme que le monde n'avait pas souillée, François capitula. Du reste, Jean devenait si manifestement saint qu'on ne pouvait qu'admirer en silence. Peu de temps après, vers 1213, il mourut. Sa vie religieuse aussi brève qu'elle fut parfaite laissa un souvenir qui ne s'effaça pas. Lorsque François parlait de lui, il en éprouvait non de la tristesse, mais une joie merveilleuse et ne l'appelait jamais que « saint Jean ».

Avec François, qui trouve au Paradis de la *Divine Comédie* une des places les plus magnifiques, Dante fait entrer au séjour bienheureux Bernard, Gilles et Sylvestre, les trois premiers frères connus. Selon toute vraisemblance, il ne pouvait glorifier que ces trois-là, ne connaissant que la *Légende* de saint Bonaventure. Cela supposerait qu'il n'avait pu lire ni Celano ni la légende de Pérouse, déjà dissimulés dans des couvents pour échapper aux destructions ordonnées par Bonaventure, saint, mais ministre général de l'ordre qui voulait laisser de leur fondateur un portrait conforme à ses propres idées.

La vie à la Portioncule

On serait tenté de voir dans la Portioncule une sorte de Paradis, un Paradis inconfortable certes, mais un Paradis malgré tout parce que le confort auquel nous avons l'horrible faiblesse de tenir devient tout bonnement ridicule en regard de la joie intérieure dont vivaient les frères, et il est certain qu'y régnait, dans la prière, la mortification et la pauvreté, une allégresse telle que peu de fraternités en ont connue sur terre. Libérés de tous leurs biens matériels dont ils s'étaient défaits comme d'ordures (« *tanquam stercora* »), ils s'étaient jetés en Dieu. François leur avait dit comment il fallait s'y prendre et ils reconnaissaient dans sa voix les accents inimitables du Christ.

Dès les premiers jours, alors qu'ils n'étaient encore qu'une douzaine, François les avait menés dans les bois de la Portioncule et, là, leur avait dit qu'ils étaient appelés pour le salut de beaucoup d'autres. Après s'être allégés du poids de leurs biens, leur vocation leur commandait de mendier leur pain et de prêcher la pénitence. Ainsi, deux par deux, l'un derrière l'autre, sur les routes et dans les bourgades, ils allaient, essuyant le plus souvent des moqueries et des injures, mais se retrouvaient à la fin du jour à la Portioncule avec une gaieté d'enfants. « Ils s'aimaient mutuellement d'un indicible amour », nous dit l'Anonyme de Pérouse, qui recueillit les souvenirs de Gilles à la fin de sa vie.

Celui-ci, après la mort de François, s'était réfugié dans une solitude dont il ne sortait jamais et ne tolérait la présence que du frère Jean, son confesseur, qui nota tout ce qu'il avait retenu. Aussi, de tous les témoignages sur l'ordre des Franciscains, celui de l'Anonyme de Pérouse nous touche le plus par sa fraîcheur et son manque absolu d'artifice littéraire. Par lui vient jusqu'à nous la voix d'un homme qui n'avait jamais su mentir et que François chérissait, l'appelant son chevalier de la Table ronde. Car la chevalerie, ce mirage le plus ancien parmi les plus anciens du Poverello, gardait pour lui toute sa magie et son invincible attrait, au point qu'il serait impossible de comprendre l'homme si l'on faisait abstraction de cet idéal.

Comme tous les garçons de son époque, François avait grandi dans l'admiration du roi Arthur et des chevaliers de la Table ronde. Cette œuvre multiforme exerçait son empire sur l'imagination de toute la jeunesse européenne. L'honneur y prenait un aspect héroïque, armé d'un glaive ou d'une lance, tout prêt, comme dit un personnage de Shakespeare, « à chercher grandement querelle pour un brin de paille » quand il flairait une offense. Servie et vénérée comme une souveraine, la dame élue du chevalier devenait presque irréelle à force de perfection, et défendre au prix de sa vie cette créature inaccessible était le devoir comme celui de batailler pour la foi chrétienne et de pourfendre autant d'Infidèles qu'il était raisonnable de le souhaiter.

Cet immense rêve du Moyen Age ne pouvait qu'envahir une tête comme celle de François Bernardone et façonner ses ambitions, tantôt dans un sens temporel et littéral, tantôt dans une vision mystique de sa destinée. Si dépouillé qu'il fût de tout orgueil, il garda toujours l'instinct du chevalier, fidèle à sa dame que lui désignait le Christ. Tant il est vrai que jusqu'à la mort on demeure tel qu'on est. On retourne un gant, il reste un gant. Le pécheur et le saint se retrouvent dans le même cercueil. Ils ont eu beau se quitter l'un l'autre, ils sont forcés de cohabiter, même s'ils ne se parlent plus. L'adresse ne change pas : à la vie, à la mort.

En 1211, Innocent III découvre qu'Othon se moque de ses engagements. Du traité reconnaissant la suprématie papale sur les biens italiens de l'empereur, celui-ci déclare cyniquement : « C'est un bon document pour vos archives » ; nous sommes en vue du « chiffon de papier ». Le pape excommunia l'empereur. Et selon la coutume, après la lecture de la bulle d'excommunication, on renversa les cierges et l'église fut plongée dans les ténèbres. Othon déclara simplement qu'il ne s'effrayait pas « des menaces d'un prêtre ». Et il continua de s'emparer de l'Italie du Sud. Alors, sur les injonctions des évêques allemands, il fut déposé et à la Diète de Nuremberg, Frédéric fut élu à sa place à dix-sept ans. Ne possédant pas grand-chose, celui qu'on appelait l'*empereur mendiant* avait déjà en commun avec François d'avoir été baptisé sur la même cuve de porphyre à San Rufino. Il aura, par la suite, la même intelligence de l'Islam.

Quoi qu'il en soit, François ne pouvait être sourd aux bruits du monde. Parmi les plus grands scandales était la présence des Infidèles en Terre sainte, Jérusalem aux mains des musulmans. François n'oubliait pas que, le jour de sa conversion, il avait lui-même tracé à la craie sur sa tunique une large croix. Croisé, il l'était déjà et la passion des grandes aventures n'avait cessé de l'habiter depuis son enfance.

Les trois premières croisades avaient échoué, la quatrième n'avait pas abouti, Jean de Brienne préparait la cinquième. Alors debout, chevalier du Christ ! S'il ne pouvait exterminer les Infidèles, il devait les convertir, aller au milieu d'eux, leur prêcher la vraie religion et conquérir la grâce précieuse du martyre, second baptême qui ouvrait d'un coup en grand les portes du Paradis. Combien de religieux nourrissaient au fond de leur âme l'espoir secret du supplice qui effaçait les péchés de toute une vie. La gloire en rejaillissait sur l'Eglise entière, car le sang des martyrs est une semence selon Tertullien. Innombrables sont les chrétiens qui remplacent leurs frères martyrisés. Ces pensées fiévreuses bataillaient dans la tête de François. Sa fraternité était fondée, le couvent de Bologne accueillait sans cesse des convertis venus de tous les coins d'Italie et même d'ailleurs. N'avait-il pas entendu le bruit de leurs pas ? Sa mission achevée dans sa patrie, il pouvait étendre le royaume du Christ avec son sang et remporter la palme convoitée entre toutes.

Avec un compagnon, il partit pour Ancône, le port le plus proche. D'Ancône en Syrie, le voyage n'est pas une simple promenade. Pour descendre l'Adriatique et contourner la Grèce, il faut bien compter trois semaines, si les vents sont propices, mais le vent a ceci de particulier selon les psaumes : il accomplit la parole de l'Eternel, qu'il s'agisse de l'Invincible Armada ou du bateau qui porte François d'Assise. Et voici que ce bateau-là se trouve en contradiction avec le vent qui ne veut absolument pas souffler au gré des voyageurs et les pousse vers la terre, vers le pays d'en face, la Dalmatie. Force est de prendre refuge dans le port de Zara où François n'a que faire. Comment ne pas songer à la nuit de Spolète : Dieu avait barré la route des champs de bataille à François dans sa belle armure, muni d'une lance et d'un bouclier. On ne peut pas discuter avec l'Eternel. Tantôt il se sert de la maladie, tantôt il élève la muraille du vent. François est déçu et il ne lui reste plus qu'à retourner en Ombrie, mais avec quels moyens ? Il n'a pas un sou. Qu'importe. Lui et son compagnon s'embarquent subrepticement dans le bateau qui fait voile vers l'Italie. A fond de cale, on ne les trouvera pas. Erreur. Bel et bien découverts, les passagers clandestins sont menacés d'être débarqués sur le premier rivage, lorsque arrive un de ces inconnus providentiels qui les prend en pitié et donne aux matelots une quantité imposante de victuailles. A ce prix-là, on veut bien ramener ces deux espèces de moines. Cette fois, le vent se comporte comme il faut et, au bout de quelques jours, le croisé candidat au martyre peut reprendre le chemin de Sainte-Marie-des-Anges, obéissant et penaud.

Les incidents comiques ne manquaient pas. Rire n'était pas interdit, au contraire : pour François, la mélancolie venait tout droit du démon. Un jour, il eut une différence d'opinion avec frère Bonaparte, qui veillait sur les cuisines. Celui-ci dit à François :

— Je fais de mon mieux pour te préparer des plats que tu puisses manger et qu'est-ce que tu fais ? Tu y mêles de l'eau et des cendres !

— Frère Bonaparte, lui répondit François, c'est l'intention qui compte, pure chez toi comme chez moi. Dieu nous récompensera l'un et l'autre.

Des questions se posent irrésistiblement à l'esprit devant l'indignation de frère Bonaparte. L'ascèse de François allait beaucoup plus loin que ces consternantes fantaisies diététiques. Macérations, jeûnes prolongés et multipliés n'altéraient-ils pas une santé déjà sérieusement atteinte ? Nous savons aujourd'hui de façon certaine que François souffrait de tuberculose osseuse et de malaria. Son testament confirme, sans fournir de précisions, cet état maladif. Comment donc s'en tirait-il ? Il est naturel de penser que le Ciel lui donnait les forces nécessaires en temps voulu, et c'est bien ce que nous croyons, mais on ne doit pas pour autant oublier que la vie en plein air venait à son secours ; il respirait dans le voisinage bénéfique de ces grandes personnes amicales qu'étaient pour lui les arbres de la Portioncule et des forêts de l'Alverne. Ajoutons qu'il choisissait toujours ses refuges là où l'air le plus chargé d'ozone le revigorait, dans les bois, près des sources, témoin les ermitages du val de Rieti : Fonte Colombo, La Foresta — ces noms parlent d'eux-mêmes —

et l'île déserte du lac de Trasimène. Il reste ceci que cette existence défiant toutes les fatigues pour le salut des âmes constitue en elle-même une sorte de miracle.

Les Carceri

Un peu plus tard dans l'été, François reçut encore un don de ses amis bénédictins. Ils lui offrirent les Carceri (les prisons), ces cavernes où, dans les tout premiers temps de sa conversion, François était venu chercher la solitude, protégé par son mystérieux ami. C'étaient des trous de verdure cachés dans les bois sur les flancs du mont Subasio, où le silence n'était troublé que par la rumeur d'un torrent. Bernard et Sylvestre furent les premiers des contemplatifs franciscains à se réfugier dans ces « prisons » d'où l'âme s'évadait. Puis les frères y construisirent un petit ermitage.

Dès le début, il y eut deux courants distincts dans la spiritualité franciscaine : vie active et vie contemplative. La vie active se situait dans les œuvres, soit l'apostolat, la prédication et bien entendu la charité sous toutes ses formes : ramener au christianisme une population trop souvent prête à retourner au paganisme et secourir les malheureux.

La vie contemplative est presque impossible à résumer en quelques phrases. Que l'on songe aux innombrables ouvrages qui traitent de ce sujet. Sans risque de se perdre dans des explications confuses, on peut au moins proposer ceci : la contemplation demande que l'être se quitte lui-même pour laisser la place à Dieu et s'unir à lui. Autant que nous puissions nous en rendre compte, il ne s'agit pas seulement d'abandonner un genre de vie qui crée un obstacle à la vie intérieure, mais dans la solitude et le silence se séparer des soucis du monde, écarter le souvenir de ce que le XVIIe siècle appelait le divertissement, sous toutes ses formes, tout ce que les yeux peuvent voir, les oreilles entendre, tout ce que les sens peuvent éprouver. Cela n'est qu'un début : obtenir le silence intérieur absolu, faire taire le tumulte de nos pensées, chasser toutes nos idées, surtout celles que nous nous formons de Dieu, parce qu'elles sont presque invariablement fausses. Dans cette nudité de l'esprit, l'âme fidèle aura les meilleures chances d'aller vers celui qui l'a créée. Et pour cela partir de l'humanité du Christ pour s'élever jusqu'au mystère de la Trinité...

Des hauteurs du Subasio, par des échappées au milieu des sapins et des hêtres, le regard contemple toute la plaine et, plus haut encore, au-dessus de la forêt sombre, le mont étale son crâne tonsuré. On comprendra mieux ce que cherchaient des hommes comme Sylvestre et Bernard dans ces cavernes où les bruits du monde extérieur ne parvenaient pas. « Voilà mes chevaliers de la Table ronde, disait François, les frères qui se cachent dans les lieux déserts pour se livrer avec plus de ferveur à la méditation... Leur sainteté est connue de Dieu, mais le plus souvent ignorée des frères et des hommes. Et, quand leurs âmes seront présentées par les Anges au Seigneur, le Seigneur leur révélera le résultat et la récompense de leurs peines, la foule des âmes sauvées par leurs prières. Et il leur dira : " Mes fils, voilà les âmes sauvées par vos prières ; puisque vous avez été fidèles dans les petites choses, je vous en confierai de grandes. " » C'est le langage des grands mystiques. Quant à François lui-même, il se plongeait la nuit dans cet abîme de la recherche de Dieu et, le jour, participait à la vie de sa communauté, mais il avait les grâces particulières indispensables pour pratiquer l'un et l'autre modes de vie.

Histoire d'Amour

Alors que François prêchait dans la cathédrale de San Rufino, il ne se doutait pas qu'une toute jeune fille de dix-sept ans, accompagnée de sa mère et de sa sœur, écoutait passionnément le grand séducteur d'âmes qui parlait de l'amour de Dieu. Il n'était pas ce qu'on appelle beau et se trouvait de douze ans plus âgé qu'elle, mais cela n'avait pas d'importance, car, aussi belle qu'une fille peut l'être, elle recevait chacune de ses paroles avec une indescriptible émotion, parce qu'il l'arrachait à elle-même. Avec lui, elle tombait amoureuse de l'Amour et comment séparer de l'Amour l'amour du messager de l'Amour ? Se confondaient-ils ? Nous n'avons reçu qu'un seul cœur pour aimer Dieu et ses créatures. On lui eût dit qu'elle était amoureuse de François, elle eût été horrifiée et n'eût pas compris, mais, rentrée chez elle, la voix véhémente et douce la suivait, prêchant la pénitence, le mépris des richesses, la mortification de la chair.

Pas plus que lui, elle ne pouvait se défendre d'aimer. C'était leur nature à l'un comme à l'autre, mais pour la première fois elle venait de l'entendre exalter l'Amour et il lui révélait que leur passion était la même : le désir infini de s'unir à Dieu.

Pendant toute son enfance, elle avait entendu parler de lui, avant comme après la guerre et l'exil de sa famille à Pérouse, et nul doute qu'elle ne l'ait au moins aperçu au cours de ses promenades, la ville entière étant au courant des folies de ce garçon, roi de la jeunesse et du tapage. Que pensait-on du personnage chez elle, dans la très noble famille des Offreduccio ? Peut-être s'en amusait-on à mots couverts, sans approuver cette façon qu'il avait de jeter l'argent dans les fêtes, l'argent de son drapier de père. Malgré tout, on ne se montrait pas trop sévère pour le mauvais sujet qui chantait à toute heure du jour et de la nuit — de la nuit surtout. Sa gaieté portait presque tout le monde à l'indulgence. La fillette écoutait.

Elle avait douze ans quand éclata la nouvelle incroyable : le roi

168

de la jeunesse s'était converti, se réfugiant tout nu sous la cape de l'évêque après avoir renié son père. Sans doute Claire n'avait-elle pas assisté à la scène. Elle ne se mêlait pas à la foule, mais ce qu'on raconta de l'événement dut la frapper. Le jeune homme quittait d'un seul coup le monde, toutes ses vanités et toutes ses richesses, pour suivre le Christ. Claire aussi aimait le Christ — mais quitter le monde... On parlait déjà du mariage qu'elle ferait un jour.

Elle était très pieuse, la jeune Claire. C'est même bien peu dire : elle était déjà sainte. Les témoignages surabondent. Dès l'enfance, elle menait une vie quasi angélique. Un de ses traits les plus caractéristiques était son désir de n'être vue de personne. Sous les vêtements d'une extrême élégance dont on l'habillait, elle portait contre sa peau un autre vêtement de laine rude et grossière en tous points semblable à un cilice. Elle trouvait le moyen de mettre en réserve, pour les faire passer aux pauvres, les mets délicieux qu'on servait à la table de ses parents. Il fallait observer de très près pour découvrir qu'elle donnait des heures à la prière et qu'à sa façon elle vivait déjà comme une religieuse. François n'eût pu rêver une auditrice plus fervente ni plus complètement abandonnée à Dieu.

La connaissait-il en 1210, une jeune fille si secrète, si résolue à ne jamais se montrer ? Cela paraît douteux. Cependant, il avait dû entendre parler d'elle par son cousin germain, ce même Rufin qu'il avait envoyé prêcher à demi nu. L'inévitable se produisit en peu de temps.

Nous savons parfaitement ce que pensait François des femmes après sa conversion. Dire qu'il évitait de les voir est faible. Il interdisait à ses frères de leur adresser la parole et, quant à lui, il les séparait tout bonnement de son univers, ce qui, par parenthèse, nous permet de deviner à quel point elles avaient dû le fasciner. Simplement, il redoutait leur présence.

Or la jeune Claire, sous la menace grandissante d'un mariage dont la seule idée lui faisait horreur, voulait de toutes ses forces demander conseil et ouvrir son cœur à ce frère qui parlait si admirablement du Christ. Avec l'obstination des élus, elle décida qu'elle irait vers lui coûte que coûte — et secrètement, non pas seule toutefois, mais accompagnée d'une parente de tout repos : Madonna Buona di Gualfuccio.

De son côté, François, instruit de ces dispositions par Rufin qui servait d'intermédiaire, accorda un rendez-vous. Un frère à l'âme des plus limpides, Philippe le Long, fut choisi pour assister à l'entretien. Où cela ? Dans les bois ? L'hypothèse n'est pas à exclure, puisqu'on voulait que la famille ne sût rien.

Que de précautions ! Sans vouloir rien insinuer, on ne peut empêcher que flottent dans notre mémoire des souvenirs de romans d'amour de ces temps où les dehors de la respectabilité veillent comme des dragons sur les premiers élans permis. Passons hardiment les bornes : et s'il s'agissait précisément de cela ? D'amour. D'amour mystique. Deux âmes volant l'une vers l'autre par-delà les exigences de la chair. Là, encore, attention. Le terrain est dangereux. Imagine-t-on celui que Dante appelle l'antique adversaire négligeant une occasion de cette qualité ? Un homme devant une femme, saints tous les deux, mais non désincarnés. Il ne faut pas tenter le diable, dit un proverbe. Se rendaient-ils compte qu'ils ne faisaient pas autre chose ? Claire assurément non, mais François ? François dans sa trentième année devant cette jeune fille d'une beauté exquise, comment pouvait-il ne pas tomber amoureux ? Une chute eût été un désastre d'une portée incalculable parce qu'elle eût atteint les millions d'âmes qui allaient faire leur salut sous leur conduite. Il n'y eut pas même l'ombre d'une faute. Là fut le miracle. Avec François, nous voyons mieux le problème, parce que, chez lui, nous sommes pour ainsi dire en pays de connaissance. La grâce travaille en lui visiblement sur de l'humain ; il a désirs et passions comme nous, mais, avec la jeune fille qui lui révèle en toute candeur les prodigieux appels de l'amour divin, nous avons le sentiment de nous heurter à de la lumière.

Essayons de nous représenter la scène pour mieux comprendre l'attitude de François. Ce n'est pas au hasard qu'il a choisi Philippe le Long pour l'accompagner. Homme grave et réfléchi, Philippe est un observateur attentif à qui rien n'échappe et qui ne se fait pas scrupule de le dire. Sa présence rendra François doublement prudent. Celui-ci se méfierait-il de ce qu'il va dire ?

Il a beau être saint, il reste impulsif et, lui qui ne voulait plus jamais regarder une femme, il va en voir une et des plus belles, moralement sinon physiquement à ses pieds. Que François se méfie de François ! Il va falloir se battre.

Claire aussi est émue. Les amoureux n'ont aucune psychologie parce qu'ils ont perdu la tête. Claire est amoureuse du Christ — peut-être aussi, mais à son insu, de François lui-même, car elle n'est pas en état de faire la distinction nécessaire. Elle est toute à la joie de livrer son âme à cet homme qui lui donne Dieu et il est très possible que, dans l'excès de son euphorie, elle se laisse tomber à ses genoux et dise comme elle peut son désir de quitter le monde et ses richesses pour suivre le Christ. Longtemps contenues dans le silence de la méditation, les paroles lui jaillissent du cœur. Il l'écoute et soudain, comme on porte à l'adversaire un coup d'épée, il a cette parole d'une brutalité étrange :

— Je ne te crois pas.

A-t-elle bien entendu ? Elle ne bronche pas.

François continue :

— Si tu veux néanmoins que j'aie foi en tes paroles, tu feras ce que je vais te dire : tu te revêtiras d'un sac et tu iras par toute la ville en mendiant ton pain.

Souffre-t-elle de cette exigence inattendue ? Pas le moins du monde. Elle est ravie d'offrir au Christ une preuve de son amour. Il est délicieux d'obéir à cet homme qui lui parle pour le Seigneur.

Ce serait plutôt à François de souffrir. Comment a-t-il pu lui ordonner cela ? Mais il a eu cette inspiration et peu à peu le sens lui en apparaît. En enjoignant à Claire de se faire mendiante pour l'amour du Christ, il a donné à Dame Pauvreté un visage vivant de jeune fille. C'est le triomphe de l'amour courtois à son degré le plus haut. Aucun élan suspect n'est désormais à craindre. La demoiselle élue devient l'inaccessible, si ce n'est sur le plan mystique où les âmes se retrouvent comme dans un Paradis anticipé. On ne peut rêver d'amours plus pures.

Claire se revêt de haillons et va mendier dans les rues d'Assise. A quelqu'un de sa race, il est facile de demander l'impossible. On

171

nous dit qu'elle s'habilla d'un sac et mit sur sa tête un voile blanc, quittant la maison à la dérobée comme pour un rendez-vous, un rendez-vous avec cette inconnue, la misère. Personne ne s'en douta, mais qui donc, la voyant ainsi vêtue, aurait pu en croire ses yeux ? Personne, sauf François.

Ce fut le commencement d'un des plus magnifiques rêves d'amour que l'humanité ait fait. Le voyaient-ils ainsi ? C'est plus que douteux. Leur amour se perdait dans l'amour du Christ et les mots n'existent pas pour donner une idée de ces liens mystiques. La chair ne pouvait y jouer aucun rôle. Elle existait cependant, présente, mais cachée dans les profondeurs de l'inconscient sans jamais se manifester. Nous en saisissons quelque chose dans la vision, une des plus étranges que nous ait léguées le Moyen Age, que sainte Claire eut plus tard au sujet de François ; elle révèle surtout une innocence pour ainsi dire abyssale et cela même par ses stupéfiantes précisions. De toute évidence, elle ne comprenait pas le sens de ce qu'elle disait. Et comment trouver un langage de l'âme qui n'emploie pas d'expressions charnelles ? On voit très bien le parti que tireraient de ce document nos psychanalystes amateurs d'aujourd'hui, mais les théologiens qui l'eurent sous les yeux au XIIIe siècle ne s'y trompèrent pas. La pureté du cœur flamboie dans la candeur des aveux. Il est certain que François n'en eut jamais connaissance. Cette croix-là au moins lui fut épargnée. Et quant à Claire, on l'eût scandalisée en lui disant que, même dans cet amour surnaturel, la nature ne pouvait être absente, l'âme étant unie au corps, et comment cet amour s'exprimerait-il autrement que dans les termes de l'amour terrestre avec l'inévitable vocabulaire de la sensualité. Quand on a sous les yeux le récit de la vision rapportée par les sœurs ses compagnes à qui elle l'a confiée, comment ne se souviendrait-on pas du plus beau poème d'amour qui est le Cantique des Cantiques où toute l'Eglise a vu l'âme éprise de Dieu ? Elle y parle le langage du désir parce qu'elle n'en a pas d'autre pour traduire l'excès d'une passion indicible.

Sœur Claire

Il va sans dire que les parents de Claire ignoraient tout des allées et venues secrètes de leur fille. Elle atteignait ses dix-huit ans et, depuis sa douzième année, ils lui cherchaient un mari. Cela ne pouvait durer et elle résolut de quitter la maison paternelle.

Le 18 mars 1212, dimanche des Rameaux, Claire assista à la messe pour la dernière fois avec ses parents. Elle devait s'enfuir la nuit même, frustrant ainsi à tout jamais leurs intentions et leurs espérances. Il ne pouvait être question de leur dire adieu, et cette pensée la troubla au point qu'elle négligea d'aller prendre une des palmes qui se distribuaient à l'autel. L'évêque Guido descendit alors les marches et alla lui-même porter à Claire une palme qu'il lui remit dans la main. Etait-ce si important ? Le geste pouvait sembler insolite. Il n'en signifiait pas moins l'approbation symbolique de l'Eglise à la vocation de Claire. L'évêque, mis au courant par François, n'ignorait rien des projets de fuite.

A l'aube, dans le plus profond silence, Claire et sa cousine Pacifica, qui voulait aussi devenir religieuse, sortirent par une porte dérobée qui n'était autre que la porte des morts, celle par laquelle les vivants n'eussent jamais voulu s'en aller parce qu'elle ne livrait passage qu'aux cercueils. Mais Claire et sa compagne ne se voyaient-elles pas déjà mortes au monde, appelées à une nouvelle vie ? Elles gagnèrent Sainte-Marie-des-Anges où François les attendait. Tout était prêt. C'était l'heure de matines, il faisait noir, les postulantes furent accueillies à la lumière des cierges que portaient les frères allant au-devant d'elles, alors que dans les bois de la Portioncule retentissaient des hymnes d'allégresse. François, en vrai Italien, savait donner toute la poésie voulue aux premiers pas vers le Paradis de ces fiancées du Christ.

De sa propre autorité, il les tondit l'une et l'autre. Après quoi elles se dépouillèrent de leurs riches vêtements qu'elles échangèrent contre la bure franciscaine.

Normalement, c'eût été à l'évêque de remplir cet office de la prise d'habit et en particulier de couper les cheveux aux jeunes filles, mais François, en s'en chargeant lui-même, en faisait doucement à sa tête comme d'habitude. Sa joie dut être forte lorsqu'il fit passer les ciseaux dans la chevelure de celle qui maintenant était Dame Pauvreté en personne, sa Dame qu'il arrachait au monde. Cela ressemblait à une prise de possession spirituelle, une mainmise selon la juridiction ecclésiastique.

Leurs premiers vœux prononcés, François mena ses filles spirituelles chez les bénédictines de San Paolo di Bastia, sur la route de Pérouse, à quelques kilomètres de là. Comme il fallait s'y attendre, les parents émus de la disparition de Claire battirent le pays jusqu'à ce qu'ils l'eussent retrouvée. On songe à la fameuse scène du guichet de Port-Royal où le père d'Angélique Arnaud tempêta pour qu'on lui rendît sa fille. L'oncle de Claire, à la tête d'une bande de commensaux armés, fit entendre des clameurs et des imprécations qui chassèrent la jeune moniale dans la chapelle du couvent où elle saisit des deux mains la nappe de l'autel. Les hurlements cessèrent quand elle montra sa tête rasée. Alors l'oncle Monaldo, chef de la famille, comprit qu'elle ne céderait jamais et se retira.

Huit jours plus tard, ce fut le tour de Catherine, âgée de quinze ans, qui prit la fuite, elle aussi, et rejoignit sa sœur chez les bénédictines. Cette fois, l'oncle Monaldo, en tant que frère aîné, se montra décidé à employer coûte que coûte la manière forte et pénétra dans le couvent avec une douzaine de cavaliers. Au monastère, il essaya d'abord la douceur, mais cela ne donna rien : la petite Catherine était aussi résolue que son aînée qu'elle appelait à son secours. Pris de rage, un cavalier la roua de coups et l'entraîna par les cheveux vers la montagne, suivi de la petite troupe de forcenés. Ici intervient le merveilleux. Monaldo frappa violemment sa nièce au visage et poussa aussitôt un cri de douleur. Une souffrance atroce lui avait paralysé le bras. Et

Catherine, que ses ravisseurs essayaient d'emporter, se fit lourde comme une masse de plomb.

Sur ces entrefaites, Claire accourue se mit à haranguer les hommes avec une telle force qu'ils abandonnèrent leur proie et rentrèrent à Assise, la tête basse, pendant que les deux sœurs regagnaient leur cellule ; mais peut-être ces événements dramatiques firent-ils peur aux bénédictines, car Claire et Catherine durent chercher asile ailleurs. Après s'être réfugiées chez les bénédictines de Sant'Angelo de l'autre côté de la montagne, elles reçurent San Damiano, qui leur fut généreusement offert par l'évêque d'Assise. Ce fut là, ainsi que François l'avait prédit alors qu'il réparait cette église, que s'établit le premier monastère de l'ordre des Pauvres Dames. Catherine reçut de François le nom d'Agnès comme le symbole de la pureté qui avait échappé au monde. Il aima toujours donner à chacun des siens le nom qui, à ses yeux, les définissait.

Les vocations ne durent pas beaucoup tarder. Comme un père sur ses enfants, ainsi veillait François sur ses filles spirituelles, en particulier sur sa bien-aimée Claire. Cependant, les souvenirs d'une jeunesse agitée et la proximité des deux monastères le rendaient pensif. Un jour, devant prêcher aux Dames de San Damiano, il commença par s'agenouiller et pria un long moment, puis se fit porter de la cendre dont il dessina un cercle autour de lui, s'en mit sur la tête et, toujours à genoux sur les dalles, continua sa prière. Les sœurs étonnées attendaient. Il se leva enfin, récita un Miserere et sortit de l'église. Et ce fut là tout son sermon, tissé de silence.

Au fond de lui-même, il gardait des appréhensions à l'égard du sexe féminin et elles restaient fortes. Peut-être remarquait-il un léger excès d'empressement dans la charité de ses frères envers leurs saintes voisines ?

Un jour lui échappa ironiquement une parole révélatrice : « C'est le Seigneur qui nous a préservés de prendre des épouses, mais qui sait si ce n'est pas le diable qui nous a envoyé des sœurs ? »

Et, dans sa première règle, il écrivait : « Gardons-nous bien tous et tenons tous nos membres purs, car, dit le Seigneur, " Qui regarde une femme pour la convoiter a déjà commis l'adultère dans son cœur. " » Et, pour visiter les sœurs, il décida que seraient chargés de ce soin ceux parmi les frères qui y manifesteraient une certaine répugnance.

La vie est à réinventer

L'idéal franciscain brillait alors d'un éclat comparable à celui d'une aurore, dissipant peu à peu l'obscurité des sectes naissantes. La fraternité essaimait dans toute l'Ombrie. De tous côtés, bourgades et villages voyaient surgir de ces gais compagnons vêtus de bure grossière, chantant à pleine voix ou faisant des tours pour attirer les gens et leur annoncer la Bonne Nouvelle. On croit déjà entendre le tambourin de l'Armée du salut. Ces missionnaires délurés, François les nommait les jongleurs de Dieu comme si le Seigneur escamotait les âmes. Mendiant leur pain, mais offrant leurs bras en échange : faire les foins, balayer, laver ou, s'ils savaient comment s'y prendre, façonner des ustensiles de bois. Jamais ils n'acceptaient d'argent et se logeaient comme ils pouvaient, parfois chez le prêtre, sous un auvent, dans un grenier ou une grange, et la nuit passée à la belle étoile ne devait pas être rare.

On se faisait à eux. Bien ou mal reçus, ils n'en prêchaient pas moins avec la ferveur des néophytes et leur foi agissait en profondeur. C'étaient les prophètes d'un monde nouveau où le dégoût des richesses et la passion de l'Evangile changeaient la vie et apportaient le bonheur à tous. A quoi servait d'entendre les vaudois et ces étranges Parfaits dont le langage devenait incompréhensible ? La simplicité franciscaine effaçait l'hérésie. Le long des routes, les nouveaux frères allaient deux par deux, l'un suivant l'autre, ceux-là mêmes dont François avait jadis entendu les pas dans une vision prophétique.

Ces débuts du franciscanisme avec ses apparences de douce anarchie devaient céder la place à un ordre. Chaque année voyait se doubler le nombre des frères venus de tous les horizons et certains, parmi eux, destinés à jouer un rôle important dans une des plus grandes aventures des idées chrétiennes. Plus sensibles encore que les hommes à un appel mystique, les femmes cherchaient à San Damiano la paix intérieure que menaçait la turbulence d'un monde voué à la violence. La lumière de François s'étendait aux premiers couvents de Dames amoureuses du Christ. Un chant de joie montait vers le ciel. Ce fut un moment qui ne se retrouva jamais tout à fait. On n'a pas deux fois le même coup de foudre.

La croisade des enfants

Le grand scandale du temps, c'était que le sépulcre du Christ restait aux mains des Infidèles et les croisades s'étaient succédé pour sa délivrance, toutes infructueuses. Il y en a eu quatre déjà et la cinquième se prépare, en Allemagne et en Hongrie. C'était l'affaire des rois et de la chevalerie, mais dans le peuple, partout en Occident, la poussée vers le Christ dépassait les frontières dogmatiques de l'Eglise. Cela ressemblait à une ruée des âmes à l'assaut d'un monde idéal où triomphait l'Evangile. Sur les catholiques en particulier, la personne du Sauveur exerçait une attirance dont nous avons perdu la profondeur parce que, sauf chez des isolés, notre foi du XXe siècle se fait débile et formaliste. Nous avons perdu l'essentiel qui est l'enthousiasme que nous baptisons fanatisme. Sans le savoir, François était suivi par des foules durement qualifiées d'hérétiques et qui étaient comme lui amoureuses du Christ. On en avait vu, des hommes qui, le sourire aux lèvres, montaient sur le bûcher avec la certitude que Jésus leur parlait. Comment douter qu'au sein même de l'Eglise, les enfants se soient trouvés parmi les plus accessibles à l'amour divin, on oserait presque dire les plus vulnérables ? Leur faire perdre la tête était trop facile ; leur cœur était franciscain, un cœur de croisé comme celui de François.

Dans quelle cervelle malade a pu naître l'idée que, là où échouaient les hommes, les enfants pourraient réussir ? Le mouvement semble avoir pris presque d'un coup et sans concertation en France, en Italie, sur les bords du Rhin. Un moine cistercien, Albéric des Trois-Fontaines, d'une abbaye près de Châlons-sur-Marne, nous a laissé en 1241 un récit de la tentative française. Etienne, un jeune berger d'un village tourangeau, se crut choisi par Dieu pour mener à la guerre sainte la jeunesse du pays. Une sorte de délire mystique s'empara des enfants de tous les milieux, riches et pauvres. Il en vint trente mille depuis l'âge de huit ans, et ceux de huit ans entraînaient les adolescents. Ce fut comme si Jésus-Christ appelait au secours. Les parents laissaient faire, subjugués par la mystérieuse puissance de l'élan général. Ils descendirent la vallée du Rhône en chantant, portant des croix, les plus petits sur les épaules des aînés.

Cette armée d'innocents atteignit Marseille. Là, deux armateurs avisés, Hugues de Fer et Guillaume Porc, noms qu'on dirait inventés par le diable, les embarquèrent gratuitement pour la Palestine sur sept vaisseaux dont deux sombrèrent. Les cinq autres se dirigèrent sur Bougie et sur Alexandrie. Le tout fut vendu à des marchands d'esclaves. Quelques-unes de ces victimes affolées par la peur réussirent à s'échapper, beaucoup périrent. Les autres servirent d'une façon ou de l'autre aux caprices de leurs maîtres. Et au fond de harems on entendait parfois de mélancoliques chansons françaises.

L'Allemagne eut sa part de l'horreur. A Cologne, Nicolas, un jeune garçon, réunit vingt mille petits croisés des deux sexes. Il leur fit franchir les Alpes non sans d'atroces difficultés, mais il leur avait promis qu'en arrivant à Jérusalem ils verraient s'ouvrir toutes grandes les portes du Paradis qui les accueillerait tous ensemble. Lorsqu'ils atteignirent enfin Gênes où ils devaient non s'embarquer pour la Terre sainte, mais, selon leur ferme espérance, aller à pied jusqu'à Jérusalem, la Méditerranée devant miraculeusement s'assécher sous leurs pas, on se moqua d'eux. Profondément démoralisés et épuisés, ils durent se séparer et regagner comme ils purent la maison familiale. Ceux-là au moins pouvaient en fin de compte s'estimer heureux, mais combien de petits cadavres ils durent ensevelir sur leur route, dans les montagnes...

En Italie, l'évêque de Brindisi tenta d'empêcher l'embarquement de cette armée d'hallucinés, mais ne put sauver les filles qui furent enlevées et prirent le chemin des maisons de prostitution, ou vendues comme servantes, car l'esclavage existait encore, même à Assise. L'Europe entière fut atterrée de ces expéditions qu'elle n'avait pas eu le courage d'interdire. Innocent III s'était écrié : « Ces enfants nous font honte. Pendant que nous dormons, ils s'expatrient joyeusement. » Mais qu'avait-il fait pour les retenir ?

Il n'est pas possible que François n'ait pas été ému de ce terrible désordre qui déshonorait la chrétienté. On voudrait savoir ce qu'il en a pensé, ce qu'il en a dit, mais les chroniqueurs du temps ont cru plus sage de garder un silence pudique, si toutefois les textes n'ont pas été détruits.

Les générations d'historiens se succèdent et se contredisent. Réfuter les prédécesseurs semble être un plaisir dont ils ne se lassent pas. On en arrive à nier en bloc des faits reçus pour authentiques depuis des siècles. De nouvelles erreurs s'ajoutent alors aux vulnérables erreurs d'hier, mais ce jeu n'est pas sans profit, car il arrive que certaines vérités s'en trouvent clarifiées. Il faut quelquefois prendre la main à l'Histoire pour la retenir de céder au vertige de la légende, mais on peut aller un peu loin en ce sens. De nos jours, par exemple, n'avons-nous pas vu mettre en doute que Jeanne d'Arc fut brûlée à Rouen ? Dans le cas de François, il s'en est fallu de peu que ne fussent détruits tous les témoignages concernant sa jeunesse. Tout au long des siècles, on a jeté au feu des documents ; à côté de l'Histoire qui parle se tient le spectre muet de l'Histoire réduite en cendres.

Touchant la croisade dite des enfants, on en a admis l'essentiel, sur la foi d'un document de 1240, mais qui fut remanié vingt ans plus tard. Cela n'exclut pas l'hypothèse que d'autres documents ont pu disparaître dans un pieux holocauste pour sauvegarder la réputation de certaines villes âpres au gain ou de certains personnages comme le roi de France Philippe Auguste qui fit chasser les jeunes croisés des abords de Paris.

Qu'importe, on ne peut étouffer les témoignages qui nous sont parvenus. Quelques années plus tard, ce qu'on appelle la justice humaine passa : Hugues de Fer et Guillaume Porc, les marchands marseillais trafiquants de chair humaine, furent pendus par ordre de Frédéric II.

Une montagne à soi

Au printemps de 1213, par une de ces inspirations qui le guidaient si souvent, François partit de Spolète pour se rendre en Romagne avec frère Léon. En chemin, il s'arrêta au pied du château de Montefeltro où se donnait une fête agrémentée d'un tournoi en l'honneur d'un des comtes de la famille qu'on armait chevalier.

« Allons à cette fête, dit François, car avec l'aide de Dieu nous y ferons quelque bien spirituel. » Voilà une intention dont on ne peut douter, mais ce n'est pas en diminuer la valeur que de voir aux yeux de François un attrait supplémentaire dans ce mot de chevalier, car, jusqu'à la fin de ses jours, il devait porter l'armure imaginaire de ses rêves juvéniles. Aussi, une célébration comme il s'en faisait au château était quelque chose qu'il ne fallait pas manquer. Comme si le Seigneur n'y avait pas songé !

Un banquet se donnait dans la grande cour, réunissant une foule de gentilshommes. Cela devait être aussi brillant que bruyant, François n'hésita pas, il entra, gagna la place, lieu des réjouissances, et pour mieux se faire voir de tout ce beau monde grimpa sur un muret. On imagine les seigneurs, grands et petits, voyant tout à coup ce mendiant juché sur cette maçonnerie comme sur une plate-forme et donnant de la voix, une belle voix du reste, claire et haute, afin de les haranguer, de leur parler des martyrs et de tous les saints qui ont souffert pour l'amour du Christ. Si simple était sa parole, et si vigoureuse, qu'ils écoutèrent et que l'émotion les gagna. Dans une âme de ce temps-là, certains accents trouvaient toujours un écho.

Lorsque François se tut, un homme alla vers lui et le prit à part. Il s'agissait d'un personnage très considérable par son rang et sa richesse, Messire Orlando di Chiusi.

— Frère, je voudrais m'entretenir avec toi du salut de mon âme.

A cette demande bouleversante, François fit une réponse où paraît toute la courtoisie du Moyen Age et d'un gentilhomme inné.

— Cela me plaît beaucoup, mais va et fais honneur à tes amis qui t'ont invité et après le dîner nous parlerons tant qu'il te plaira.

Avec une humilité parfaite, le grand seigneur obéit au mendiant, puis, le festin fini, retourna vers François et lui confia son désir de vie parfaite, et François lui fit comprendre que le monde extérieur n'était pas un obstacle, car chaque homme porte en lui son désert.

Après quoi, Orlando dit à l'homme de Dieu :

— Je possède en Toscane un mont très favorable pour tes frères, le mont Alverne, couvert de bois, écarté du monde. S'il te plaît, je te le donne à toi et à tes compagnons, pour le salut de mon âme.

Rempli d'allégresse, François ne put qu'accepter. Dieu fait royalement les choses : François cherchait un lieu parfait pour la prière et Dieu lui offre le mont Alverne, François aura sa montagne magique.

De retour à la Portioncule, François fit part à ses frères de la donation providentielle qui mettait le comble à ses vœux de retraite. Cependant, il fallait explorer tant soit peu ce mont escarpé et, pour le moment, il ne s'en sentait pas la force. La maladie coupait son activité d'accès de faiblesse, aussi envoya-t-il à sa place deux compagnons. Ceux-ci allèrent d'abord voir le seigneur Orlando pour l'informer de leur mission. Il leur adjoignit une cinquantaine d'hommes d'armes à toutes fins utiles, car dans cette solitude les bêtes sauvages étaient toujours à craindre.

Après de soigneuses recherches, ils arrêtèrent leur choix sur un plateau, presque en haut du mont, et là, aidés par la troupe, bâtirent une hutte avec des branchages et prirent possession du mont Alverne au nom de Dieu. Ainsi François devenait, ô horreur, propriétaire. Y songea-t-il ? On peut se le demander, mais sans doute voyait-il la question autrement : même si l'acte de donation vint plus tard des héritiers du comte de Chiusi, le mont Alverne était passé des mains de Messire Orlando dans celles de Dieu, et le mont Alverne était à Dieu.

Avec frère Masseo, nommé maître du voyage, frère Tancrède de Rieti, noble chevalier qui avait abandonné la gloire des armes pour devenir frère, et frère Léon à qui il ouvrait si fréquemment son cœur, François décida en dépit de sa faiblesse de visiter les lieux et se mit en route.

Le premier soir, ils s'arrêtèrent dans un couvent pour y dormir, mais la nuit qu'y passa François retiré dans l'église devait être proprement infernale. Satan lança contre lui ses démons les plus violents qui tentèrent par tous les moyens de le troubler. Dans un fracas épouvantable qui sembla du reste ne réveiller personne, François fut soumis à une épreuve telle qu'il n'en avait pas encore connue, mais le chevalier du Christ tint bon. « Esprits damnés, dit-il à ses ennemis, faites de mon corps ce qui vous est permis par Dieu. Je le supporterai volontiers, car je n'ai pas *pire ennemi que mon corps.* » Alors les démons le traînèrent de tous côtés sur le dallage de l'église et le tourmentèrent à qui mieux mieux pendant que François remerciait le Seigneur de ce qu'il appelait un signe de grand amour. Découragés, les démons le quittèrent enfin et il s'en fut dans le bois voisin où il s'entretint avec le Christ, non sans verser des larmes en grande abondance au souvenir de la Passion.

Les frères réveillés le trouvèrent soulevé de terre et « enveloppé d'une nuée resplendissante ». Le matin venu, il était hors d'état de faire un pas. S'il voulait monter à l'Alverne, ce ne pouvait être qu'à dos d'âne. Ses compagnons se mirent à en chercher un ; ils trouvèrent un paysan qui consentit à prêter sa bête, en apprenant que c'était pour François dont parlait tout le monde. Et, brisé de fatigue, le religieux fut hissé sur l'âne.

Ici se place un des incidents les plus émouvants de sa vie. Ayant fait un bout de chemin à côté de lui, le paysan eut l'idée saugrenue de faire un peu de morale à ce personnage exemplaire qui se trouvait être son obligé, et l'incroyable dialogue s'engagea :

— Dis moi, es-tu frère François d'Assise ?

— Oui.

— Alors, tâche donc d'être aussi vertueux que tout le monde le pense, parce que beaucoup de gens ont grande confiance en toi : aussi je te donne le conseil de n'avoir rien en toi qui ne soit pas ce que l'on espère de ta part.

Pour toute réponse, François se laissa glisser à terre et, s'agenouillant devant l'homme, lui baisa les pieds en le remerciant de ce charitable avertissement. Saisi d'émotion et réduit au silence, le paysan le remit sur son âne avec l'aide de ses compagnons et ils continuèrent leur ascension jusqu'à ce qu'ils atteignissent le pied de l'Alverne.

Là, François épuisé s'étendit sous un hêtre. Ce fut alors que des centaines d'oiseaux venus de tous les coins du ciel vinrent chanter et battre des ailes autour de lui comme de la part de Dieu. Beaucoup se posaient sur son bras, sur ses jambes, sur sa tête avec de petits cris de joie. Le paysan et les trois frères n'en croyaient pas leurs yeux et François lui-même se montrait ravi que le Seigneur lui fit voir par ses frères les oiseaux que ce choix de l'Alverne était le bon.

Tout réconforté, il put reprendre sa route et, après quelques explorations, découvrit l'endroit où, dans une crevasse de rocher, Dieu l'attendait : c'était là que, dans son âme, François allait revivre la Passion du Christ.

Ainsi le grand problème était résolu et le lieu d'élection désigné. François était-il content ? Oui, mais encore indécis. Une question se pose, en effet, à son esprit : sa vocation est-elle de se donner à la contemplation ou bien d'agir pour le salut du prochain ? Comme si la contemplation n'était pas l'action à un degré supérieur... Flaire-t-il une nouvelle tentation après les assauts de la nuit dernière ? A qui demander conseil ? Réflexion faite, il envoie frère Masseo avec un compagnon voir Dame Claire à San Damiano, puis frère Sylvestre dans sa solitude des Carceri. Et la réponse vient sans tarder, la même : agir. Tel est l'avis des deux contemplatifs. C'était bien ce qu'espérait François. La contemplation viendrait plus tard, à son heure.

L'homme aux semelles de vent

D'un voyage que François fit en Espagne, il ne nous reste qu'un bref récit de Celano et des conjectures. Peut-être alla-t-il à Saint-Jacques-de-Compostelle, mais son ambition était de se rendre au Maroc et d'y convertir le sultan qu'il appelait le Miramolin, ce qui n'excluait pas le perpétuel espoir du martyre. Telle était son ardeur d'atteindre le but de son voyage que son compagnon avait peine à le suivre, car par moments François prenait le pas de course, mais une fois de plus, comme à Spolète, comme à Ancône, la route lui fut barrée. Il tomba malade et dut rentrer en Italie.

A distance, on comprend ce qu'on pourrait appeler les incertitudes de sa joie quand il se vit désigner dans les rochers de l'Alverne le lieu idéal de sa vie solitaire. De même, la joie sans mélange quand deux contemplatifs lui conseillèrent d'agir. Pour reprendre l'expression chère à Baudelaire, il y avait en lui une double postulation, non vers Dieu et le diable certes, mais vers bouger et rester en place. Disons plutôt agir ou contempler. En Espagne, il retrouvait l'énergie des jeunes années pour se hâter sur les routes, courant non vers le plaisir, mais vers le martyre. On ne se transforme jamais tout à fait. François demeurait fidèle à sa nature. Il n'y avait que la direction qui changeait.

De toute façon, il était clair que la Providence le voulait en Italie. Revenu à la Portioncule, il acheva sa convalescence et, doucement incorrigible, céda de nouveau à l'attirance de la route. Aucun espoir de martyre en Ombrie, mais l'action, la prédication, la visite des petits groupes de frères dispersés dans la campagne ou retirés dans les ermitages, car il en arrivait de plus en plus de ces hommes pauvres ou riches qui délaissaient le monde et qu'on voyait deux par deux, l'un derrière l'autre, priant en marchant dans les chemins. Nombreux étaient ces inconnus dont François avait jadis entendu les pas. Il fallait les voir, les instruire un peu. Et puis, il y avait ceci qu'on ne peut pas oublier : François était un homme de plein air. On ne le voit pas enfermé trop longtemps dans une cellule de couvent. La route, les grands chemins, la parole de Dieu semée à tous vents... La contemplation ne pouvait être écartée, sans aucun doute : elle trouvait sa place au cœur de la nuit. Le jour, il fallait agir. Et, au fond de tout cela, la nostalgie du martyre. Il viendrait plus tard, suprême récompense avant l'entrée au Paradis... Certes, mais pas comme il le pensait.

En attendant il se mit en route avec frère Léon pour évangéliser encore la vallée de Rieti, qui n'en finissait toujours pas d'être païenne. Ce ne pouvait être une pénitence que se promener dans ce paradis. L'Italie n'a rien à offrir qui parle plus directement au cœur que ces collines en pentes ombreuses où les cyprès se dressent comme des veilleurs autour des villages, des champs et des prés à l'herbe épaisse. On ne s'étonne pas que ce paysage se soit si profondément accordé à l'âme de François d'Assise, on s'étonnerait plutôt qu'à un moment ou l'autre de l'Histoire un saint François n'eût pas surgi du sol dans ce coin enchanté de l'univers.

Une nature d'une séduction aussi doucement spirituelle appelait l'homme assez près du ciel pour lui faire entendre un jour le chant extatique de la terre. François jetait autour de lui le regard d'un amoureux toujours émerveillé. L'habitude n'y faisait rien, tout gardait sa puissance, tout restait nouveau, nouveau comme Dieu.

Ainsi François portait en lui cette terre d'Ombrie dont ses vêtements et ceux de ses frères empruntaient la couleur. Bien loin les jours où on lui jetait de la boue et des pierres. A présent, quand il arrivait dans une ville, des cris de joie l'accueillaient et au son des cloches on allait au-devant de lui en chantant des psaumes, des branches de feuillage dans les mains. Il prêchait le retour à Dieu et l'obéissance à l'Eglise. Réformateur, il ne le fut jamais. La foule qui l'entourait lui taillait des morceaux de sa tunique jusqu'à le laisser presque nu.

« Le saint ! Voilà le saint ! » criait la foule. Ces vivats, qu'en pensait-il ? Nous le savons très bien. « Ne me canonisez pas trop vite, dit-il un jour lors d'un triomphe de ce genre, je suis encore parfaitement capable de faire des enfants. » Précieuse parole qui éclaire tout un aspect de sa vie intérieure, son humilité profonde, le refus total de toute gloire humaine et cette vue sainement ironique de lui-même qui lui permettait de garder tout son équilibre en présence d'une réussite étourdissante.

Peut-être s'interrogeait-il aussi sur le grave problème de l'avenir : organiser sa fraternité et la gouverner. En était-il capable ? Il se le demandait. Mais, en cela comme en tout, le Seigneur le guiderait. Patience. On verrait bien.

On raconte que saint Bernard fit à pied le voyage d'un bout à l'autre du lac de Genève sans seulement apercevoir qu'il y avait de l'eau à côté de la route. Sa capuce baissée sur la tête, il suivait à la fois son chemin et le cours de sa méditation. Trait qu'on peut admirer et qui met en lumière ce que les Allemands appelleraient la *Weltanschauung* de François, autrement dit sa conception ou mieux sa vision du monde si totalement différente. Le plus aimé de tous les saints n'était rien sinon un grand amoureux du monde visible comme du monde invisible. Quand de sa fraternité on fit un ordre, il dut souffrir parce qu'il voyait un frère en tout être vivant et que ce terme de frère lui tenait au cœur. Tout entrait dans cette fraternité parce que tout sortait des mains de Dieu créateur qui est Amour. Il annexait le soleil et sans hésitation étendait son domaine jusqu'au dernier brin d'herbe et au dernier des insectes. En hiver, il faisait donner du vin et du miel aux abeilles pour les garder en vie durant les grands froids. Il parlait aux fleurs, respirant leur parfum avec délices et les invitant à louer à leur façon le Seigneur. On s'émerveille de voir qu'un homme à peu près inculte ait pu donner à l'Italie son premier grand poème en langue vulgaire. Il serait beaucoup plus étonnant que ce cri d'amour de la Création ne fût pas sorti de la poitrine de François. Il l'avait en lui depuis son enfance.

Ses rapports avec les animaux ont fait la joie des générations depuis huit cents ans. Par quel instinct reconnaissaient-ils en lui le frère par excellence ? Nous ne le savons pas parce que nous ignorons à peu près tout du pourquoi de leurs affinités avec la race humaine et surtout de ce ravissement devant le mystère de la sainteté quand elle se manifeste dans un homme exceptionnel. La vie de François d'Assise en offre des exemples si nombreux qu'on ne sait lesquels choisir. Le loup de Gubbio est un personnage à part qui trouvera sa place un peu plus loin, mais arrêtons-nous un instant sur le lac de Rieti où un pêcheur vient d'offrir à François une tanche que François appela frère, lui recommanda de ne plus se laisser prendre comme il faisait toujours en pareil cas, et la remit à l'eau près de la barque. Loin de disparaître, la tanche se mit à frétiller joyeusement devant l'homme de Dieu. Il fallut pour la faire partir que François le lui permit avec sa bénédiction.

Les récits de ce genre gardent toute leur nouveauté, leur charme et leur vraisemblance. Libre aux sceptiques d'en sourire. Laissons-les frétiller joyeusement dans leurs doutes. Près de saint Serge, en Russie, d'autres animaux témoignèrent de la même tendresse pour la sainteté de l'homme.

Il ne pouvait avoir de compagnon plus affectueux que frère Léon, ni plus attentif à toutes ses paroles. Celles-ci devaient être consignées plus tard sur de petits rouleaux de parchemin et ce sont les fameux *rotuli* qu'on cherche encore dans tous les coins de la terre franciscaine. Puisse-t-on les retrouver un jour au fond d'une bibliothèque ou dans un mur ; ils nous livreraient peut-être un François d'Assise que nous ne connaîtrons jamais assez complètement.

En attendant, suivons-le sur les pentes du Monte Rosato jusqu'au couvent de Poggio Bustone, à huit cents mètres d'altitude, fondé lors d'un premier voyage. La vallée s'y découvre dans toute la splendeur de cette lumière tendre et dorée qui répand le bonheur. N'est-ce pas un lieu idéal où mener la vie contemplative ? Peut-être, mais François veut aller plus haut. Il est épris de beaux paysages comme le fut saint Benoît et c'est à près de onze cents mètres d'altitude sur cette même montagne qu'il trouvera son ermitage de prédilection, sous un mur de hautes falaises. Comme il se sera grisé de pure beauté ! Qu'importe la souffrance presque perpétuelle du corps dominée par l'indescriptible joie du cœur. L'invisible est si proche dans le silence de ces hauteurs et dans l'éblouissement de ces lointains de terre promise.

Il faut pourtant s'arracher à tout cela, redescendre, faire partager aux hommes la divine allégresse qu'il reçoit dans ces moments d'amour pur. Il a le don de rendre la paix et de faire sourire. Quelque chose se transmet par lui du ciel à ses frères et à tous ceux qui l'approchent. Cependant, la solitude restera pour lui la tentation incessante. La montagne la lui donne, mais l'infatigable chercheur de Dieu va la trouver ailleurs, dans une île du lac Trasimène, non loin d'Assise et de Pérouse. Longue et boisée, elle se présente comme un refuge plus secret encore dans le clair-obscur de ses arbres. Des animaux sauvages viennent à lui par ce phénomène de séduction dont il n'est pas maître. Frère Léon qui l'a fait passer dans une barque le laissera seul tout le temps de cette retraite.

Mais François ne restait pas en place et au bout de quelque temps il se remit en marche sur les routes et dans les collines de l'Ombrie et vers le Nord, pour aller visiter les ermitages de plus en plus nombreux. Pendant ce temps-là, à Rome, la Curie travaillait sur sa règle et la modifiait, la retaillant si l'on peut dire à sa guise pour en faire quelque chose de raisonnable. Un rêve s'évanouissait sans que le rêveur en sût rien. Le réveil serait dur.

Frère Elie d'Assise

Probablement en 1213 fait son entrée dans l'ordre ce grand et très mystérieux personnage, ce fils de matelassier d'Assise qui allait devenir le troisième personnage de la chrétienté, d'une importance presque égale à celle du pape et de l'empereur. Béni par les uns, maudit par les autres, il disparaît et reparaît dans les chroniques du temps selon les caprices de la haine et de l'admiration. Qui était-ce donc ?

Né à Assise d'une mère assisiate et d'un père venu de Castel Britti, dans les environs de Bologne, il est sans doute à peu près du même âge que François. Nous le voyons d'abord gagner sa vie comme matelassier et aussi comme maître d'école. Il connaissait François parce que tout le monde se connaissait à Assise, surtout dans des professions de toile. Etaient-ils intimes ?

On se souviendra de ce jeune homme que François voyait souvent parce qu'il le préférait à tous ses compagnons et qu'au moment de sa conversion il prit pour confident. C'est à lui qu'il fit la révélation de la découverte d'un immense et précieux trésor. L'ami inconnu manifesta beaucoup de joie et se montra curieux d'en savoir plus.

Curieux, il l'était extrêmement, mais rien de ce qu'il dit à François n'est arrivé jusqu'à nous. On imagine l'exaltation et la naïve loquacité du jeune converti. Il y a en lui la surabondance de paroles d'un amoureux qui parle de son amour, et le confident écoute. Docilement, il suit ce singulier garçon qui s'est épris de Dieu. Un jour, François le mène à cette caverne où il aura une grande crise de larmes, la première d'une longue série qui finira par rendre ses yeux fragiles. Le confident se tient un peu à l'écart, délicat, mais attentif, veillant sur ce François qui l'intrigue par son exceptionnelle qualité d'âme. Pour parler simplement, il devine qu'il a affaire à quelqu'un, et que là où est François la grandeur est là aussi. Et François l'aime. Selon nous, cet inconnu est peut-être Elie, je dirais n'est autre qu'Elie. Les quelques années qu'il a de plus que François, son poste de consul lors de la première Commune d'Assise, tous les papiers détruits sur ordre des ministres généraux Jean de Parme et Bonaventure et qui le concernaient, son intelligence, son caractère m'inclinent à croire qu'Elie était l'inconnu ; son caractère surtout. Or Elie était ambitieux.

Quittant Assise, il est allé vivre à Bologne où il est devenu notaire, métier qui ne l'empêcha pas de s'instruire dans cette cité universitaire, la première d'Europe, et le jour viendra où Elie sera considéré comme un des hommes les plus savants de son temps.

Nous ne nous éloignons de François que pour le retrouver dans l'éclairage de son amitié avec Elie, mais quels bouleversements dans leurs rapports... Personne n'aura plus admiré François qu'Elie, mais pourquoi faut-il qu'il ait semblé être son plus redoutable antagoniste ? Il a fourni à Celano une bonne partie de la première biographie que nous ayons du saint dont il se disait le confident le mieux informé. Frère Léon s'inscrira en faux et réclamera ce titre d'ami le plus intime de François. C'est ainsi qu'il y aura autour de celui-ci d'incessantes querelles qui embrouillent tout. A qui entendre et qui a raison ?

Avec les années qui passent, nous allons trouver l'un en face de l'autre un saint devant un politique éminent. De là des éclats, des brouilles sans lendemains, mais aussi des incompatibilités persistantes coupées de réconciliations. Elie connaîtra de terribles déboires et d'éclatants succès et ses ennemis iront jusqu'à contester la bénédiction dernière que lui donnera son frère bien-aimé au moment de mourir.

A quel moment est-il entré dans l'ordre ? Vers 1213 à Cortone ? On n'en sait rien. Des documents utiles ont disparu. La seule date qui jette un peu de lumière est 1217, car, cette année-là, François l'envoya en mission en Syrie, avec quatre frères, mission importante dont Elie était le chef, la première mission vers les lieux saints. Elie était donc franciscain éprouvé depuis un certain temps, mais alors autre question : pourquoi était-il entré dans cette fraternité dont il devait quelque peu dénaturer la physionomie primitive ? Avait-il la vocation ? Nous n'avons pas le droit de le nier, il aimait François, mais comment se défendre de croire qu'il voyait, comme François du reste, l'immense avenir de la petite fraternité d'hier qui devait couvrir le monde de ces *minores,* prodigieux lâcher de *moineaux* volant vers le ciel et semblant y porter la terrre dont ils empruntaient la couleur. La réussite serait sans exemple pour qui s'entendrait à la prendre en main. La gloire, frère Elie...

La gloire humaine, il l'aura, il reste encore parmi les très grands personnages du XIIIe siècle, avec Frédéric II et Innocent III. Il a mis en place le franciscanisme. Dans l'absolu, qu'est-il donc auprès du Poverello ? Mais abandonnons-le à ses très nobles rêves temporels. Il voulait la gloire, qu'on la lui laisse. Ce qui lui fait pardonner ses quelques erreurs, c'est son amour pour François.

1214

Il y a dans la vie d'un saint où l'action et la contemplation se rejoignent une continuité intérieure qui s'amuse à mettre au défi notre désir de fixer les événements par des dates précises. Nous voulons suivre le temps pas à pas alors que l'âme se meut dans un présent éternel, mais nous nous laissons fasciner par la succession des faits derrière lesquels se cache l'essentiel. Néanmoins, quelques points de repère nous procurent l'illusion de mieux comprendre ce qui échappe à notre curiosité.

L'année 1214 fut marquée dans la vie de François d'Assise par deux disparitions ; la première fut celle de Jean le Simple. Nous avons vu que François en parlant de lui, et il en parlait souvent, disait « saint Jean ». La perfection spirituelle du disparu lui assurait la béatitude éternelle et François ne le pleura pas.

Pleura-t-il cet autre disparu dont nous apprenons la mort, en quelque sorte par incidence, sur les actes notariés concernant les biens des Bernardone, le nom d'Angelo prenant désormais la place de celui de Pietro ? Comment savoir ? Bernardone père fut témoin bien malgré lui de cette espèce de canonisation anticipée du fils qu'il avait si copieusement maudit. Vint le temps où les imprécations durent céder devant l'unanimité publique, et l'aimable mendiant Albert qui détournait les foudres paternelles se trouva sans emploi, mais entra sans doute dans la fraternité. Qu'arriva-t-il de l'orgueil du marchand de drap ? Avec le temps, que se passa-t-il dans son cœur ? Qui peut refuser de l'absoudre ? Sur terre, Dieu lui avait pris tous ses espoirs. Pour quelle compensation ? On espère que ce père s'est adouci avant de rendre à Dieu son âme indignée.

En cette année de Bouvines, où des trônes vacillaient de nouveau, si nombreux que fussent les nouveaux venus dans la fraternité, François tenait à les recevoir lui-même avec honneur à la Portioncule et à les revêtir de la bure dans l'église de la Sainte-Vierge. Avec sa gentillesse coutumière, il parlait à chacun selon sa condition, ce qui demandait autant de finesse que de tact, car il y avait de tout parmi ces arrivants, venus de tous les horizons et de tous les milieux, avec leur savoir ou leur simplicité. La fatigue ne comptait pas pour lui et l'amour était le don de bienvenue que recevait le postulant quel qu'il fût.

Cette inépuisable tendresse qu'il tenait du ciel, François savait la faire passer dans le cœur de l'inconnu à genoux qui croyait la recevoir du Christ.

Mes frères les oiseaux

Cependant, quelque chose dans la nature de François ne résistait pas à l'appel de la route. Un jour, suivi de quelques compagnons, il quitta la Portioncule et se dirigea vers Spolète, chantant selon sa vieille habitude en français. Alors qu'ils allaient atteindre la charmante petite cité ancienne de Bevagna, qui devait jouer un rôle dans la querelle entre le pape et l'empereur et dont les murailles crénelées ont encore l'air de guetter dans un repli de terrain toute approche suspecte, des oiseaux de tout plumage attendaient François dans une vaste prairie aux abords de la ville. Il y en avait aussi une quantité incroyable sur les arbres des alentours. Les corneilles et leurs parents, les freux noirs au long bec, mettaient dans cet auditoire une note sérieuse adoucie par les tons clairs des pigeons sauvages et les gorges orangées des bouvreuils. Il y avait tous les oiseaux de la campagne, les grappilleurs et ceux qui ne vivaient que pour chanter et ceux qui vivaient dans les rochers ou qui nichaient dans les sillons. Aucun ne bougea, pas une seule pie, quand François se fut approché.

Il les salua de la bénédiction en usage dans la fraternité : « Que le Seigneur soit avec vous. » Priant alors ses frères les oiseaux d'être bien attentifs, il leur fit un sermon plein de bon sens et d'amour.

D'abord, il les félicita de la façon dont ils étaient vêtus, laissant le ramage de côté pour n'offenser personne, et de la sublime indépendance que leur prêtaient leurs ailes. Ils avaient tout le ciel pour leurs ébats ; ils vivaient sans inquiétude du lendemain, la nourriture leur étant chaque jour généreusement offerte. Comme Dieu les aimait ! Et il disait, lui François, à ses frères les oiseaux qu'ils devaient tout le jour remercier le Seigneur.

Les oiseaux manifestèrent la joie que leur faisaient ces paroles en agitant les ailes et en tendant le cou pour mieux voir leur frère François, mais on remarqua surtout qu'ils gardaient le silence. Et, quand il se mit à se promener parmi eux, les frôlant de sa robe, ils restèrent près de lui et ne s'envolèrent que lorsqu'il leur eût donné la permission.

Après quoi, sur la place de la petite cité, il alla prêcher aux hommes et on aimerait savoir ce qu'il leur dit ce jour-là.

Le quatrième concile du Latran

Réformer l'Eglise était une tâche si urgente qu'elle ne pouvait plus souffrir aucun retard. C'était peut-être la mission des hérésies qui à leur façon le hurlaient à Rome dans toutes les langues. Ou guérir ou mourir. Mises à part la luxure et l'avarice qui ravageaient une partie du clergé, il circulait des erreurs dogmatiques qu'il fallait écarter à tout prix, sans compter une nouvelle croisade à mettre en route. Le songe d'Innocent III prenait l'aspect d'un ultime avertissement. Le pape crut-il vraiment en 1209 qu'un mendiant garderait l'Eglise de crouler ? En tout cas, il mit le temps à se décider. Ce ne fut qu'en 1213 qu'il lança son invitation à tous les patriarches, archevêques, abbés, évêques, prieurs et rois du monde. Rendez-vous était pris pour le 11 novembre 1215, jour de la Saint-Martin, dans la basilique de Saint-Jean-de-Latran.

Plus de quatre cents évêques répondirent à l'appel ainsi que huit cents abbés ou prieurs. Personnage des plus importants, le patriarche de Constantinople était présent. Les évêques grecs ne vinrent pas. Les rois envoyèrent leurs ambassadeurs. Si dense était la foule des laïcs que la basilique ne put contenir tout le monde, mais la séance d'ouverture permit de déployer tout le faste romain. Après le chant du Veni Creator, Innocent III prit la parole sur un texte dont le sens prophétique lui échappa sans doute : « J'ai désiré célébrer encore une fois cette Pâque avec vous avant de souffrir » (Lc 22, 15), il ne parla pas aussi bien qu'on l'espérait, et il ne pressentait pas que sa mort l'attendait dans les douze mois.

Les séances qui suivirent furent consacrées à l'organisation de la cinquième croisade, souci constant du pape depuis l'échec des quatre premières. Il fut décidé que le départ général aurait lieu en juin 1217.

Surgit ensuite le grand écueil dont le concile ne put mesurer la

fraternité était désormais reconnue, la Pauvreté qu'elle représentait dans sa méchante tunique d'étoffe grossière n'était pas faite pour imposer le respect, alors que les prieurs dans leur noble habit respiraient la réussite et ces richesses dont ils allaient entendre sous peu la condamnation fulminante.

Dehors, la cohue des laïcs de tous pays, tenue en respect par les gardes, s'agitait impatiemment sous le portique aux quarante colonnes enlevées à des temples païens et sur la place où les beuveries et les ripailles populaires alternaient avec des chants, les uns pieux, les autres non, dans un mélange de ferveur naïve et de grosse gaieté. On attendait quelque chose, un événement, une vision, l'ouverture des cinq portes monumentales livrant aux regards éblouis toute la magnificence de l'Eglise. Elle gardait ce prestige victorieux qui jetait dans les grands jours un reflet de l'éternité bienheureuse et transformait comme par éclairs la vie quotidienne qu'elle remplissait de mystère et de poésie.

Aux séances du concile, François dut secrètement se réjouir d'entendre Innocent III fouler aux pieds le faste insolent du haut clergé alors que tant de pauvres criaient famine. Fut-il malgré tout sensible à l'éclat de cette mise en scène triomphale pour annoncer quoi ? L'Evangile, le retour aux préceptes de Jésus ? On eût dit qu'un léger souffle de catharisme faisait vaciller les flammes des milliers de cierges flambant dans la basilique, mais la foi était bien protégée contre l'absurdité des hérésies. Il avait été surabondamment question des Pères de l'Eglise, mais François n'avait pas étudié et il se bornait à la connaissance des textes, sans s'adonner à leur analyse. Quand Rome parlait, il ne discutait pas, il déclarait pourtant n'avoir que faire de saint Augustin ni même de saint Bernard. Son influence devait cependant se faire sentir, ne fût-ce que dans le respect que les frères témoignaient au clergé et qui, peu à peu, avait donné conscience aux prêtres de ce que les hommes attendaient d'eux. Tout cela dit, il emporterait en quittant Rome une image inoubliable de la splendeur du monde paré des ornements de Mammon. Ces étoffes précieuses dont se couvrait l'orgueil exaltaient la jouissance des biens temporels, mais comment juger ces hommes ? Ce n'était pas son affaire et puis, lui-même, n'avait-il pas été de ceux que le monde gâtait ?

Il avait compté sur le cardinal de Saint-Paul pour entrer dans la basilique, mais son protecteur est mort, il y a quatre mois. Franciscain de cœur, il avait présenté François au pape et l'avait défendu, car il l'aimait. Pour remplacer le cardinal, il y aura quelqu'un d'autre. Dieu arrangera tout comme d'habitude. C'est ce que pensait François et, bien entendu, quelqu'un est là, un personnage de haute stature, à la fois parent et conseiller du pape, Hugolin di Segni, cardinal-évêque d'Ostie. Quel âge a-t-il ? Plus de soixante-dix ans. Grand, robuste, très avisé, très écouté. François ne lui est pas inconnu. Il l'a vu en 1209, à Rome, et l'a beaucoup observé. C'est la stupéfiante simplicité de ce petit pauvre qui l'étonne. Le Poverello... Et il y a ce rayonnement de la sainteté auquel on ne résiste pas, qu'on soit cordonnier ou prince de l'Eglise. Nous allons voir une chose singulière : après avoir ensorcelé la jeunesse d'Assise, le charme de François va s'exercer jusque dans la Curie. Hugolin le prendra sous son aile. Dans ce cerveau fertile et perpétuellement en action, une idée se fait jour qui semble une inspiration providentielle. François représente à ses yeux une force énorme, mais encore insuffisamment organisée ; les frères sont partout en Italie et ailleurs. Il faut réunir tout ce monde dans un ordre.

Or, depuis quelques semaines, un religieux espagnol se trouve à Rome, fondateur lui aussi d'une communauté de frères prêcheurs : Dominique de Guzman. Plus âgé que François d'une douzaine d'années et de bien des façons différent, sauf dans un dévorant amour du Christ, aussi juriste que François l'est peu et passionnément désireux de faire triompher la foi catholique là où elle lui semble le plus menacée. Pour tout dire, il revient de la guerre, de ce midi de la France qui depuis 1209 lutte contre Simon de Montfort, comte de Leicester. Sur cette terre albigeoise dévastée, les villes brûlent et le sang coule, mais il faut venir à bout de l'hérésie cathare et cette expédition porte le nom de croisade. Qu'en dit François ? Nous ne le savons pas, mais son amour de la France est connu de tous et il doit souffrir de cette façon d'imposer le Christ. Et qu'en pense Hugolin ?

Hugolin admirera que ces deux grands meneurs d'hommes se trouvent en même temps au concile. La diversité des dons divins est sans limites. Entre François et Dominique, il existe un contraste saisissant. Cela se voit jusque dans leur aspect physique. Le Poverello dans son vêtement couleur de terre et de poussière fait songer à l'un de ces oiseaux qu'il aime tant, un passereau, plus précisément un moineau comme on les appelle en France, et qu'est-ce qu'un moineau sinon un petit moine ? Du moineau aimé de tous, il a l'humilité, l'esprit d'indépendance, le goût de la liberté. Le Christ a parlé de ces petites créatures si heureuses de vivre et qui sont chez elles un peu partout. Tout autre est Dominique. Dans son bel habit de laine jaune si pâle qu'elle paraît blanche, il produit un effet de noblesse un peu intimidante et, comme il fait froid ce matin de novembre, le religieux a jeté sur ses épaules la cape noire des chanoines réguliers. Le voilà semblable lui aussi à un oiseau, à une hirondelle peut-être. Or, l'hirondelle ne vole pas au hasard, elle est toujours prête au moment voulu à traverser le ciel avec ses compagnes dans un ordre parfait, dans ces vastes triangles dont nous admirons la régularité.

A quoi rêve Hugolin ? Pendant un intervalle du concile, on croit qu'il aurait prié les deux fondateurs de se rencontrer chez lui. Simple hypothèse que ce face-à-face de deux des plus grands hommes du Moyen Age. Que ne donnerait-on pas pour savoir exactement ! Si cela s'était passé, François qui lisait dans les âmes aurait compris en un instant qu'il avait devant lui un ami de Dieu et, comme il avait des yeux pour voir, il aurait remarqué en connaisseur l'heureuse coupe de l'habit blanc et la solide qualité du drap. Dominique aurait pu avoir les mêmes vues à la fois surnaturelles et pratiques. La sainteté de François était évidente et sa misérable tunique trahissait un dépouillement absolu de toute vanité humaine. Il n'y avait qu'une chose qu'on pouvait prendre à ce mendiant et il l'offrait à qui en voulait : la pauvreté.

La joie parfaite

...durus hic sermo.

Le bonheur au-delà de tous les bonheurs, celui d'aimer Dieu et de se sentir aimé de lui, qui l'aura mieux connu que François d'Assise et que de fois il l'aura enseigné à ses frères ? Mais l'arrachement à la terre est indispensable, la fuite du monde et de soi-même, la fuite par en haut, cette évasion de l'âme, qui aura le courage de se jeter dans une aventure aussi hasardée ?

De retour de Rome, il vient à François le désir d'en parler à frère Léon qui lui sert de confident, de secrétaire, de confesseur aussi. Qu'au moins celui-là comprenne que trouver d'abord la voie étroite, puis la suivre jusqu'à ce qu'elle mène au Paradis n'est pas une partie de plaisir telle que se la figure le commun des mortels. Dieu n'est pas accessible facilement. La page est aussi dure qu'elle est célèbre. On ne peut l'omettre parce qu'elle rend le même son que l'Evangile.

L'entretien a-t-il vraiment eu lieu sur la route de Pérouse, ou François a-t-il dicté cette parabole à frère Léon près de Sainte-Marie-des-Anges ? Il n'importe guère. Les voilà tous les deux (vraiment ou par l'imagination) sur cette route, marchant l'un derrière l'autre, Léon devant, François derrière lui, selon la coutume franciscaine que Dante nous décrit dans la *Divine Comédie*.

Il fait grand froid et tous deux en souffrent, surtout François plus faible. Et voici que sa voix claire commence le dialogue inoubliable que nous abrégeons si peu que ce soit.

— O frère Léon, quand même les frères mineurs donneraient partout un grand exemple de sainteté, là n'est pas la joie parfaite.

Silence. Ils poursuivent leur chemin, puis de nouveau la voix s'élève :

« O frère Léon, quand même le frère mineur guérirait aveugles et contrefaits, sourds, muets, boiteux, chasserait les démons et ressusciterait les morts, là n'est pas la joie parfaite.

Encore un bout de chemin, puis de nouveau dans l'air glacial monte la parole joyeuse :

« O frère Léon, quand même le frère mineur saurait tout ce qu'on peut savoir, science, Ecriture sainte, prophétiserait, révélerait l'avenir et les secrets des consciences, là n'est pas la joie parfaite.

Il sait très bien qu'en tout cela il s'inspire de saint Paul parlant de la charité, mais, sous l'impulsion du Saint-Esprit, il ajoutera ce que saint Paul a omis. Peut-être frère Léon se demande-t-il où il veut en venir et François veut qu'il patiente.

« O frère Léon, petite brebis de Dieu [c'était ainsi qu'il appelait son confident], quand même le frère mineur parlerait la langue des Anges et que tout lui soit révélé sur les astres et les trésors de la terre et les vertus des oiseaux, des poissons, des hommes, des arbres, des pierres, là n'est pas la joie parfaite.

Encore quelques pas et François se met presque à crier :

« O frère Léon, quand même le frère mineur convertirait tous les hommes à la foi du Christ, là n'est pas la joie parfaite.

Voilà près de deux kilomètres qu'il paraphrase saint Paul, et Léon commence à se poser des questions, car il donne de la voix à son tour :

— Frère, je te prie de la part de Dieu de me dire où est la joie parfaite.

Et voici, si l'on ose dire, après l'énumération de ces grâces de choix, la douche fort inattendue : arrivant à Sainte-Marie-des-Anges, tout trempés par la neige et glacés par le froid, ils frappent à la porte du couvent où ils ont hâte de se sécher, de se réchauffer, mais, loin de leur ouvrir, on les accuse d'être des faux frères, des ribauds, des voleurs d'aumônes des pauvres. Qu'ils s'en aillent ! Et ils resteront dehors dans la neige et le vent, mourant de faim, jusqu'à la nuit, mais ils ne se plaindront pas, ils ne maudiront pas le portier inhumain, au contraire, ils penseront que lui au moins sait à qui il a affaire et que c'est Dieu qui le fait parler si rudement. Et c'est là, frère Léon, la joie parfaite. Et si, persistant, ils frappent de nouveau à cette porte muette, et que cette fois on ouvre et qu'on les chasse, qu'on les insulte et qu'on les gifle et qu'on leur dise d'aller à l'hôpital, s'ils acceptent tout cela avec allégresse et charité, c'est là, frère Léon, la joie parfaite. Mais c'en est trop, ils ont faim, ils supplient qu'on leur ouvre pour l'amour de Dieu. Alors, on les bat avec un bâton noueux, on les tire par le capuchon, on les jette à terre, on les roue de coups dans la boue, et tout cela aussi ils le supportent en pensant aux souffrances du Christ : voilà la joie parfaite. La voie étroite dont le Christ a dit que peu la trouvent, avant même de pouvoir la suivre, ils y sont. Ils se sont vaincus pour l'amour du Christ, ils ont tout supporté, ils ont accepté la Croix. Le but est atteint, l'éternité bienheureuse leur sera ouverte.

Sic transit...

Le nom de Pérouse n'est pas sans intérêt dans le récit de cette quête de la joie parfaite. C'est en tournant le dos à cette ville arrogante que François et frère Léon vont partir à la recherche de l'absolu et ce n'est pas par hasard que le saint a nommé cette cité dont il a de sombres souvenirs. Après le désastre de Ponte San Giovanni, il a passé un an dans les geôles papales de Pérouse, qui, bien que soumise au pouvoir romain, se distinguait par ses excès de toutes sortes. Symboliquement, donc, les deux religieux fuyaient une sorte de petit enfer pour aller chercher un refuge à Sainte-Marie-des-Anges. C'est dire quel éloignement éprouvait François à l'égard de cette Babylone italienne. Le jour allait venir où il la maudirait, mais bien avant cela un événement sinistre devait y avoir lieu.

On se souviendra du projet de croisade, la cinquième, que le pape avait si fortement à cœur de mener à bien, mais il était urgent de réconcilier d'abord Pise et Gênes qui devaient prendre part à l'expédition, et surtout il fallait à tout prix déjouer les manigances de Venise qui, selon son habitude, essayait de détourner à son avantage l'itinéraire de cette croisade dont le but était Jérusalem. C'était à quoi allait s'employer Innocent III : le rapprochement des deux cités de la mer Tyrrhénienne. Il résolut de se rendre à Pérouse le 1er juillet 1216, accompagné de la plupart des cardinaux, un peu plus d'une vingtaine, pour résoudre ces difficultés. Cela pouvait prendre du temps. Il avait alors cinquante-cinq ans, mais des travaux accablants l'avaient prématurément usé.

Jacques de Vitry, qui venait d'être nommé évêque d'Acre, voulut profiter de son passage en Ombrie pour recevoir sa consécration des mains du pape, mais une surprise étrange l'attendait. Le 16 juillet, le pape avait été foudroyé par une embolie. A cause de la forte chaleur, on avait sans doute précipité le cérémonial, et il n'y eut personne pour le veiller dans la cathédrale dont on avait fermé les portes.

Le lendemain, au petit jour, Vitry entra avec quelques membres de la Curie et trouva Innocent III gisant nu et déjà nauséabond sur le pavement, seul dans l'église romane sombre et massive, encore pleine de nuit. Crosse, tiare, vêtements précieux, tout cela avait été emporté par des voleurs dans l'obscurité. Dans une lettre restée fameuse, l'évêque français décrit cette horreur :

— J'ai vu de mes yeux, ajoute-t-il, combien vaine, brève et éphémère est la gloire de ce monde.

Sic transit gloria mundi. Telle fut la fin de ce grand de la terre, auteur d'un traité sur le mépris du monde — *De contemptu mundi* — que la mort devait parafer d'un commentaire si magistralement cynique.

Thomas d'Eccleston, franciscain anglais du XIIIe siècle, affirme que François d'Assise fut présent à la mort du pape. Cela nous paraît improbable et n'a été relevé nulle part ailleurs. François, en effet, eût certainement voulu veiller le cadavre de celui à qui il devait l'approbation de sa communauté, comme les frères mineurs le firent plus tard pour Honorius III et Grégoire IX.

Conclave à Pérouse

Dans des circonstances aussi sérieuses, l'Eglise ne pouvait rester longtemps sans chef et le Sacré-Collège fut réuni en toute hâte. Le cas, du reste, avait été prévu par le pape Alexandre III en 1179, décidant que le nouveau pape serait élu aussitôt son prédécesseur inhumé et dans la ville même où celui-ci serait mort. Cela, parce que Rome était parfois sujette à des séditions dangereuses. Pour le nombre des cardinaux constituant le conclave, il suffirait qu'il y en eût la moitié plus un. L'élection par acclamation du peuple était abolie.

Le 18 juillet fut élu pape le cardinal Savelli qui prit le nom d'Honorius III. C'était un vieillard d'une grande bonté qui avait donné la presque totalité de ses biens aux pauvres. Sa piété était connue de tous et l'on n'eût pas pu faire de choix plus heureux sinon pour l'âge qui laissait prévoir un court pontificat, ce qui peut-être était dans les intentions de ses électeurs. Il avait été légat de Sicile et précepteur de ce grand turbulent de Frédéric qui bénéficiait de son indulgence, l'indulgence que l'on a pour un enfant doué et difficile. Son humour naturel le portait à la conciliation, mais ne le privait pas d'un sens aigu des réalités. Il y avait en lui un financier de premier ordre et, lorsque François vint se présenter à ce bon connaisseur d'âmes, celui-ci dut s'interroger, comme Innocent III, non sur la mission de l'homme simple et pur qu'était le Poverello, mais sur les graves problèmes matériels que posait l'organisation de ce nouvel ordre. Il aima

François. On pourrait ajouter que cela allait sans dire, et qu'il admirait son idéal et sa folle générosité de cœur, mais...

Un de ses premiers soins fut de sacrer Jacques de Vitry évêque d'Acre. Et ce dernier, bien placé pour voir ce qui se passait à la Curie, reçut une mauvaise impression de ce milieu dominé par l'intrigue. Les affaires du monde passaient avant tout. Il faut dire qu'elles étaient d'une complication sans égale. En Sicile, Frédéric II exerçait le pouvoir au nom de son fils Henri, âgé de cinq ans, et le pape ne pouvait sans appréhension voir se reconstituer le redoutable empire des Hohenstaufen. En France, Philippe Auguste tenait tête à Rome, comme d'habitude, pour ses histoires de femmes et continuait à agir en arbitre de rois. Le prince héritier, futur Louis VIII, soutenait ouvertement la cause des barons anglais en révolte contre Jean sans Terre à qui ils avaient imposé la Grande Charte. Le roi Jean mort, comme dans Shakespeare s'ouvrait une succession difficile : son successeur, Henri III, avait neuf ans, et ce furent les légats de Rome qui gouvernèrent à sa place. On conçoit l'éloignement qu'un Jacques de Vitry éprouvait pour cette agitation politique où la passion du pouvoir, hochet ou grelot de fou, jouait son rôle néfaste. Il n'en était que plus sensible à l'idéal franciscain qui était tout amour comme dans les premiers temps de l'Eglise chrétienne. Sur la communauté de François, ses éloges ne tarissent pas. « ... Ils n'ont qu'une passion : arracher aux vanités du monde les âmes en péril... leur manière de vivre est celle de la primitive Eglise... Le jour, ils se donnent à la vie active et à l'apostolat... La nuit, ils se retirent dans leur solitude pour mener une vie contemplative... »

Après le couronnement du pape, il quitta Pérouse pour retourner en France prêcher la cinquième croisade et ne devait revoir François que dans les pays d'outre-mer.

205

Tous au Paradis !

De son côté, François se remit en route pour regagner la Portioncule. Lui aussi dut s'interroger sur tous les événements dont il avait été témoin. Présenté à Honorius III, qu'avait-il obtenu de ce vieillard bon, mais prudent ? Des paroles d'encouragement et une bénédiction. C'était bien, c'était même beaucoup, mais pas assez.

Cependant, quelque chose d'une importance considérable se préparait. Ici, nous sommes obligés de nous en remettre au récit d'un franciscain, frère Bartholi d'Assise, décrivant un siècle plus tard, en 1335, le récit d'une vision de François. Alors qu'il était en prière dans l'église Sainte-Marie-des-Anges, une nuit de ce même mois de juillet, le Christ lui apparut avec sa Mère, l'engageant à demander une grâce qui glorifiât Dieu et sauvât les hommes et pour cela de retourner aussitôt à Pérouse présenter sa requête au pape.

François ne résista pas au désir de faire une demande énorme à la mesure de son cœur. Même sans cette vision, il nous paraît capable d'aller jusqu'aux dernières limites de l'audace dans le domaine de la charité. Sauver l'humanité... Comment ne pas se rappeler la prière que fit à son tour le père de Foucauld : « Mon Dieu, faites que tous les hommes soient sauvés ! »

C'est dans un état d'esprit semblable que François, en compagnie de frère Masseo, s'en fut retrouver le seigneur pape. Son plan était bien arrêté. Fort de la permission du Christ, il allait demander une indulgence gigantesque.

A Pérouse, il obtient son audience. On n'oublie pas un regard comme le sien, et voilà François aux pieds d'Honorius. Devant ses cardinaux, le pape lui demande l'objet de sa visite. Suit alors l'incroyable dialogue dont quelques phrases sont arrivées jusqu'à nous. François veut une indulgence très importante. On croit voir le sourire sur le visage du vieillard.

— Une indulgence ? De combien d'années ?

— Ce ne sont pas des années que je demande, mais des âmes.

Le langage est insolite et le pape a besoin d'éclaircissements.

— Explique-toi, mon fils.

— Saint-Père, que chaque fidèle franchissant, absous et contrit, le seuil de Sainte-Marie-des-Anges, à la Portioncule, obtienne le pardon de tous ses péchés et la remise des peines qui s'y attachent.

Le pardon total de tous leurs péchés et la remise de leurs peines, c'est l'indulgence qu'on accorde aux croisés qui vont se battre pour le Christ, François le sait, mais l'idéal de la chevalerie est encore tout vif dans son cœur. Il est tout prêt à batailler s'il le faut. Malgré l'étonnement du pape, il y a dans la présence de François quelque chose qui fait tomber les objections. Cependant une requête aussi stupéfiante exige mûre réflexion. Comme il fallait s'y attendre, les cardinaux murmurent : une telle indulgence accordée à tous va certainement affaiblir le privilège des croisés et causer du mécontentement si ce n'est des défections.

François fait alors usage de son argument le plus fort : c'est le Christ lui-même qui l'a chargé de faire cette demande au pape. Le moyen de tenir tête à un saint si prodigieusement mandaté ? Honorius cède, mais il tient compte de la critique du Sacré-Collège. L'extraordinaire indulgence ne pourra être obtenue qu'une fois l'an, le 2 août. François n'en demande pas plus. Fou de joie, il voit déjà les multitudes passant dans l'église de la Vierge, arrachées à la mort éternelle, et, après avoir dit sa reconnaissance au pape, il se sauve.

— Petit homme simple, lui crie le pape, ému de sa candeur, tu t'en vas sans l'autorisation écrite !

François a-t-il changé d'avis sur la valeur des parchemins et des signatures depuis son entrevue avec Innocent III ? Sa réponse est immédiate et d'un ton admirable : « Si cette indulgence est de Dieu, la Sainte Vierge est la charte et le notaire le Seigneur Christ. »

Un peu plus tard, parmi les lépreux de Collestrada où il

s'arrêta sur le chemin du retour, il vit en songe le Seigneur qui lui confirmait l'approbation du pape et le 2 août, à la Portioncule, dans l'église, il proclama lui-même l'indulgence. Sept évêques se trouvaient là pour la consécration. Perplexes sans doute. Radieux, François s'écria : « Je vais tous vous envoyer au Paradis. »

Est-il nécessaire de rappeler que cette indulgence a été fortement discutée au cours des siècles ? Elle a connu des modifications qui varièrent suivant ce qu'on pourrait appeler la température de la foi. On a voulu l'étendre à un grand nombre d'églises, ce qui en diminuait tant soit peu l'autorité. De nos jours, les indulgences qui avaient résisté aux coups de boutoir de Luther n'ont plus la vogue, mais, bien interprétées, elles n'en constituent pas moins une partie du trésor spirituel de l'Eglise. Derrière tout cela resplendit la charité du Poverello. Le reste est silence.

S'il ne nous est pas demandé d'y croire, on peut rêver à cette grâce insigne sur les lieux mêmes où François en fit la proclamation, mais là comment cacher les déceptions qui nous attendent ? Stimulé par une dévotion grandissante, le zèle architectural se mit sans tarder à l'œuvre pour décorer, enrichir ce qui eût dû rester dans sa nudité originelle. Il en est toujours ainsi des ouvrages des hommes. Sainte-Marie-des-Anges réparée des mains de François, essayons d'en oublier la fresque du XIXe siècle où la piété du temps a eu son mot à dire. La chapelle primitive reste émouvante par la modestie de ses dimensions. Perdant toute mesure, la Renaissance l'a triomphalement emboîtée dans une basilique. François demeure malgré tout étrangement présent là où il a prié pour le monde. Sa cabane n'a pas bougé de place, à quelques mètres de la chapelle, mais il faut la chercher sous le marbre et sous l'or. Et où sont les bois où il trouvait la nuit une solitude plus profonde ?

Subiaco

Des événements d'une vaste importance se déroulaient au loin. En Angleterre, le roi était enfant. Un vide s'ouvrait que le pape crut politique de combler aussitôt en envoyant outre-Manche des légats pour gouverner le royaume. C'était compter sans l'instinct national de la race anglaise et sa passion de l'indépendance, mais comment prévoir en 1216 la révolte contre Rome des premiers martyrs protestants et la grande déchirure avec la papauté ?

En cette même année 1216, François rendit visite aux bénédictins de Subiaco. Leurs frères du mont Subasio n'avaient-ils pas offert la chapelle de Sainte-Marie-des-Anges et les Carceri ? Quitter les plaines de l'Ombrie pour monter jusque chez saint Benoît reste aujourd'hui une manière de voyage, mais la splendeur de la nature fait oublier la fatigue et prête à un monde de réflexions dont François dut avoir sa part. Il faut suivre les routes anciennes. A mesure qu'on avance, les monts Sabins couverts de forêts s'élèvent de plus en plus et évoquent irrésistiblement de puissantes épaules qui semblent vouloir empêcher le ciel de venir écraser de sa magnificence la terre et sa fragile humanité. Peu de paysages suggèrent une idée aussi forte de la grandeur divine et l'on voit bien ce qui pouvait attirer François vers ces sommets. N'eût-ce pas été cependant déserter le troupeau que d'aller s'établir à une telle altitude ?

C'est ici que se conçoit le mieux la différence de la spiritualité bénédictine et de la franciscaine et, malgré tout, Dante a placé ensemble les deux fondateurs d'ordre tout en haut de son Paradis. Il fallait qu'il y eût six cents ans plus tôt un géant de la stature de Benoît de Nursie, ombrien comme François d'Assise, pour barrer la route aux envahisseurs de l'Est et sauver l'Europe dont il devint le patron. Lui-même était un sommet comme ces montagnes, ses voisines. Rude, immuable, il était fait pour attirer dans le désert de ses abbayes les hommes qui fuyaient les barbares, et pour préserver la civilisation. La perfection de sa règle est telle qu'elle est venue jusqu'à nous immodifiée ; mais sévère, elle l'est. Et dans cette sévérité même était son pouvoir d'attraction qui séduisit par milliers des générations de jeunes hommes épris d'austérité et d'obéissance. Sa foi rejoignait un bon sens de génie. Auprès de lui, François faisait figure de fou, mais la Providence avait suscité l'intelligence prodigieuse de l'un comme l'irrésistible folie de l'autre, provoquée par la lecture de quelques versets de l'Evangile. Elle avait besoin des deux.

Ce séjour de François à Subiaco est négligé par certains biographes, mais les bénédictins soucieux de précision n'en parlent pas à la légère et gardent comme un trésor de grand prix le souvenir du saint et de sa présence dans la cellule qu'il occupa, présence d'autant plus sensible que l'atteste le plus vivant de tous les portraits de François. Mais qu'est-ce que Subiaco et comment le décrire ? Une première visite en 1935 nous y fit une impression si singulière que le temps ne devait pas l'effacer et que nous la retrouvâmes intacte quarante-cinq ans plus tard, et peut-être cette nouvelle visite nous parut-elle encore plus étonnante par l'extrême fidélité du souvenir. On passe d'une chapelle décorée de fresques dans une autre aux murs également peints qui racontent la vie du fondateur et celle de ses disciples. Les couleurs, parfois vives, parfois un peu éteintes, évoquent Byzance encore toute proche. D'autres chapelles se suivent, chacune descendant un peu plus bas dans le roc jusqu'à un escalier menant à des oratoires petits comme des cellules où se voient des personnages en ornements liturgiques, témoins d'une religion immuable, tout cela brillant d'un éclat sourd. Sommes-nous en Occident ou dans un mystérieux édifice d'une lointaine Russie ? Le nom de Boris Godounov nous vient de nouveau sur les lèvres. On s'attend presque à entendre le tonnerre doux lentement cadencé d'une cloche orthodoxe. Un oratoire de petite dimension nous retient au plus bas de ce rocher que les moines ont creusé pour y loger une abbaye. Les murs disparaissent sous les couleurs pâles ou énergiques suivant la succession des époques. François a-t-il vu ces lieux où la religion sort des murailles, ces autels où la petite flamme rouge fait bouger les grands personnages des murs ? Il a dû songer à la modestie de Sainte-Marie-des-Anges, d'une beauté différente, mais égale. Là où nous sommes, il s'est tenu et il a prié. Sur une des parois, il nous regarde, souriant, jeune, joyeux, avec son regard clair, son fin collier de barbe et ses oreilles largement ouvertes. La tradition veut qu'un moine inconnu de génie ait peint sur le mur ce visage mince, ces mains non encore trouées par les stigmates. Près de sa tête, son nom : Fr. Franciscus, ni plus ni moins, il n'est encore qu'un frère, le frère de passage qu'on aime et dont on veut conserver ce souvenir, ce dessin que plus tard l'auteur de l'esquisse transformera en un grand portrait qui nous est devenu si familier qu'il fera concurrence au François douloureusement émouvant de Cimabue. Mais Cimabue ne pouvait nous livrer qu'une image toute d'intuition, alors que le François de Subiaco terminé en 1223 nous le montre avant le voyage en Syrie qui le fera vieillir.

On quitte cette forteresse mystique en traversant une longue cour où deux superbes corbeaux, mâle et femelle, semblent plongés dans des méditations coupées de brusques battements d'ailes comme pour faire admirer le noir métallique de leurs plumes. De temps à autre, le mâle fait entendre un assez peu aimable crôa. Lui et sa compagne sont là en souvenir de saint Benoît qui les avait en amitié. Ils sont nombreux à traverser le ciel de leurs cris, rivalisant d'austérité dans leur mise avec les moines, mais François devait les charmer et obtenir comme à Bevagna l'hommage d'un attroupement silencieux.

Pour en revenir à son passage à Subiaco, il est intéressant de remarquer que, si les biographes n'en parlent pas, ils ne font pas fi du portrait que nous y laissa l'artiste inconnu. De nos jours, cette image est probablement la plus aimée de tous les admirateurs du saint parce qu'elle correspond sans aucun doute à l'image qu'ils veulent se faire de lui : un saint jeune, heureux et rayonnant. C'est là une sorte de canonisation populaire qui correspond à une vérité intérieure. Elle a ses raisons qui ne sont pas seulement sentimentales. Thomas de Celano nous le présente dès avant sa conversion comme un « garçon exquis », et le décrit avec une minutie de détails qui lève toute espèce de doutes : la forme des oreilles, l'allongement du visage, la finesse de la bouche, tout y est jusqu'à la gaieté du regard. Plus probante encore une autre peinture dont on ne fait jamais mention et qui nous fait voir François derrière l'évêque d'Ostie, alors que ce dernier consacre la chapelle où se trouvent ces fresques. Le visage de François nettement reconnaissable nous fournit un trait supplémentaire qui n'a pas échappé à Celano, observateur des plus attentifs, c'est que les sourcils, au lieu d'être arqués, sont presque parfaitement droits.

Que le premier portrait ait été retouché en 1223, cela est sûr, mais la main de l'artiste a voulu conserver la juvénilité du modèle et il faudra regarder de plus près quand nous arriverons à cette année-là. Nous aurons des surprises.

Le damné arraché à Satan

Dans l'abondant florilège de ses miracles, François nous donne à choisir. Nous touchent plus que tous les autres ceux qui accentuent sa ressemblance avec le Christ, lorsqu'en guérissant le corps il guérit l'âme. Les dates sont incertaines, mais François vit et agit déjà dans l'éternité où les dates ne comptent plus.

Souvenons-nous de l'histoire du plus méchant des lépreux dont il voulut avoir soin. Déjà dans la vie de François il y a eu le plus célèbre de tous ces malades, celui du *baiser au lépreux* qui marqua la libération du jeune converti et le donna pour toujours à Dieu, mais il lui restait encore, après beaucoup d'autres, à soigner le plus cruellement déshérité de ces êtres voués à l'horreur. Jacques de Vitry disait d'eux qu'il fallait un courage de martyr pour braver leur puanteur et leur porter secours. Voyons

212

ce que nous dit un très célèbre tertiaire franciscain dans sa *Divine Comédie* : « Jamais palefrenier ne manie l'étrille avec autant de fureur, quand son maître l'attend, que ces damnés de leurs ongles se déchiraient pour soulager leur rage de démangeaison. Et leurs ongles arrachaient les squames de la peau comme un couteau écaillerait un scare ou tout autre poisson aux écailles plus larges encore... » Et Dante met dans la bouche de Virgile s'adressant à l'un des lépreux de l'*Enfer* cette phrase ardente : « O toi qui te démailles avec les doigts, puisse ton ongle suffire éternellement à ce travail... »

Le lépreux que vit un jour François ressemblait singulièrement aux réprouvés du poète florentin. Hors de lui de souffrance, il frappait et insultait ceux-là mêmes qui tentaient de le soigner. Sa parole était un blasphème perpétuel contre le Christ et la Vierge. Possédé du démon, il goûtait peut-être déjà selon les vues du temps les premières atteintes de la damnation quand François s'approche de lui doucement et le bénit. « Dieu te donne la paix. » On conçoit que, dans l'enfer où il était plongé, le lépreux n'ait vu dans ces paroles qu'une incompréhension totale de son état et sa réponse a l'accent d'âpre désespoir que, dans ses rencontres avec les âmes perdues de l'autre monde, Dante a si magistralement rendu : « Quelle paix puis-je avoir de Dieu qui m'a enlevé ma paix et mon bien et m'a rendu tout pourri et fétide ? » François lui dit alors de prendre patience : s'il souffre dans son corps, c'est pour le salut de son âme... Exaspéré, le malade répond qu'il ne peut supporter patiemment des souffrances qui ne s'interrompent jamais et se plaint des frères qui le soignent mal. François le quitte un instant pour prier, puis revenant vers le malade lui déclare qu'il le soignera lui-même. Le lépreux est sceptique.

Commence alors l'effarant dialogue :

— Que veux-tu faire de mieux que les frères ?

— Je ferai ce que tu voudras.

— Je veux que tu me laves tout entier, car je pue si fortement que je ne peux pas me souffrir moi-même.

Sans attendre, François se fait apporter de l'eau chaude où baignent des herbes odoriférantes et se met à le laver de ses mains. Les croûtes immondes tombent sous ses doigts, la chair reprend sa couleur naturelle et le lépreux qui se voit peu à peu guérir a conscience de son délabrement spirituel et verse des larmes de repentir. L'âme purifée retrouve la joie, car, de l'âme et du corps, la plus lépreuse des deux, c'était elle.

Qu'il soit permis de noter ici que cet épisode si purement évangélique a été placé par certains après la stigmatisation de François, ce qui me paraît peu vraisemblable : il n'eût pu laver un lépreux avec ses mains blessées qu'il prenait le plus grand soin de dissimuler.

Fête de la joie

Deux fois l'an, à la Pentecôte et le 29 septembre, fête de saint Michel, François avait résolu de rassembler à la Portioncule tous les frères qui ne s'en trouvaient pas trop loin. Cela s'appelait un chapitre dont l'objet était de ranimer l'esprit de la fraternité et de prendre des décisions sur les régions à évangéliser.

Le choix de la Pentecôte rappelait le jour où l'Esprit sur la promesse de Jésus à ses disciples était descendu sur eux. Y avait-il dans l'esprit de François un souvenir inconscient de Joachim de Flore et de ses prophéties sur le Troisième Règne ? Comment savoir ? Ce qui est sûr, c'est qu'il résolut de fonder des provinces, premier essai d'organisation de la fraternité : Ombrie, Toscane, Marche d'Ancône, Lombardie, Terre de Labour, Apulie, Calabre, chaque province était placée sous la direction d'un « ministre ». Des missions seraient envoyées à l'étranger.

L'assistance à la messe allait de soi, fervente et profondément attentive. Détail qu'on ne met pas en lumière, mais qui en dit long, François recommandait à ses frères de fixer les yeux sur l'hostie au moment de l'élévation et d'adorer du fond du cœur la Présence Réelle. Si cet usage était répandu dans la Péninsule, François n'eût pas tant insisté pour qu'on s'y conformât, mais, ainsi que nous l'avons déjà indiqué dans les pages sur ses voyages de jeunesse, il s'agissait d'une coutume française en protestation contre l'hérésie de Bérenger. N'y aurait-il pas là une preuve qu'il en avait été frappé lors d'un voyage avec son père ? Très belle et très émouvante lui avait paru cette adoration du Christ dans ce geste qui évoquait tout le mystère de la transsubstantiation. François s'en était toujours souvenu.

Les détails ne manquent pas sur la façon de procéder, précieux parce qu'ils nous font voir François dans tout son bon sens. La règle de l'Evangile primait tout le reste, qui en découlait avec rigueur. Le respect dû à l'Eglise ne pouvait souffrir la moindre atteinte. Rencontrant un prêtre, il fallait lui baiser les mains après l'avoir salué. Interdiction formelle de juger les riches aux beaux vêtements, à la vie toute de luxe et de plaisir. Le respect leur était dû. Qui pouvait dire, en effet, si les grands pécheurs et les plus favorisés de la vie ne deviendraient pas un jour les disciples du Christ ? Cela s'était maintes fois produit depuis la fondation de la fraternité. La « *gentilezza* » surtout était recommandée comme une forme de la charité. Elever la voix n'était jamais permis. Quant aux nouvelles du monde — et quelles nouvelles en ce temps-là ! —, elles ne devaient jamais nourrir les conversations entre frères, bien plutôt la vie des saints Pères du Désert et la manière de mieux imiter le Christ.

François lui-même, s'il avait à réprimander un frère, le faisait avec douceur sans jamais blesser le coupable. Cependant, une faute très grave était punie d'expulsion immédiate.

Mais, pour lui comme pour tous les frères venus de près ou de très loin, ces chapitres gardaient le caractère d'une célébration de retrouvailles, si forts étaient les liens d'amour spirituel qui unissaient tous ces messagers de paix. Véritables fêtes de joie, elles réveillaient dans le cœur de François cet irrésistible attrait des festins tels qu'il en avait offert dans sa jeunesse, tant il est vrai que la nature profonde, bien que purifiée, demeurait la même. Dieu nous prend tels que nous sommes.

Les affaires réglées, on festoyait dans les bois autour de l'église, le croûton de pain étant à présent le plat de résistance. Tous ces mendiants si heureux de se retrouver autour du frère par excellence avaient mille choses à se dire, mais surtout le vrai bonheur était d'entendre la voix bien-aimée leur parler de Dieu. Dans le plus parfait dénuement, il y avait ce torrent de joie mystique qui jaillissait du cœur à tout jamais désengagé du monde.

L'importance de ces chapitres croissait avec le temps. Des hommes d'Eglise curieux ou peut-être inquiets de l'extension de la fraternité vinrent assister en observateurs à ces rassemblements sous les arbres de la Portioncule. Nous y verrons bientôt des évêques et des cardinaux. Entre l'Eglise officielle et la réussite du franciscanisme s'établissait à l'insu de François lui-même une sorte de concurrence qui pouvait se résumer en deux mots : là où les prédicateurs du dimanche échouaient dans leurs efforts pour atteindre le peuple en ses profondeurs, les simples frères mineurs qui parlaient de Dieu sans avoir fait de théologie se voyaient suivis par une foule enthousiaste. C'était plus qu'une question de vocabulaire. De vastes problèmes s'annonçaient dans l'avenir de la société. Etait-il possible qu'en ouvrant l'Evangile on devînt révolutionnaire sans le savoir ? Doux révolutionnaires que ces *Poverelli,* qui n'avaient d'arme que l'amour.

François se voyait près d'accomplir son rêve. Ces frères qui venaient à lui de tous les côtés et qu'il envoyait ensuite semer le grain de l'Evangile dans des pays qu'il ne connaissait pas, n'était-ce pas ce qui lui avait été prédit dans ses visions ? On voudrait croire que tout se passa bien, mais les déconvenues ne manquèrent pas. Les frères partis pour l'Allemagne ne savaient pas un mot de la langue, ou plutôt n'en connaissaient qu'un seul : « *Ja* », dont les effets pouvaient être satisfaisants, mais la plupart du temps désastreux. On demandait aux frères s'ils étaient catholiques. Réponse : « *Ja.* » Ils étaient alors bien accueillis. Si, par méfiance, on leur demandait ailleurs s'ils étaient hérétiques, cathares, la même réponse les jetait au cachot à coups de bâton. Une mise au point était nécessaire, mais elle n'alla pas sans de cuisants déboires. La première mission germanique échoua.

Entre-temps, fasciné par l'Orient où il comptait bien un jour se rendre lui-même pour convertir l'Islam, François choisit pour préparer la voie frère Elie, personnage de toute évidence d'une valeur considérable. Ce dernier partit donc, avec le titre de custode de Syrie, pour la partie du Proche-Orient où, par l'entremise des Francs, il pourrait toucher le monde arabe. C'était lui donner une mission de confiance, mais il y avait chez Elie des qualités d'esprit qui en imposaient. Que pensait de lui François ? Problème indéchiffrable pour le moment. Il l'aimait certes, et beaucoup, mais parfois il s'interrogeait à son sujet, non sans raison comme nous allons le voir, flairant chez cet homme remarquable le goût du pouvoir et même l'attrait du monde. N'importe, Elie était l'homme de la situation. Combien François eût désiré partir à sa place ! Il demanda à ses frères de prier pour lui afin de connaître sa mission et, quand ils revinrent, il leur déclara : « Je choisis la France. » Que de fois, ayant demandé conseil, nous n'en faisons qu'à notre tête... Or François était amoureux de la France...

Sans tarder il se mit en route et se rendit à Florence, première étape importante. Comme le voulait la bienséance, il alla se présenter au légat de Toscane, le cardinal Hugolin, qui lui avait jadis témoigné à Rome une sympathie marquée. Le prince de l'Eglise dut être heureux de pouvoir s'entretenir avec ce grand animateur de foules, mais, grand connaisseur d'âmes, il pressentit dans ce regard à la fois doux et brûlant un certain manque d'expérience des êtres. Toute sa vie, François devait être entouré de « grandes personnes », ou prétendues telles, mieux informées que lui des choses de ce monde et qui tantôt le servirent, tantôt abusèrent quelque peu de leur influence. Quoi qu'il en soit, Hugolin ne voyait pas François en France et lui dit de rester en Italie où sa vigilance était due à ses frères. Pour achever de le convaincre, il le mit en garde contre une certaine opposition de la curie qui profiterait de son absence. Le coup dut être dur, mais

François s'inclina, déçu, mais sensible à l'affabilité et à la courtoisie de cet évêque qui lui parlait comme à un ami. Hugolin exprima le regret que tant de franciscains fussent envoyés en Orient « subir tant d'épreuves si loin et mourir de faim ». Peut-être touché à vif par le refus qu'il venait d'essuyer, François eut une réponse d'une superbe éloquence : « Seigneur, dit-il, pensez-vous et croyez-vous donc que le Seigneur Dieu n'ait envoyé des frères que pour cette province d'ici ? Dieu a choisi et envoyé les frères pour le profit de tous les hommes du monde entier ; ils seront reçus non seulement dans les pays fidèles, mais aussi chez les Infidèles. Qu'ils observent ce qu'ils ont promis à Dieu, et Dieu leur donnera, chez les Infidèles comme chez les fidèles, tout ce dont ils auront besoin. »

Hugolin admira la noblesse du ton et reconnut que François avait raison, mais n'en maintint pas moins avec une ferme douceur l'interdiction de se rendre en France. François n'aurait donc pas la joie d'entendre Jacques de Vitry prêcher à Vézelay et à Paris la cinquième croisade, sans compter l'indicible bonheur de revoir le pays de sa mère, mais il fallait obéir.

Jusqu'à la fin de sa vie, il ne lui sera jamais permis d'en faire tout à fait à sa tête. Toujours quelqu'un se trouvera sur sa route pour l'en empêcher, une grande personne avec ses bonnes raisons, et sa fraternité aussi lui échappera, rêve d'un enfant resté fidèle à son enfance.

L'enfant, la nuit...

Un récit franciscain d'une poésie très prenante est celui de « l'enfant très pur et très innocent » qui vint trouver François et lui demanda de le recevoir dans la fraternité. Trop jeune pour être frère, il eût pu se voir doucement éconduit, mais le Christ n'avait-il pas dit : « Laissez venir à moi les petits enfants » ? Aussi fut-il reçu. Où et quand ? La date de 1218 n'est pas improbable, et le lieu fut un petit couvent sur une colline de l'Ombrie où François était venu séjourner.

A l'heure de complies, François alla comme d'habitude coucher sur la planche qui lui servait de lit. Bien avant le point du jour, il se levait secrètement pour aller prier seul dans le bois.

Fort attentif à tout ce que faisait le saint et sans doute pris d'un secret désir de l'imiter, le jeune nouveau venu attendit le moment propice et, se glissant près du Poverello endormi, attacha sa corde à la sienne ; ainsi serait-il sûr de se réveiller quand François quitterait son lit. Cette petite ruse fut vite déjouée. Au plus profond de la nuit, François dénoua doucement la corde et laissa plongé dans le sommeil son petit compagnon trop curieux.

L'enfant qui dormait se réveilla un moment plus tard et se leva d'un bond quand il se vit seul. Où trouver François ? Une intuition le guida vers le bois d'ordinaire fermé par une barrière, or celle-ci était ouverte. Tout fier d'être aussi malin, il se mit à errer parmi les arbres quand il entendit des voix et se laissa guider par elles. Une surprise extraordinaire l'attendait qui le terrorisa en même temps qu'elle l'émerveillait : celui qu'il cherchait, frère François, entouré et comme vêtu de lumière, parlait avec le Christ et la Vierge accompagnés de saint Jean-Baptiste tandis que des Anges sans nombre volaient en chantant dans la nuit resplendissante.

L'enfant tomba sur le sol comme un mort.

Cependant, lorsque le ravissement de François eut pris fin, il quitta le bois pour regagner le couvent et marchait sous les arbres quand son pied heurta l'enfant évanoui. Emu, François le releva et l'emporta dans ses bras.

Revenu à lui, le coupable avoua tout, mais François ne le gronda pas. Il lui enjoignit seulement de ne jamais révéler de son vivant ce qu'il avait vu et entendu dans ce bois nocturne. Est-il besoin d'ajouter que le garçon entré si jeune dans la fraternité y vécut saintement jusqu'à sa mort ?

219

Des épisodes de ce genre font songer à ces petites peintures de prédelles dont nous admirons la fraîcheur. On regarde sans se lasser tel et tel détail plus exquis que les autres et le charme du peintre finit par emporter notre assentiment. On ne songe plus à douter que cela soit.

Les morts vont vite

Loin de ces lieux où François se livrait à la contemplation, le monde tournoyait dans le cauchemar des guerres. La croisade contre les Albigeois n'en finissait pas. Une fois de plus, l'effrayant Simon de Montfort assiégeait Toulouse, défendue vaillamment par un jeune homme de dix-neuf ans, le fils de Raymond VI, comte de Toulouse. Le siège s'éternisait, on en était au sixième mois. Les assauts des croisés se succédaient en vain.

A un autre bout de l'Europe, Othon VI, déposé après avoir perdu Bouvines, s'était enfermé dans son château du Harz. Cet homme si rusé et si intelligent avait vu fuir tous ses alliés et ne régnait plus que sur son duché de Brunswick. Remarié à une jeune princesse de Brabant qui l'avait en horreur, il devenait la proie d'une schizophrénie qui le menaçait depuis des années. Ayant fait condamner toutes les fenêtres et tendre les pièces de draperies noires, comme plus tard Charles Quint à Yuste, il vivait à la lueur des cierges, hurlant l'aveu de ses péchés dans l'espoir d'obtenir le pardon de Dieu et du pape qui avait jeté sur lui l'interdit. Déserte en conséquence la région autour du château et les églises fermées. Les moines d'un couvent voisin vinrent à sa prière le flageller au chant du Miserere. Ainsi pensait-il apaiser la colère de Dieu et tout sanglant il mourut épuisé sur le pavement de sa salle des gardes.

Honorius ne leva l'interdit que pour permettre qu'on l'enterrât dans sa cathédrale de Brunswick. Frédéric II n'avait plus de rival vivant.

C'était le 19 mai 1218. Moins de dix ans plus tôt, alors qu'il traversait le duché de Spolète pour recevoir la couronne impériale des mains d'Innocent III, Othon était passé dans un luxe inouï à côté de Rivo Torto. On se souviendra que le peuple se ruait pour voir cette magnifique cavalcade, mais que François, lui, ne permit qu'à un seul de ses frères de quitter leur cabane et d'aller sur le passage de l'empereur lui rappeler que la gloire humaine ne durait pas. En 1218, du saint et de l'empereur fou, lequel des deux pensait encore à cet incident ? L'un et l'autre peut-être, constatant la fragilité de la gloire...

Un peu plus d'un mois après, le 25 juin, la mort frappa son autre coup spectaculaire sous les murailles de Toulouse. Guy de Montfort, frère de Simon, fut blessé par une flèche tirée de la ville et son frère courut aussitôt à son secours pour le dégager. Quelque chose alors se produisit qui jeta le désarroi dans les rangs des croisés. Des dames et des demoiselles qui défendaient leur ville avec l'intrépidité de leur sexe maniaient un « pierrier » et visèrent si juste que la lourde machine envoya sa pierre là où elle devait changer le destin. Fracassant le heaume d'acier du comte de Montfort, elle fit une bouillie des yeux, de la cervelle, des dents et de la mâchoire. Simon de Montfort tomba par terre mort, sanglant et noir. Le siège fut levé.

A ce moment de l'Histoire, les nouvelles voyageaient plus vite que nous serions tentés de le croire, elles traversaient l'Europe qu'elles tenaient en haleine plus encore qu'aujourd'hui, à cause précisément des intervalles d'expectative.

Après la mort sinistre d'Othon, la révélation du sort tragique de Simon de Montfort dut parvenir aux oreilles de François. La croisade finissait et l'hérésie cathare était écrasée sur cette terre de Provence vers laquelle les regards du saint s'étaient si souvent tournés. Pour faire triompher la foi, que de sang avait dû couler ; s'ajoutait l'horreur des bûchers... L'hérésie avait ses martyrs, elle aussi. Si le mot de Tertullien était juste, quelle moisson allait-elle faire lever dans la suite des temps ? François pouvait remercier Dieu qu'en Italie l'Eglise n'avait pas eu à remporter de victoires aussi coûteuses. Se rendait-il compte que sa seule présence et la douceur de la prédication franciscaine avaient suffi pour que disparût l'erreur étrange qui faisait des corps l'œuvre de Satan et niait que Jésus fût Dieu ? On le suivait, le Poverello, comme on eût suivi le Christ. Nul besoin de chevaliers en armes, de massacres et de supplices. La voix venue des pages de l'Evangile gardait toute la simplicité du message originel. Où était la limite de ce pouvoir plus fort que la violence des armées ? Ne pouvait-on croire que François finirait par convertir le monde ? Mais que valent les rêves des plus grands visionnaires quand les experts s'appliquent à y mettre de l'ordre ? Des transformations étaient inévitables qui ressemblaient singulièrement à des déformations dictées par le bon sens. Cependant une multitude d'hommes affluaient vers François d'Assise. Des couvents s'élevaient, des règlements alourdissaient le texte initial d'une brièveté implacable. Le succès s'annonçait énorme. Le rêve de 1209 risquait de sombrer dans la réussite.

Aux hommes rouges...

Néanmoins, il savait agir et défendre ses idées. Après tout, c'était pour Dieu qu'il s'agissait de se battre. On ne voulait pas lui permettre d'aller en France ; frère Pacifique irait à sa place. Ce fut vers ce moment que, sur la demande du cardinal d'Ostie, il fut invité à prêcher en présence du pape et de ses cardinaux. Tous, en effet, se montraient curieux d'entendre cet homme célèbre dans toute l'Italie pour ses dons d'éloquence qui le distinguaient des prédicateurs les plus savants. Sans doute voulaient-ils aussi, en bons théologiens, s'assurer de la pureté de sa doctrine. Ne savait-on pas qu'il n'avait point fait d'études ? Une surprise les attendait.

Le cardinal d'Ostie aimait François et voulait qu'il se tirât à honneur de cette épreuve, aussi lui composa-t-il lui-même un sermon en latin solide et bien tourné. François reçut le conseil de l'apprendre par cœur, ce qu'il fit très docilement, et, quand il parut devant la très intimidante assistance, il constata qu'il ne se souvenait plus d'un traître mot du texte qu'il savait si bien la veille.

Ici parut l'homme de Dieu. Sans se troubler le moins du monde, il se recueillit un instant et pria le ciel de lui venir en aide. La réponse ne laisse pas d'étonner aujourd'hui encore. Ouvrant le psautier sur l'autel, il lut ce verset : « Tout le jour la confusion a couvert mon visage. » Ce thème lui fournit un sermon d'une audace inouïe. Qu'étaient tous ces prélats sinon le visage de l'Eglise, visage souillé par leur orgueil, leur amour du luxe et le mauvais exemple qu'ils donnaient au monde chrétien ? Alors que ce visage devait resplendir de beauté comme le visage même du Christ... Ces paroles en langue populaire lui sortaient de la bouche comme un torrent et, loin d'exciter les auditeurs à la colère, les plongèrent dans la stupeur. Un regard glissé sur leurs riches ornements, puis un autre plus rapide jusque dans leur conscience, ils se turent devant cet homme en habit couleur de terre qui leur disait avec la vigueur et la simplicité d'un prophète que Dieu n'était pas content de son Eglise, et des larmes coulèrent.

La joie

Cette joie que François répandait dans le cœur de milliers d'hommes, comment s'obtenait-elle ? Suffisait-il de faire comme lui ? On courait lui demander la paix et la libération des sens. N'était-ce donc qu'affaire de volonté ? Le mystère se trouvait ailleurs. De tous les miracles accomplis par saint François, le plus étonnant restera la grande aventure franciscaine qui faillit changer le monde à tout jamais. On voit bien pourquoi elle devait tourner court. Plus difficile à comprendre est la chance qui lui fut donnée de réussir complètement selon les idées de son animateur.

Qu'on se représente la jeunesse sacrifiant sa jeunesse et se jetant dans la pénitence comme dans une fête ; prise de folie aux yeux du monde, elle abandonne tout d'un seul coup, le plaisir des sens et toutes les promesses de bonheur que lui offre le siècle. Pourquoi ? Parce qu'en 1204 un jeune exalté a lu trois versets de l'Evangile et conquis l'amour sans limites. En imitant cet imitateur du Christ, on compte bien arriver à un résultat semblable. Le pari est énorme. Et si l'on n'obtenait rien en échange de cet abandon total ? Cette éventualité ne mérite pas qu'on s'y arrête. On est appelé à Dieu par la voix du Poverello. François ne peut pas se tromper, François est comme le Christ. L'erreur serait de le prendre pour le Christ. Là est le piège. Mais Dieu est fidèle. Avec un élan que l'Eglise n'a pas connu depuis les premiers siècles, la première génération franciscaine reçut le royaume de Dieu comme un enfant.

Suivent les adultes avec une ferveur égale. Pour eux, l'épreuve est peut-être plus sévère. Les jeunes n'ont ni carrière, ni fortune, ni magnifiques demeures à sacrifier, leur générosité est aveugle. Celle des hommes demande réflexion. Dans la plupart des cas, celle-ci se voit écartée comme seraient écartées les objections dans la vie d'un jeune homme victime d'un coup de foudre. Et puis l'Italie est une grande amoureuse.

Des hommes venaient, vivaient avec les frères comme des frères, repartaient parfois après des semaines ou des années, tant qu'il n'y eut pas d'ordre institué, mais leur vie était changée à tout jamais.

Saint François et les femmes

N'empêche qu'il reste des questions à régler. Au premier chef l'éternel problème de la chair. On a souvent parlé de la douceur de François. Aujourd'hui encore elle figure en bonne place dans les portraits qu'on fait de lui. D'un regard, d'un sourire, il faisait accepter les exigences les plus difficiles de la vie en commun. Sa règle assurément gardait l'austérité des pages de l'Evangile d'où elle était issue. Là était pour beaucoup la force de son attrait. C'est la sévérité que demande la jeunesse à la religion ; de même que les adultes qui ne renoncent pas aux facilités du monde pour les retrouver sous la bure. Pour voir comment tout cela s'arrange, il n'y a qu'à se rendre en Ombrie, par exemple, et regarder le visage des jeunes frères que l'on croise dans les couvents. Ce qui frappe, c'est une gaieté charmante. Chez les plus âgés, une sérénité toujours prête à sourire. François, le frère par excellence, ne les a pas quittés ; il détestait la tristesse, il a légué sa joie à ses innombrables enfants. On le respire comme l'air d'une forêt au sortir de nos villes empestées.

Tout cela dit, nous savons que François était d'une rigueur épouvantable quand il s'agissait de la chair. Son horreur des fautes sexuelles serait de nos jours qualifiée de morbide. Elle est si révélatrice qu'elle mérite qu'on s'y arrête. Une brève anecdote nous donne le ton. Un frère, ignorant la défense de se rendre dans un couvent de femmes, alla sur l'ordre d'un ministre chez les

Pauvres Dames pour leur venir en aide. Il s'appelait Etienne.

Un jour de décembre qu'il cheminait avec François le long du Tibre, il lui avoua ce manquement à la règle. Peut-être ne prévoyait-il pas l'orage qui devait éclater sur sa tête. Rudoyé sans merci en paroles, le frère trop zélé reçut l'ordre de se plonger dans le fleuve, ce qu'il fit sur-le-champ. A la place de François ? Sorti de l'eau glaciale, il grelottait de froid et ce fut ainsi qu'il regagna avec François l'ermitage à deux kilomètres de là, mais il avait appris une fois pour toutes que « la fréquentation des femmes est un miel empoisonné », et que de leur parler sans être contaminé était aussi facile que de marcher dans le feu sans se brûler les pieds. « On aurait cru, remarque Celano, à la peur ou à la répulsion plutôt qu'à la prudence. » Car François, tout saint qu'il était, s'écartait des femmes et ne répondait que par monosyllabes à leur « babil ». Elles obtenaient rarement de lui le plus fugitif coup d'œil. Il confia un jour à un frère que, si jamais il lui arrivait de les regarder, il n'en reconnaîtrait que deux. On s'est efforcé de deviner qui ces deux-là pouvaient être. Dame Pica, sans doute, parce qu'on n'oublie pas le visage de sa mère ? Et la seconde ? Pas d'hésitation possible. Le visage de Claire, la dame des pensées du chevalier fidèle, celle qui était devenue pour lui Dame Pauvreté envoyée par le Christ.

Et, comme le monde est plein de gens curieux, on en a trouvé une troisième, singulière celle-là, frère Jacqueline qui viendra dans ce livre plus tard.

La terreur de l'élan charnel chez François faisait de l'amour une passion voisine de l'angélisme. Ce qu'il condamnait parfois brutalement chez autrui, il veillait à l'anéantir en lui-même par toutes les mortifications. « Ne faites pas de moi trop vite un saint, je suis parfaitement capable de faire un enfant. » Est-il nécessaire de remarquer en passant que ce n'est pas là la parole d'un homme vierge, mais bien d'un être de chair qui a connu le plaisir et sait bien ce dont il parle.

Cependant, sœur Claire exprimait souvent le désir de prendre un repas avec lui, vœu fort innocent dont elle ne soupçonnait pas les difficultés qu'il entraînait. François refusait fermement de lui accorder cette faveur. Que craignait-il donc ? De tomber amoureux dans le sens ordinaire où on l'entend ? Néanmoins personne n'entendait rien à son attitude envers la sainte religieuse dont il avait jadis coupé la belle chevelure, et les frères insistaient pour qu'il cédât et finalement ce fut oui. Le repas eut lieu à la Portioncule en souvenir de la prise d'habit. Claire vint avec une compagne. Tous les frères étaient présents et la table préparée à même le sol Les convives venaient à peine de s'asseoir que François se mit à parler de Dieu. Il n'en fallait pas plus pour que tous fussent ravis en extase.

Grand fut l'effroi des gens qui passaient par là en voyant flamber et les bois et la Portioncule. Les Assisiates aperçurent de leurs murailles les lueurs d'un incendie et accoururent pour éteindre le brasier, mais, arrivés aux portes du couvent, ils comprirent que ce feu qui ne consumait rien était une manifestation de la présence divine, incendiant les cœurs.

Le chapitre des Nattes

On lui a donné le nom de chapitre des Nattes, mais tous les chapitres depuis celui de la première Pentecôte, le 29 mai 1216, auraient pu s'appeler ainsi. Une natte de paille jetée sur le sol, c'était le lit du frère mineur, il s'y reposait ou s'y asseyait. Pour lui, habitué à la dure, dormir à la belle étoile dans la douceur ombrienne d'une nuit de printemps n'avait rien d'une mortification. Tout faisait songer à une fête dans ces chapitres. Celui du 26 mai 1219 attira des frères de tous les coins de l'Italie, si nombreux que la désignation de chapitre des cinq mille paraît celle qui lui convient. Si François avait voulu la preuve que sa vocation venait de Dieu, cette prodigieuse affluence la lui fournissait. Par une circonstance malencontreuse, il se trouvait absent à l'arrivée de cette multitude en robe brune.

Il y eut à Assise des minutes d'affolement devant l'invasion de tout ce monde. Où les loger ? Comment les nourrir ? En toute hâte, une maison s'éleva. Ce devait être une grande bâtisse assez rudimentaire, mais enfin pourvue d'un toit. Sur ces entrefaites et dans le brouhaha général, François revint, ignorant ce qui se passait. Quand il vit la maison, il n'en crut pas ses yeux. Ce serait mal le connaître que de ne pas savoir jusqu'où pouvait monter sa colère. En l'occurrence, elle grimpa avec lui sur le toit et il se mit en devoir d'en faire sauter les tuiles. La maçonnerie, cela le connaissait. Une maison ! Quelle offense à la sainte pauvreté ! Les tuiles volaient en l'air comme des projectiles lancés à la tête du diable. Grand émoi dans la confrérie qui ne savait comment mettre fin à cette démolition. Des chevaliers venus là par curiosité réussirent à calmer François, et son frère, Angelo, prévôt de la Commune, lui fit savoir que la maison était en droit propriété de la ville d'Assise et non de la fraternité.

Mise à part cette fâcheuse maison, la multitude des frères manquait de tout. Cela ravissait François, Dieu pourvoyait toujours. On allait bien voir.

Dans les champs d'alentour des abris surgirent du sol, faits de roseaux par les mains de ces religieux débrouillards. Il y avait du boy-scout chez chacun d'eux. Des nattes étendues sur le sol, et c'était tout, nattes inoubliables qui donnèrent leur nom au chapitre.

Le problème du ravitaillement fut vite réglé. D'Assise, de Spolète, de Foligno, de Pérouse vinrent en quantités généreuses toutes les victuailles nécessaires, de quoi inviter tous les mendiants d'Italie. Cet élan de charité répandit une joie spirituelle — où frère le corps eut sa part. En tout cas, il dut faire comprendre à François, et comme toucher du doigt, la force énorme qui le portait en avant, et en avant de son siècle. Le mouvement était plus profond qu'il n'aurait pu le rêver : sa prière et celles de ses frères avaient déchaîné un enthousiasme qu'il fallait pouvoir orienter. En était-il capable ? Trop réfléchi pour ne pas se le demander, il devait rendre grâces à Dieu d'avoir mis sur sa route le cardinal Hugolin qui l'avait pris sous sa tutelle, à Florence. Dans son humilité, il avait reconnu que des hommes sages et rompus aux affaires du monde pouvaient l'aider à résoudre des problèmes temporels. Mais de quelle humeur était-il au chapitre des Nattes ? Batailleur, déjà la démolition du toit augurait médiocrement de la journée. Regrettait-il de s'être jadis montré si docile avec le cardinal protecteur ?

Hugolin, qui devait succéder à Honorius, assistait à ce chapitre sans précédent. De prudentes personnes crurent bon de donner un conseil au futur Grégoire IX. Les dimensions du rassemblement leur semblaient inquiétantes. François ne ferait-il pas bien de se laisser diriger par des religieux savants et expérimentés ? On pourrait lui proposer les règles de saint Augustin, de saint Benoît... Hugolin, se rangeant à cet avis, en parla à François. Mais, ce jour-là, François n'était pas le François habituel. A la surprise générale, il mit sa main dans celle du cardinal et le pria de l'accompagner jusqu'à l'assemblée du chapitre. Là, il tint les paroles les plus hardies qui soient sorties de sa bouche : « Mes frères, mes frères, s'écria-t-il de sa voix chaleureuse, Dieu m'a montré la voie de la simplicité . Je ne veux pas entendre parler de la règle de saint Augustin, de saint Benoît, de saint Bernard. Le Seigneur m'a dit qu'il voulait faire de moi un nouveau fou [*pazzo*] dans le monde et Dieu ne veut pas nous conduire par une autre science que celle-là. Votre science et votre sagesse à vous, Dieu s'en servira pour vous confondre. » Suivit l'étonnante menace : « Dieu a ses gendarmes pour vous punir. Et je lui fais confiance. » Silence et consternation. Les frères tremblaient, Hugolin comprit que, dans des moments comme celui-là, le *pazzo* s'exprimait sous le coup d'une inspiration et ne répondit pas.

Quel que fût le mérite d'Hugolin, il n'empêche qu'en lisant ce récit on ne songe au commentaire de Jacques de Vitry sur les chapitres de la fraternité : « Je crois que c'est pour la honte des prélats qui sont comme des chiens muets, incapables d'aboyer, que le Seigneur, par ces hommes simples et pauvres, veut sauver beaucoup d'âmes avant la fin du monde. » Fidèle à sa vocation, François aboyait vaillamment quand il le fallait. A Florence déjà, Hugolin avait prévenu François des manœuvres de la Curie pour adapter les idées du Poverello aux normes traditionnelles de la vie religieuse. Pour François, accepter, c'était trahir. On ne pouvait le faire taire ce jour-là, il fallait attendre.

Pendant que s'exhalait l'indignation de leur père, les frères s'entretenaient dans les prés et les bois autour de Sainte-Marie-des-Anges ; par groupes de cinquante ou soixante, ils s'étaient assis sur leur natte de paille tressée et parfois cessaient tous de parler, se plongeant dans un profond silence qui faisait grande impression, parce qu'il en disait plus que ne l'eussent fait les sermons les plus savants. De tous côtés, on venait les regarder sans rien dire.

La curiosité seule n'agissait pas. Un élan instinctif menait ces hommes et ces femmes vers ces frères qui avaient tout quitté pour l'Evangile. Fuir le monde était une tentation confuse qui habitait d'innombrables âmes de ce temps, mais c'est un rêve des âmes depuis les premiers jours de notre Histoire. Plus d'une fois, ces jours-là, des postulants se détachaient de la foule, gagnaient la Portioncule et demandaient l'habit des frères. François les recevait lui-même comme il savait recevoir quelqu'un que Dieu lui envoyait. Le don de lire dans le cœur de l'homme lui inspirait des paroles qu'on n'oubliait pas, éclairant toute une vie.

Parmi tous les personnages venus parfois de loin se trouvait Dominique de Guzman, qui venait de fonder l'ordre des Prêcheurs. Il admirait François et n'aurait pas demandé mieux que mineurs et prêcheurs se joignissent pour ne former qu'une seule troupe et n'avoir qu'une seule règle, mais le Poverello poliment s'était récusé. A ce chapitre de 1219, il s'étonna que frère François n'eût rien organisé pour le ravitaillement de son imposante famille spirituelle et s'en fût remis à la générosité du peuple. Or, là où François comptait tout bonnement sur la charité de Dieu, Dominique décelait une imprévoyance radicale, un manque sérieux d'esprit d'organisation. En cela, ces deux hommes, l'Espagnol et l'Italien, différaient — mais les vivres continuaient à venir en surabondance.

Pourquoi faut-il ajouter que, les jours suivants, des murmures commencèrent à se faire entendre chez ces religieux physiquement désoccupés ? On prenait soin d'eux, la nourriture ne manquait pas, néanmoins ils récriminaient. Frère Léon eut une vision du Christ se lamentant sur leur ingratitude. Que voulaient-ils donc ? Réunis par milliers, ils révélaient leurs griefs : les évêques ne leur permettaient pas de prêcher. François alla rabrouer ses enfants de la belle manière : « Vous ne connaissez pas la volonté de Dieu et ne me laissez pas convertir *le monde entier* comme Dieu le veut. Les évêques se refusent à ce que vous prêchiez ? Convertissez les prélats par votre obéissance... ils vous demanderont eux-mêmes de convertir le peuple. »

Ces mêmes frères dévoués, mais parfois querelleurs, furent le sujet d'un retour sur lui-même pour le cardinal Hugolin, lorsque, avec sa suite de chevaliers et de clercs, il se promena sur les lieux du chapitre qui tirait à sa fin. Là où dormaient les frères, on eût cru qu'y gîtaient des bêtes. Devant cette marque de pauvreté parfaite, Hugolin ne cacha pas son émotion et versa des larmes. Dans un mouvement d'éloquence qui fit grand effet, il s'écria : « Voilà où dorment les frères ! Quel sera notre sort à nous misérables qui vivons dans le confort ? » On imagine le luxe qu'il avait à se faire pardonner... Clercs et chevaliers pleurèrent aussitôt avec émulation devant cet humble aveu d'un prince de l'Eglise. Et les consciences se sentirent plus tranquilles.

Une décision fut prise, une tentative d'organisation pour lotir le domaine de la pauvreté, c'est-à-dire de délimiter les provinces où chacun se rendrait sur les ordres des supérieurs. Une messe dite par le seigneur cardinal conclut les travaux de ce mémorable rassemblement.

Ce chapitre des Nattes est d'une extrême importance pour nous qui cherchons à bien comprendre quel homme fut le Poverello : il le montre résolu coûte que coûte à lutter pour défendre son idéal contre les puissances de ce monde. D'ailleurs aussitôt après, par une sorte de coup de tête, il décida de se rendre en Orient.

L'Orient

En fut-il surpris ou non, personne ne fit un geste pour le retenir. Mais le vieux pape Honorius tenait fort au succès de cette cinquième croisade où la présence de religieux pouvait agir. Et l'attitude d'Hugolin changeait à l'égard de François. Naguère, il pressait son fils spirituel de rester en Italie à veiller sur ses frères au lieu de gagner la France ; mais il apparaissait depuis que l'homme posait à son insu de graves problèmes. Ce n'était pas qu'Hugolin l'aimât moins ou fût impatienté par ses sorties inattendues, un esprit de sa qualité passait sur les saintes algarades que François lui faisait subir dans ses moments d'inspiration. On ne reprenait pas un prophète habité par le souffle divin, on s'inclinait, on soupirait sur ses fautes. Tout cela avait été fait. Il n'empêche que demeurait en place, difficile, encombrant, le cas d'une organisation logique de l'ordre tout entier, mais, tant que le fondateur serait là, avec son rêve irréalisable et sa touchante obstination, rien ne pouvait bouger.

François, lui, voyait les choses autrement. Comment se fût-il méfié d'Hugolin ? Or ce même prélat l'avait un jour mis en garde contre cette Curie où, cardinal-évêque d'Ostie, il trouvait sa place, mais le Poverello était au-delà de ces considérations. Quitter ses enfants était dur, le ciel les lui avait confiés. N'était-ce pas une désertion ? Seule pouvait le justifier la folie de la Croix jointe à la folie de la croisade. La grande croix dessinée jadis à la craie sur son vêtement de jardinier s'était gravée jusque dans son cœur. Se battre, il ne le pouvait ni le voulait. Son but était de convertir les Infidèles et tout d'abord le sultan. Espoir suprême : le martyre. C'était le vœu le plus profond.

Avant de s'embarquer à Ancône, il remit son autorité entre les mains de deux religieux : Mathieu de Narni, chargé de recevoir les nouveaux venus à la Portioncule, et Grégoire de Naples, savant personnage, trop savant peut-être, qui visiterait les provinces. On pense bien que les frères, émus de ce départ, n'hésitèrent pas à le suivre en foule, mais à Ancône, grand embarras. Impossible de prendre tout ce monde. Le moment fut déchirant. Ici nous retrouvons François tout entier dans la délicatesse de sa charité : « Les gens du bateau refusent de nous prendre tous, dit-il, et je n'ai pas le courage de choisir parmi vous, *vous pourriez croire que je ne vous aime pas tous également.* Nous allons essayer de connaître la volonté de Dieu. » Un enfant se trouvait là ; François lui demanda de désigner du doigt ceux qui devaient partir. Ce qu'il fit comme par jeu. Ainsi le doigt d'un enfant devenait le doigt de Dieu. Personne n'était blessé, même parmi ceux tout près des larmes. Combien furent désignés ? Douze en comptant François.

Le 24 juin, jour de la Saint-Jean-Baptiste, patron de François, le navire leva l'ancre et cingla vers la Syrie, s'arrêtant à Chypre. Près d'un mois plus tard, les voyageurs atteignirent Saint-Jean-d'Acre, où les accueillit le custode de Syrie, frère Elie d'Assise.

Surprenantes sont les ruses du destin. François laissait en Italie le démolisseur de rêves qu'était Hugolin pour en rencontrer un autre que l'avenir allait révéler plus redoutable encore. Nous l'avons vu, les dispositions de François à l'égard d'Elie variaient d'une façon étrange, passant de l'affection à l'éloignement, pour de nouveau céder aux impulsions de son cœur. Il flairait quelque chose sans bien savoir quoi. En proie aux habiles de ce monde, il avançait parfois à l'aveuglette.

Elie, d'une intelligence exceptionnelle et d'une volonté au service d'une ambition sans limites, avait toujours aimé François, aimé et admiré, et François ne lui marchandait pas son affection, mais avec une ombre de réserve comme s'il se fût trouvé devant un mystère. C'est qu'en effet Elie était d'une complexité déroutante. Entre ces deux hommes il y aura des heurts parfois violents par la suite.

Pour le moment, nous sommes dans cette ville syrienne du royaume franc où frère Elie a toutes les raisons de se plaire. Avec ses jardins, ses terrasses, ses fontaines rafraîchissantes, elle ferait songer à Grenade telle que nous la connaissons aujourd'hui dans tout l'éclat de sa beauté mauresque, la Grenade du Generalife et de l'Albaïcin. Le soleil impitoyable fait cligner des yeux à François, mais des allées de cyprès le mettront à l'abri en attendant qu'il se repose dans la demeure d'Elie où l'ombre est protégée comme un trésor, car le charme de l'Orient a séduit le custode de Syrie et l'austérité, il faut la chercher ailleurs que dans ces pièces exquises. Gageons que François garde le silence.

Ce serait une erreur de ne voir en Elie qu'un voluptueux. Il comprend la population musulmane et provoque même des vocations, ce qui tient presque du miracle, mais il parle bien. Dans les mille facettes de ce cerveau, il semble qu'il y ait tous les dons où brille celui de persuader. Jadis consul à Assise, puis à Ancône, il sait ce qu'est l'organisation. Son désir d'exercer son influence est extrême.

Un homme dans son entourage est là pour en témoigner qui lui doit d'avoir découvert le sens de sa vie : Césaire de Spire. Dans sa ville natale, alors qu'il n'était pas même clerc, il s'était mis à prêcher et convertissait les femmes malgré la fureur des maris. Pris de peur devant leurs menaces, il avait fui jusqu'à Paris pour ne pas être voué au bûcher et, de là, avait gagné l'Orient où frère Elie lui rendit la paix en l'accueillant dans la fraternité. François n'arrivait donc pas en terre inconnue, il retrouvait par-delà les mers un peu de son rêve originel.

Son séjour à Saint-Jean-d'Acre fut bref. Avec quelques frères, dont Pierre de Catane et frère Illuminé, il se rendit hardiment à Damiette dans le delta du Nil pour y voir le sultan et le convertir. Tel était son programme dans sa simplicité audacieuse, toute franciscaine.

Celui que les chroniqueurs appellent le sultan de Babylone résidait à Damiette, mais les croisés cernaient la ville et en préparaient l'assaut. Prendre Damiette, c'était couper l'Egypte de la Palestine et porter un coup sévère au ravitaillement des Arabes, en attaquant les plaines à blé ; les lieux saints privés des renforts du sultan tombaient alors dans les mains des armées franques du royaume d'Antioche. Et si celles-ci échouaient, posséder les clefs de l'Egypte, Damiette et Alexandrie, constituait la plus efficace monnaie d'échange pour obtenir la reddition de Jérusalem.

Le premier soin de François fut de visiter avec ses frères le camp des croisés. Quand il vit ce grouillement disparate qui portait le nom d'armée chrétienne, il dut avoir une seconde de stupeur. La croisade, ce mot magique qui avait hanté toute sa jeunesse, c'était ça ! Car il y avait de tout dans cette foule et il allait le découvrir sur l'heure : aux soldats se mêlaient dans un désordre inextricable une faune d'êtres suspects, tout ce que le crime et le vol sèment sur les routes, avec les ribaudes et ribauds qui suivent les troupes derrière l'intendance. Illuminés et voyants circulaient dans ce rassemblement hétéroclite où résonnaient les langues de tous les coins de l'Europe, Français, Allemands, Italiens, Anglais, et, parmi eux, des croyants qui voulaient se battre pour le Christ voisinant avec des athées, le blasphème à la bouche, mais l'intérêt au cœur.

Un coup d'œil suffit à montrer sa tâche à François : il fallait convertir les chrétiens d'abord. Les Sarrasins viendraient après. Ce camp, c'était son champ de bataille avec le démon, et Dieu l'avait tiré d'Italie pour le planter là, dans ce pandémonium, et gagner des âmes. Des dizaines de tentes multicolores abritaient de la chaleur d'août les chefs, les barons hautains et querelleurs, les chapelles où les messes se succédaient, les dortoirs des hommes d'armes, non loin des fortifications musulmanes de la ville aux cent tours d'ocre rouge et des eaux limoneuses du Nil. Dominant le tumulte, la voix claire et passionnée qui avait séduit l'Italie se fit entendre et l'irrésistible courant d'amour qui passait dans cette prédication atteignit les cœurs les plus durs. Il y eut des conversions subites dans ces lieux où le désespoir rôdait avec l'ennui. Les compagnons de François se réjouissaient, mais lui demeurait inquiet. L'assaut qui devait se donner bientôt contre Damiette et les tentes couleur de sable du sultan lui paraissait voué à l'échec. Cela, il hésitait à le dire.

Frère Illuminé, direct comme une flèche, l'y poussa vivement. L'avertissement du ciel devait être entendu. François obéit. Des murmures, puis des insultes retentirent : « Lâche ! » François persista dans sa prophétie sans broncher, mais sa mise en garde n'intéressa personne parmi les chefs, car le camp était plein de ces visionnaires exaltés qui annonçaient des catastrophes de la part de Dieu.

L'assaut fut donné le 29 août. Les croisés se ruèrent sur Damiette et tombèrent dans un traquenard. Le sultan feignit de s'enfuir vers le désert et les Francs le poursuivirent jusque dans les dunes où se cachait le gros de l'armée musulmane. Les chrétiens surpris furent massacrés. Il en tomba près de six mille. Du camp où il était resté pour prier, François envoyait frère Illuminé interroger l'horizon, car il était clair qu'on ne se battait pas devant Damiette. Dans un nuage de poussière, on apprit le désastre. François fut consterné de voir sa prophétie si douloureusement accomplie et n'eut qu'une idée : ramener la paix par tous les moyens. A la réflexion, il n'y en avait qu'un qui était d'aller trouver directement le sultan. Le projet était fou, mais François pensait simplement.

Après les quelques jours où les croisés enterrèrent leurs morts dans les sables du Nil, tandis que les escarmouches continuaient à entretenir la guerre, François, sa résolution prise, se décida d'en informer celui qui régentait le camp bien qu'il n'en fût pas le chef militaire : le cardinal Pélage, légat du pape. Espagnol fanatique et furieusement imbu de son importance et de son rang, il ne se contentait pas de sa robe rouge qui le revêtait de la tête aux pieds, mais montait un cheval recouvert d'une housse d'écarlate avec des brides à l'avenant. Tout raidi dans son orgueil, il avait ses idées personnelles et catastrophiques pour mener la guerre, exigeant que le sultan cédât et l'Egypte et Jérusalem. François n'en était pas à son premier cardinal, mais celui-ci était coriace.

Lorsqu'il fut en présence de ce prince de l'Eglise, François lui fit part de son intention et attendit la réponse. Elle fut fortement négative. Convertir le sultan, rêve absurde. De quoi ce « petit moine » se mêlait-il ? Qu'il retournât à ses prières. Et la robe rouge éconduisit le froc brun terreux. François prit respectueusement congé. La politesse était faite, il allait maintenant obéir à l'inspiration qui lui venait du ciel.

Loin de se passer pendant une trêve, comme certains l'ont à tort supposé, l'initiative de François se situe en pleine période de combats où les croisés, exaspérés par leur récente défaite, harcelaient chaque jour les avant-postes du sultan. Avec frère Illuminé, François sortit du camp et se dirigea vers Damiette. Frère Illuminé, solide et courageux gaillard pourtant, tremblait de peur et la route était longue sous le soleil qui dévorait la terre. François marchait de ce pas résolu qui fut toujours le sien. La terrible réverbération de la lumière dut le faire souffrir, car il avait les yeux sensibles. Aux abords de la ville, deux soldats les arrêtèrent et menacèrent ni plus ni moins que de les décapiter, car une tête de chrétien valait littéralement son pesant d'or. François cria : « Sultan ! Sultan ! », et les hommes, croyant que le camp des vaincus envoyait des émissaires, les emmenèrent jusqu'au palais du sultan.

Face au sultan

A quoi François pouvait-il s'attendre ? Réussir à faire du sultan, commandeur des croyants, un chrétien ou au contraire devenir la victime d'un glorieux martyre ? Cette dernière éventualité n'était pas des moins séduisantes. Peut-être même était-elle le fond de sa pensée. Une surprise lui était réservée.

Le neveu de Saladin, Malik al-Kamil d'Egypte, du même âge que François, n'avait rien d'un tyran sanguinaire. C'était un des hommes les plus raffinés de son temps, féru de poésie religieuse, curieux de toute activité intellectuelle, ayant étudié la médecine et en fort bons termes avec Venise dont il protégeait les commerçants. Il en avait assez de la guerre qu'il jugeait inutile et craignait une nouvelle offensive du monde occidental contre les plaines égyptiennes où sévissait la famine. Il s'entourait de savants, astronomes ou médecins disciples d'Averroès, et de soufistes à qui il se plaisait à soumettre toutes sortes de questions sur l'immortalité de l'âme. L'un des plus beaux ornements de sa cour, le cheikh Alam ed-Din Tasif, se jouait de tous les problèmes de géométrie, et lui-même connaissait par cœur les poèmes d'Attar qu'enfant il avait rencontré.

Lorsqu'il vit les deux pauvres frères, il les prit d'abord pour des déserteurs qui venaient se rendre et embrasser la foi de l'Islam. Le cas n'était pas rare, mais François l'informa que jamais il ne serait musulman et qu'il venait au contraire de la part de Dieu pour sauver son âme.

Loin de s'en irriter, le neveu de Saladin jugea la situation des plus intéressantes. Un entretien philosophique semblait se profiler qui pouvait être curieux, car dans le regard de François brillait l'intelligence et une sympathie immédiate naquit entre les deux hommes ; le sultan décida de retenir ce visiteur inattendu quelques jours au palais où il serait traité avec courtoisie.

Nonobstant, il voulut mettre à l'épreuve la foi chrétienne de cet ardent « missionnaire ». La tradition, reprise avec zèle par les peintres, veut qu'il ait invité François à marcher à travers un brasier. Malik al-Kamil était trop libéral pour agir de façon aussi excessive, et il n'est pas indifférent de rappeler que l'Eglise interdisait des ordalies de ce genre : c'était, en effet, tenter Dieu. Mais il est de tradition de part et d'autre, dans chaque religion, de faire état des triomphes obtenus par cette voie de feu, tantôt sur les musulmans, tantôt sur les chrétiens. J'incline à croire que le sultan infligea seulement à François l'épreuve inoffensive, mais moralement pénible, de marcher sur la Croix. A cet effet, un splendide tapis brodé et parsemé de croix fut étendu devant lui. Le sultan observa son hôte. Nulle hésitation de la part de celui-ci. Il marcha hardiment sur les croix, puis dit simplement : « Comme vous voyez, j'ai marché sur ces croix. Ce sont les croix du mauvais larron. Vous pouvez les garder, si vous voulez. Nous

238

gardons la nôtre, qui est la vraie. » La finesse de cette réponse désarma tout à fait le sultan et François en profita pour lui faire un exposé de la foi du Christ. Il fut écouté avec attention et amitié. Malik al-Kamil dit alors en manière de conclusion : « Je me convertirais bien à votre religion qui est belle, mais je ne le peux pas : nous serions massacrés tous les deux. » On jouait au plus fin dans cette histoire. Le grand rêve du martyre s'envolait à tire-d'aile. On peut retenir comme certain, outre les bonnes façons de part et d'autre, le courage de François et son charme qui agissait infailliblement. Pris d'amitié pour lui, le neveu de Saladin, qui l'appelait frère François, ne voulut pas le voir partir les mains vides et lui offrit, selon les lois de la merveilleuse hospitalité orientale, de précieux cadeaux qui furent poliment écartés. Est-ce aller trop loin de soutenir, comme on l'a fait, qu'il persuada François de l'accompagner dans une mosquée ? Le saint n'aurait pas refusé, tout en précisant qu'il y prierait son Dieu, ajoutant plus tard cette phrase qui survole huit siècles et le rend plus proche encore de nous aujourd'hui : « Dieu est partout. »

Il accepta cependant le laissez-passer pour les lieux saints et promit de prier pour le sultan comme celui-ci le lui demandait. Après quoi il fut honorablement reconduit jusque sur le chemin du camp croisé.

Cette visite en apparence infructueuse ne devait réussir que beaucoup plus tard. Il paraît évident que Malik al-Kamil reçut de François une impression inoubliable et que François lui-même découvrit dans la personne de son hôte une humanité nouvelle. L'idée qu'il se faisait de l'Islam fut modifiée : la foi dans son principe, la foi en Dieu, pouvait se trouver ailleurs que dans le christianisme, et cette foi devait être respectée. Une vue aussi large du problème contenait une force énorme, presque révolutionnaire. On ne gagne pas les âmes autrement que par la douceur et l'exemple. Quel sens prenaient alors les croisades ? Cette question, si elle se posa à son esprit, allait obtenir sa réponse.

Dix ans plus tard, sans coup férir, acquis peut-être aux idées du Poverello, Malik al-Kamil rendit Jérusalem à Frédéric II. Et, même s'il y avait quelque calcul politique de part et d'autre, l'accord n'avait pas coûté de vies humaines.

Les franciscains avaient la permission de prêcher leur religion s'ils ne provoquaient pas les fidèles musulmans. Cette victoire de la sagesse et de la tolérance, François ne devait pas la voir. Bien au contraire, il allait, en 1219, être témoin de beaucoup de cruauté.

Dans le camp des croisés devant Damiette, le cardinal Pélage s'agitait et réclamait son offensive que déconseillait Jean de Brienne, roi de Jérusalem. Mais le pape, se mêlant à son tour de ces questions militaires, ordonna qu'on obéît à son légat, et l'armée franque se rua sur Damiette qui tomba dans l'assaut du 5 novembre. Le sultan avait quitté la forteresse pour se réfugier dans le delta du Nil, sur des positions imprenables entre deux bras du fleuve. La ville qu'il y fit bâtir devait s'appeler Mansourah, c'est-à-dire la victorieuse, et devenir le théâtre de nombreuses batailles à travers les siècles.

A Damiette, les chrétiens déchaînés se livrèrent à une orgie de massacres. Il y avait tant de cadavres que la peste ne tarda pas à se déclarer et que l'entrée officielle ne put avoir lieu que plusieurs mois plus tard, en février. Pendant presque trois mois, Damiette ne fut même plus une ville morte, mais la cité des morts, et Jean de Brienne se retira de la croisade, laissant le sanglant cardinal savourer sa victoire.

Le choc pour François dut être violent. Il avait vu de près la tuerie de Collestrada, mais il s'agissait là d'une guerre entre deux Communes, fratricide, mais, hélas, pas extraordinaire. Ici, à Damiette, on tuait au nom du Christ. La Croix triomphait du Croissant dans un bain de sang et de stupre et cela s'appelait une croisade. Ecœuré, il décida de se joindre à la suite de Jean de Brienne. Un bateau les porta en mars à Saint-Jean-d'Acre où François, un François débarrassé de sa chevalerie de rêve, retrouva Elie et Césaire de Spire. Alla-t-il avec eux visiter les lieux saints ?

Ici le rideau tombe. De mars à juillet 1220, on ne peut faire que des suppositions sur les allées et venues de François, mais, d'après ce que nous savons de lui, il ne dut pas rester en place. Nous n'avons aucune preuve que le pèlerinage en Palestine se fit, cependant des présomptions solides ne manquent pas. Le pape, dès 1217, avait frappé d'excommunication les chrétiens qui se rendaient à Jérusalem parce qu'ils étaient obligés par les musulmans de payer un tribut pour y pénétrer. Enrichir les Infidèles paraissait intolérable. Mais, muni du laissez-passer que lui avait donné le sultan, François pouvait entrer gratis avec ses frères et l'objection papale tombait d'elle-même.

Jérusalem cependant n'était plus qu'une ville fantôme. El Muazzan, sultan de Damas, l'avait détruite au cours d'un raid. Les murailles célèbres n'étaient plus que des ravins et ne restaient debout ni fortifications ni aucun des grands monuments à l'exception — considérable — du Saint-Sépulcre, et bien entendu des deux grandes mosquées. On imagine l'émotion du Poverello au tombeau de Jésus, mais on ne peut que l'imaginer. Rien n'est parvenu jusqu'à nous de ce qu'il put dire à ses frères. Pas trace de ce voyage dans ses écrits, alors que la moindre allusion eût été précieuse. Le doute est permis, les suppositions ne sont pas tout à fait à exclure, et c'est tout ce qu'on peut dire. Tant de documents ont été perdus ou détruits...

Un épisode qui ne laisse pas de toucher est l'amitié de Jean de Brienne pour François, à bord du bateau qui les menait en Syrie. Le roi de Jérusalem allait devenir frère mineur après la mort du saint et voulut être enterré, en 1237, dans l'église supérieure d'Assise. Ainsi François, qui désirait si fort suivre le valeureux Gautier de Brienne et n'y réussit pas, attira dans son troupeau un autre Brienne, roi de la ville du Christ, celui-là.

De retour à Acre, il continua à prêcher et peut-être voulait-il prolonger indéfiniment son séjour pour évangéliser les Infidèles, dans le pays d'outre-mer ?

Sa parole agissait comme toujours avec une force inexplicable. Y était pour beaucoup sa présence, comme si l'âme se manifestait visible dans toute sa personne. On voyait aller à lui et rejoindre sa fraternité des convertis inattendus : un dignitaire, le prieur de Saint-Michel, quitta sa charge et se fit mineur. Jacques de Vitry, l'évêque d'Acre qui nous fournit cet exemple, nous en donne d'autres, non sans une pointe d'humour. François lui prit un clerc, l'Anglais Colin, et deux de ses compagnons : l'un d'eux, Dom Mathieu chargé d'une paroisse. Rien n'y fit, il la déserta pour suivre le Poverello. L'attrait était irrésistible. Le chantre voulait partir, lui aussi, il fallut que l'évêque usât de toute son influence pour le garder, mais il y en eut d'autres qu'il ne put retenir, et toute une garnison d'hospitaliers. L'explication que l'évêque propose est à noter parce que l'idéal franciscain risquait toujours d'être perdu de vue. « L'ordre des Frères mineurs, écrit-il, fait d'immenses progrès dans l'univers et cela parce qu'il suit expressément le mode de vie de la primitive Eglise et des Apôtres. » Abolir le temps, remonter à l'aube de l'expérience chrétienne, et le monde était sauvé. Qu'en pensait l'Eglise officielle ? Trop d'hérésies parlaient ce langage, mais François adhérait de toutes ses forces à l'Eglise...

Une nouvelle lui parvint à la fin du printemps qui le fit tressaillir : cinq de ses frères avaient subi le martyre au Maroc, en janvier. La joie remplit le cœur de François. Pour la première fois, le sang franciscain coulait chez les Infidèles comme il avait jadis coulé chez les païens de Rome. Il n'y avait pas lieu de les pleurer, mais de se réjouir et de remercier le Sauveur. La cause était gagnée. L'Evangile continuait, on passait aux Actes des Apôtres. Les noms des cinq témoins du Christ furent notés avec enthousiasme. Ils avaient peiné dur pour remporter la palme. A Séville, ayant prêché contre le Coran, ils avaient reçu la bastonnade. C'était bien peu. Ils montèrent au haut d'une tour et hurlèrent à l'imposture alors qu'on glorifiait Mahomet. Ils furent jetés en prison, puis relâchés. Expulsés de Séville, ils allèrent au Maroc tenter leur chance. Là, devant le Miramolin, ils insultèrent la foi musulmane. On les tortura, puis on les chassa du pays. Ils revinrent de nouveau à Marrakech, se glissèrent dans les mosquées où ils reprirent leurs imprécations. Pour se débarrasser de ces gêneurs, le Miramolin (Amir al-mu'minim : le commandeur des Croyants) leur fit offrir des cadeaux, refusés aussitôt avec dérision. La torture essaya de les faire changer d'attitude, mais ils s'efforcèrent de convertir leurs bourreaux et finalement, accédant à leurs vœux, on leur trancha la tête. La douceur n'était pas leur fort, ni leur style, mais ils avaient conquis le ciel par la violence comme les premiers chrétiens. Le frère bien-aimé pouvait être fier de ses enfants — morts à sa place. Morts à sa place! Cette pensée dut lui traverser le cœur. Son martyre à lui, se pouvait-il qu'il l'eût laissé passer dans le palais du sultan d'Egypte ? Le pouvoir de séduction de François faisait partie de son drame. Il ne pouvait s'empêcher de l'exercer. Il avait séduit Malik al-Kamil. Mais le sang coulerait un jour, et sa croix l'attendait, large et longue.

Revenez, frère, revenez...

En juillet 1220, alors que François faisait des projets d'avenir, arriva d'Italie frère Etienne, porteur de nouvelles inquiétantes. En l'absence de François, au chapitre de mai, Mathieu de Narni et Grégoire de Naples, les deux vicaires chargés de veiller sur la fraternité, avaient pris sur eux d'y apporter des changements, et la division s'était faite entre les frères. Les modifications étaient multiples. L'une des plus importantes concernait les règles du jeûne que l'on voulait conformes à celles des ordres existants. C'était un pas vers la transformation de la fraternité en ordre. D'autre part, Jean de Capella, un des premiers frères, avait fondé un ordre de lépreux, et Philippe le Long avait obtenu d'Hugolin et de la Curie des privilèges pour les Pauvres Dames dont celles-ci ne voulaient à aucun prix. Le bruit courait que François était mort. Frère Jourdain de Giano relate que François apprit ces choses alors qu'il dînait avec Pierre de Catane, ex-juriste, à qui il demanda calmement ce qu'il convenait de faire.

— C'est vous qui êtes le maître, à vous de décider. Je suis prêt à vous obéir.

— Eh bien, Maître Pierre, obéissons à l'Evangile qui nous commande de manger ce qui est placé devant nous.

François n'était pas homme à perdre la tête.

Dès que cela fut possible, il s'embarqua avec Elie, Césaire de Spire et Pierre de Catane, et le bateau cingla vers l'Italie. François dut comprendre alors pourquoi on n'avait rien fait pour le retenir quand il eut décidé de se rendre en Syrie. De Saint-Jean-d'Acre à Venise, si les vents sont favorables, il faut compter trois semaines, le temps de réfléchir. Et où mieux réfléchir qu'en pleine mer ? François tourne et retourne dans sa tête les fâcheuses nouvelles que frère Etienne lui a portées. Et il prie, cela va de soi. On lui a quelquefois fait entendre qu'il lui manquait le sens de l'organisation. Peut-être Dominique de Guzman l'a-t-il insinué quand il assista au chapitre des Nattes ? Et, en effet, la fraternité se désorganise. Elie qui voyage avec lui et qui l'aime voudrait lui être utile dans cette épreuve, mais que pense Elie ? Très difficile de le savoir, il n'est pas homme à se livrer, mais il voit venir sa chance de gloire.

François n'est pas un rêveur quand il s'agit de sa fraternité. Son absence, il le voit bien, l'a mise en péril. On veut en faire un ordre. Pour la sauver, il faut la dédoubler, créer une fraternité parallèle. Il y en a déjà une pour les hommes, les frères mineurs, une pour les femmes, les Pauvres Dames. On en fera une pour tout le monde, hommes et femmes qui, sans quitter le siècle, vivront selon la règle franciscaine. Et, puisqu'on veut mettre des ordres partout, ce sera le troisième, le tiers-ordre. Il ne perdait pas de vue qu'il fallait sauver tout le monde, c'était là son rêve absolu. Tout porte à croire cependant qu'il garda la sérénité, car, arrivé à Venise, il prit le temps de faire une retraite dans une île de la lagune, l'île du Désert. Il dut obtenir le silence des oiseaux qui poussaient des cris de joie à sa vue. Puis il écrivit à sœur Claire, dans une sorte de prémonition de ce qui se préparait contre ses vœux : on voulait la priver de sa pauvreté. La lettre est trop belle pour ne pas la citer en entier : « Moi, petit frère

François, je veux suivre la vie et la pauvreté de notre très haut Seigneur Jésus-Christ et de sa très Sainte Mère et persévérer en cela jusqu'à la mort. Et je vous prie, et je vous donne le conseil de vivre toujours dans cette très sainte vie et pauvreté. Gardez-vous bien de vous en éloigner jamais en aucune façon sur l'enseignement ou les conseils de qui que ce soit. »

Les craintes de François étaient bien fondées. Honorius III pressait Claire d'accepter le droit de propriété, mais elle était fidèle et ne trichait pas. A Orvieto, devant François, il ne fut plus question de privilèges ou de modifier la vie des Pauvres Dames — les bulles papales qui s'étaient succédé, en 1219 et 1220, *Cum dilecti, Sacrosancta romana* et *Pro dilectis,* on les annula purement et simplement —, mais en 1228, après la mort du saint, Hugolin devenu pape revint à la charge. Il obtint de Claire cette réponse magnifique : « Seigneur pape, absolvez-moi de mes péchés, mais laissez-moi suivre la voie de Jésus-Christ. » Et le pape s'inclina.

Six siècles plus tard, en 1893, quand on exhuma le corps de sainte Claire pour tranférer ses restes dans une châsse de cristal, on trouva dans les plis de sa robe la règle des clarisses. Un des articles, le seizième, était la lettre de François.

Le vieil Honorius, chassé de Rome cette fois par la canicule, s'était installé avec sa cour à Orvieto. Orvieto, ville sous l'obédience papale, facile à défendre sur son rocher, était l'un des endroits où les papes fuyaient volontiers les coups de sang de la plèbe romaine. Ville de fantômes aussi car, si les Etrusques y avaient creusé des puits et élevé des remparts, leur présence inquiétante y était toujours sensible dans la ville des morts que l'on continue à découvrir encore de nos jours au bas de la muraille rocheuse.

Quittant Venise, François prit donc le chemin d'Orvieto en passant par Vérone. A Bologne, il s'arrêta pour visiter la maison des frères fondée par Bernard de Quintavalle, mais là, ô surprise, au lieu du modeste couvent, il vit une magnifique demeure où ses franciscains s'étaient installés. Furieux de cet affront à Dame Pauvreté, il les mit dehors tous, jusqu'à frère Léon qui se trouvait là, malade, et leur ordonna d'aller loger ailleurs. Son autorité restait entière, mais il lui avait fallu pour agir un sursaut d'énergie. En réalité, il était à bout de forces.

En allant à Orvieto, il fit un rêve qui l'éclaira sur la conduite à suivre désormais : une poule noire essayait en vain de rassembler ses petits. L'indication lui parut nette : la poule noire, c'était lui, incapable de regrouper ses enfants dispersés. Le jour venu, il se présenta au pape et lui demanda que l'Eglise prît sa fraternité sous son aile. Un cardinal muni de tous les pouvoirs nécessaires deviendrait le protecteur des frères mineurs, et il proposa celui en qui il avait une confiance totale : Hugolin.

Sans hésiter, Honorius accéda à cette requête si parfaitement conforme aux vues de Rome, et cette initiative passera dans le droit commun de l'Eglise. On peut trouver surprenante la démarche de François. Sans doute faut-il tenir compte de son état de santé qui était mauvais et qui lui faisait craindre de ne pouvoir continuer seul à conduire ses frères. Le foie et l'estomac avaient souffert du climat oriental et, plus pénible encore, blessés par le soleil de Syrie et d'Egypte, ses yeux se trouvaient gravement atteints d'un mal progressif et à cette époque incurable : une conjonctivite granuleuse.

Heureux de voir François dans ces dispositions exemplaires d'obéissance au Saint-Siège, Honorius approuva sans difficulté la création du tiers-ordre qui étendait le pouvoir de l'Eglise. Accordée aussi au fondateur la permission d'en rédiger la règle. Battant le fer pendant qu'il était chaud, le pape décida, sur les conseils d'Hugolin, que les postulants franciscains feraient une année de noviciat, et François s'inclina. Une fois admis le principe de l'obéissance totale, le reste viendrait tout seul, avec les couvents qu'il faudrait bâtir. Le temps de la douce anarchie évangélique était bien révolu. La bulle *Cum secundum* fut promulguée le 22 septembre. François travaillait sur place à Orvieto à la rédaction de sa règle. Les conseils pleuvaient doucement de tous côtés dans cette Curie soucieuse de sauvegarder les traditions monastiques ; Hugolin surtout se montrait expert en formules ingénieuses. François écoutait et n'en faisait qu'à sa tête, ou essayait...

Au physique, ce n'était plus le même François qui revint à la Portioncule, mais le rayonnement de l'âme n'en paraissait que plus sensible. La nouvelle de son retour vola à travers le pays et rendit la joie aux milliers de frères désorientés par son absence. Il était là de nouveau parmi eux et ce que saint Benoît appelle la mortification de la vie en commun cessait d'un coup. Plus de discussions, plus de brouilles. Pareil à un magicien, cet homme qui essuyait sans cesse les larmes de ses yeux malades apportait avec lui la paix, l'indicible paix du cœur que le monde ne réussit pas à donner. Sans être le Christ, il faisait irrésistiblement songer à lui.

Le premier soin de François fut de se renseigner sur tout ce qui s'était passé à la Portioncule et ailleurs. Quelles pensées menait-il ? Maîtriser le désordre, reprendre tout en main alors qu'il s'agissait de six mille personnes, tâche énorme. Avec l'aide de Dieu, il y parviendrait, mais ses forces déclinaient. Le rêve de la poule noire lui revint peut-être à la mémoire comme un mauvais présage. Des rumeurs couraient, absurdes, mais sinistres. On prétendait qu'en l'absence de François le catharisme s'était infiltré chez les frères.

Arriva enfin le 29 septembre, jour de la Saint-Michel, date du chapitre qui rassemblait tous les frères mineurs de tout le pays. Ils vinrent avec d'autant plus d'allégresse qu'ils allaient fêter le retour de celui que Dieu leur avait donné pour guide et qu'ils aimaient d'un amour presque fanatique. Ils pensaient l'avoir perdu et de nouveau ils allaient le voir et l'entendre. Leur joie allait recevoir un coup violent. Au milieu du chapitre où de nombreux problèmes attendaient une solution, François fit cette déclaration consternante : « Désormais je suis mort pour vous, mais je vous présente mon frère Pierre de Catane auquel nous obéirons tous, vous et moi. » Et avec le sens qu'il avait du geste dramatique il se prosterna aux pieds de Pierre de Catane et lui fit obédience. On se croirait dans un roman russe. Et il ajouta cette magnifique prière : « Seigneur, je remets entre tes mains la famille dont tu m'avais confié jusqu'ici le dépôt. Incapable désormais d'en prendre soin, très doux Seigneur, à cause des infirmités que tu sais, je la passe aux ministres. Ils auront à rendre compte devant Toi, au jour du Jugement, des frères dont leur négligence, leur mauvais exemple ou leur sévérité excessive auront occasionné la perte. »

François abdiquait, gardant malgré tout le droit de rédiger sa règle. Le choix de son successeur était bon. Pierre de Catane l'avait suivi dès la toute première heure, en ce matin du 12 avril de 1208, lorsque François s'était rendu à San Nicolò avec Bernard de Quintavalle. Spontanément, Pierre s'était joint à François pour toujours. Sage et bien avisé de tous les pro-blèmes de droit, il allait faire un administrateur idéal et cela jusqu'à sa mort. Elle survint malheureusement très vite. Six mois ne s'étaient pas écoulés que, le 10 mars 1221, on l'enterrait.

L'embarras où cette disparition plongea François ne dura pas. Soutenu par Hugolin, quelqu'un se trouvait là, tout prêt à occuper la place vide. Elie allait pouvoir avec l'infatigable patience de l'ambition mettre en œuvre ses vues grandioses pour la fraternité.

Sublime et gênante histoire

Si François mettait un religieux à l'épreuve, il ne s'épargnait pas lui-même quand il s'agissait de tuer « le vieil homme » lent à mourir. Des souvenirs de jeunesse erraient comme des fantômes dans sa mémoire, par exemple sa prodigalité qui scandalisait Assise dans les temps de disette. A cause de cela, il lançait sa malédiction sur l'argent devenu sa phobie, mais il y avait autre chose, tentation plus subtile : son désir d'accéder au rang de la noblesse l'avait travaillé depuis son adolescence. Son père ne l'en avait pas découragé, au contraire. Devenir chevalier, c'était devenir noble. Pour cela, entre autres choses, l'armure était indispensable, et que d'armures brillaient dans les rêves de François jeune : des salles entières dont les murs disparaissaient sous les cuirasses ! On aurait dit que le diable lui-même s'ingéniait à les faire étinceler dans ces visions un peu enfantines ! Mais, derrière tout cela, il y avait quelque chose de plus sérieux. Sa mère, la douce Pica, passait pour être quelque peu apparentée au plus glorieux de tous les chevaliers, Gautier de Brienne, qui galopait d'un bout à l'autre de l'Italie et des rêves du jeune Italien. Malheureusement, si l'on pouvait dire, il y avait le drapier, le drapier gâtait tout et le drapier était son père.

Dans ses heures de solitude, à la Portioncule, dans ses insomnies, l'impitoyable mémoire se mettait à l'œuvre et François pensait mourir de honte. Etait-il sûr de ne pas garder au plus secret de lui-même une ombre de cette nostalgie du rang, de la race ? Bernard, lui, était noble, mais d'une humilité parfaitement évangélique. François n'aura pas oublié que, des années plus tôt, il l'a envoyé à Bologne, l'exposant à un accueil ignominieux, et il a su tous les détails, car son religieux a dû les lui confier par obéissance : les interrogatoires du Poverello savaient être serrés. Que faire ? Expier, mais comment ?

A force de pleurer toutes ses fautes, François devenait aveugle. Jamais saint ne versa plus de larmes. Un jour, il alla trouver Bernard retiré aux Carceri, sur le Subasio, et lui dit : « Viens et parle à cet aveugle. »

Or Bernard était en contemplation et ne l'entendit pas. François l'appela de nouveau deux fois, trois fois, sans succès. Bernard était un saint et François le savait ; à cause de cela, il le vénérait dans son cœur. Il n'en fut pas moins attristé de ce silence et, le scrupule aidant, se jeta le visage contre terre et demanda à Dieu pourquoi Bernard ne lui avait pas répondu. La réponse lui vint sans tarder et nette : « Oh, pauvre misérable petit homme, de quoi te troubles-tu ? L'homme doit-il quitter Dieu pour la créature ? Frère Bernard, quand tu l'appelais, était uni à moi... il n'entendait rien de tes paroles. »

Extrême fut la confusion de François, mais il y avait ceci de positif dans son état : il avait cherché de quoi il pouvait s'accuser auprès de Bernard et il était servi, si l'on peut dire, et servi par le Seigneur lui-même. Il tenait son péché et, plein de remords, se jeta aux pieds du religieux qui avait fini sa prière. Quel nom donner à son péché ? Un mouvement d'impatience ? Qu'importe, il l'avoua et demanda à Bernard, au nom de la sainte obéissance, de faire ce qu'il allait lui commander. Ici commence le récit d'une brutalité gênante. Bernard se voit contraint d'obéir et entend ceci : « Je te commande... que, pour punir ma présomption et l'audace de mon cœur, dès que je me jetterai sur le dos, tu me poses un pied sur la gorge et l'autre sur la bouche et que tu passes ainsi trois fois sur moi d'un côté à l'autre en me faisant honte et en m'injuriant, et dis-moi en particulier : " Reste étendu, rustre, fils de Pietro Bernardone, d'où te vient tant de superbe, à toi qui es la plus vile des créatures ? " »

Ainsi fut fait. L'épreuve dut être crucifiante pour l'un comme pour l'autre de ces deux hommes, peut-être plus pour Bernard qu'elle révoltait que pour François qui, dans l'amertume de cette coupe de fiel avalée à longs traits, savoura la défaite de l'orgueil.

Les mangeurs de rêves

Le chapitre de la Pentecôte de 1221 annonçait de grands changements chez les fils de François d'Assise. Trois mille frères étaient présents dans le même décor de feuillage que l'année passée, mais c'était malgré tout un lendemain de défaite et l'ère nouvelle inspirait une vague inquiétude. Cependant, la bonne humeur naturelle de la fraternité reprit le dessus.

Si le chapitre précédent ne manqua pas d'émouvoir, celui de mai 1221 dut leur faire une impression presque aussi douloureuse. Elie présidait. Tout son personnage tient dans cette petite phrase. Sa noblesse naturelle, la force de son intelligence, son caractère, sa grandeur, tout éclatait dans cette présence dominatrice. A ses pieds, un frère diminué par la maladie avait humblement pris place : François d'Assise ; et, quand il voulait attirer l'attention du ministre général, il le tirait doucement par le pan de sa robe. Le pouvoir avait changé de mains et ces mains nouvelles brûlaient d'agir.

Le problème des missions en Allemagne fut examiné. On sait le mauvais accueil qu'avaient reçu les frères déjà partis pour ces régions restées rudes, c'est bien peu dire : le sang avait coulé. Les palmes du martyre si ardemment convoitées attendaient les braves qui désiraient prêcher la foi et mourir pour elle. Quatre-vingt-dix frères se levèrent d'un coup comme on s'enrôle pour la guerre. Césaire de Spire et Thomas de Celano furent parmi ceux qui s'en allèrent. Il y en eut un qui fut emmené par erreur, Jourdain de Giano, il devait s'en tirer sans dommage et nous laisser des souvenirs sur cette expédition et sur les débuts de l'ordre, passionnants, mais partiaux.

Suivit une intervention de François. Ayant tiré le bas de la robe d'Elie pour obtenir la permission de parler, il se leva et donna lecture de sa règle. Dans toute l'histoire de sa vie, on ne trouve pas un moment plus triste ni plus poignant. Cette règle, François croyait de tout son cœur la tenir de Dieu. Les hommes en jugèrent autrement. Elle fut provisoirement écartée comme trop longue et surabondante en citations de l'Ecriture. François reçut le conseil d'en écrire une autre plus succincte.

Longue, en effet, elle peut le paraître, mais elle reste de toute beauté et nous fournit un document psychologique de premier ordre. L'homme François y est tout entier tel qu'il fut toujours, avant comme après sa conversion, avec cet enthousiasme qui lui était naturel et cette jeunesse de cœur résistant à toutes les épreuves. Saint comme pécheur, il garde les mêmes caractéristiques, et sa règle est l'œuvre d'un homme éternellement capable d'amour. C'est ce qui fait sa force et la puissance de son attrait sur les jeunes. Bannissant la tristesse toujours suspecte, contraire à l'espérance, elle se termine par un chant de joie où retentit l'allégresse d'un psaume de victoire.

Les précisions sur lui-même ne manquent pas. Certaines font ressouvenir du jeune extravagant qui soignait sa mise avec tous les raffinements d'un dameret, mais il s'agit à présent de gros drap bourru qu'on rapièce avec du sac.

L'horreur de l'argent est commandée avec la véhémence d'un homme qui a dissipé une fortune dans les plaisirs. L'argent, c'est de l'ordure.

La chasteté, sans quoi l'amour de Dieu n'est qu'une rêverie, brille comme un trésor irremplaçable. La pénitence s'efface dans la joie de l'âme libérée de l'esclavage des passions du corps.

Il y a dans tout cela, aux yeux d'un lecteur non prévenu, un mélange de bon sens et de délire métaphysique. C'est le désordre de l'amour fou qui commence par des recommandations pratiques d'une lucidité exemplaire et s'achève dans une crise d'ébriété divine. « Si vous ne devenez pas comme un petit enfant, dit le Christ, vous n'entrerez pas dans le royaume des cieux. » N'oublions pas que cette règle fut composée avec le concours de Césaire de Spire qui partageait largement l'exaltation de François et l'on conçoit et on croit entendre les grognements du vieil Honorius quand il lut ces pages tombées du ciel. Il fallait tailler dans tout ce sublime, rogner un peu les ailes au bel oiseau éperdu.

Au septième et dernier jour du chapitre, la séparation des frères fut empreinte d'une mélancolie jusqu'alors inéprouvée. D'habitude, on se disait gravement adieu, car l'espoir du martyre hantait ces pèlerins de l'absolu, mais, en cette année 1221, quitter celui qui fut si longtemps leur guide dut exiger un plus dur effort. Il restait toujours le frère par excellence, mais il ne les dirigeait plus. La grande effusion d'amour ne se retrouvait pas chez le nouveau ministre général. Elie savait commander, c'était là tout.

Et François, son bâton à la main, redevenait le vagabond de Dieu.

Frère Jacqueline

Aussi proche de son cœur que frère Léon et les tout premiers disciples, Jacqueline de Settesoli a une place à part. Ce fut le cardinal Jean de Saint-Paul, évêque d'Ostie, qui la fit connaître à François quand celui-ci se rendit à Rome pour voir Innocent III en 1212. Veuve à vingt ans et mère de deux garçons, elle descendait d'une des familles les plus illustres de l'ancienne Rome, les Frangipani, dont le nom était à lui seul comme un appel de l'Evangile venu de l'Antiquité : Flavius Anicius, l'ancêtre, avait sauvé le peuple de Rome de la famine en lui distribuant du pain d'où le nom, *frangere panem*. Richissime, cela va sans dire, mais belle on ne sait. Elle était en tout cas d'une générosité sans limites et songeait à se faire religieuse.

Quand elle vit François, il semble qu'il y ait eu de part et d'autre un coup de foudre spirituel. Certaines âmes vont l'une vers l'autre comme si elles se reconnaissaient. A la première occasion, elle se confia à lui et le prit comme conseiller. Or, ce que François admirait en elle était que, vivant dans le monde, elle y était comme si elle n'y était pas. Sans le savoir, elle incarnait déjà l'idéal du tiers-ordre et il est possible que son exemple fut l'éclair qui fit briller dans l'esprit de François la vision magnifique d'une fraternité universelle de laïcs. Sa fidélité courageuse aux enseignements du Christ provoqua l'admiration du saint.

Étant donné les vues de François sur le danger de fréquenter

253

les femmes, il dressa entre Jacqueline et la fraternité une sorte de barrière psychologique qui la rendait inoffensive. La personnalité de frère Jacqueline reste malgré tout un peu mystérieuse à cause du silence qui s'est fait sur son aspect physique et qui soulève un problème délicat. Peut-être lui manquait-il ce degré de féminité qui l'eût rendue dangereuse pour les frères. Je l'imagine assez bien se jetant aux pieds de François pour qu'il la délivrât d'elle-même. Combien d'hommes et de femmes se réfugient dans les couvents moins pour fuir le monde que pour se fuir eux-mêmes. Avec sa délicatesse habituelle, François inventa le nom de frère Jacqueline. Il l'appela ainsi avec cette propension du sexe fort à donner le nom d'homme à des femmes dont l'énergie lui paraît méritoire, mais ce n'est pas ici le lieu de critiquer ce petit travers masculin.

Chaque fois qu'il séjournait à Rome, François était l'hôte de frère Jacqueline. Elle confectionnait pour lui un petit gâteau qu'il ne refusait pas, comme si cette infime concession à la faiblesse humaine parvenait à faire une brèche dans son ascétisme de tous les jours. Et, amusante rencontre de l'étymologie, le gâteau était une crème à la frangipane.

Pour la petite histoire, notre *pithiviers* a la même origine ; ce sont les frères mineurs ou les clarisses qui en ont apporté la recette de Rome aux bords de la Loire.

Le grand méchant loup

Il est tellement connu qu'il est inutile de le présenter, le loup de Gubbio ! Voici le moins miraculeux de tous les miracles de François. Le vrai miracle eût été que le loup mangeât François, car il n'est pas d'exemple qu'aucune bête fît du mal au petit homme vêtu de bure. Tout le règne animal le respectait pour des raisons qui restent secrètes. On constate seulement que les bêtes l'aimaient. Voyaient-elles en lui une aura d'amour que nos yeux ne peuvent discerner et qui, agissant sur elles, les rendaient heureuses, peut-être sous la forme de cette auréole que nous ne voyons que dans les portraits de saints ? Les exemples ne sont pas rares. Un des plus célèbres est celui de saint Serge de Radonège qui avait pour compagnon dans les bois un ours avec qui il partageait son pain. Et je n'oublie pas le lion de saint Jérôme qui se laissa patiemment tirer une épine de la patte, commencement d'une longue amitié entre deux personnages, l'un et l'autre assez peu commodes.

Gubbio est une petite cité fort ancienne dont les fortifications dévalent en zigzag le flanc du mont Igino. Moins riante qu'Assise, elle paraît même un peu sévère, mais l'immense Piazza della Signoria placée au cœur de la ville lui donne la majesté des grands espaces. Des maisons en bordent un côté ; en face une terrasse domine la ville basse aux toits rouge sombre. Et à chaque bout de la grande place rectangulaire s'affrontent deux palais. Tel sera le décor de la scène finale.

Du temps de François, Gubbio vivait dans la terreur. Un loup d'une taille exceptionnelle hantait la campagne. Les habitants durent fermer les portes de la ville et n'en sortaient plus, quand il le fallait absolument, qu'armés de fourches et de piques, mais l'infernale créature ne craignait rien ni personne et, surgissant des bois, prélevait ses victimes avec l'autorité d'un Minotaure.

François décida d'y mettre bon ordre et se rendit à Gubbio dont les habitants le supplièrent de rester parmi eux, mais il ne les écouta pas et, quittant la ville par la porte Romaine, prit avec un compagnon le chemin de la forêt, repaire du maître assassin. Il dut d'abord franchir un espace désertique, lieu d'horreur où se voyaient çà et là des ossements qui en disaient long. Du haut des remparts, les habitants leur criaient de revenir. François ignorait la peur alors que son compagnon tremblait de tous ses membres. Tout à coup retentit dans les bois proches le long hurlement bien connu de tous.

Tandis que son compagnon pétrifié d'épouvante demeurait cloué sur place, François continuait son chemin. Presque aussitôt, à longues foulées, le plus célèbre des loups courut vers lui.

François alla droit vers le carnassier, traça sur lui un large signe de croix et l'appela : « Frère Loup, viens ici. Au nom du Christ, je te commande de ne plus faire de mal à personne. Et tu ne vas pas manger Frère Ane [c'était ainsi qu'il appelait son corps]. » Le loup s'arrêta, sa langue pendante disparut dans la gueule béante qui se referma et il s'approcha de François qui lui fit gravement la leçon. « Tu es très méchant, tu blesses et tu manges sans sa permission les créatures de Dieu, et non seulement les bêtes, mais aussi les hommes faits à l'image de Dieu, c'est pourquoi tu mérites les fourches comme voleur et assassin. Tout le monde crie et murmure contre toi. Mais je veux faire la paix entre toi et les habitants de Gubbio. » Le loup remua la queue et les oreilles en inclinant la tête pour faire signe qu'il acceptait. Cela ne suffisait pas. Il fallut qu'il donnât sa promesse de renoncer au mal, ce qu'il fit en plaçant sa patte dans la main que lui tendait François. Celui-ci commanda au nouveau converti de le suivre jusque sur la grande Piazza della Signoria. Tout le peuple était rassemblé pour assister à la merveille : François suivi de l'ennemi public numéro un miraculeusement assagi. Ne négligeant pas une si belle occasion de faire entendre la parole de l'Evangile, il révéla à ses auditeurs que les péchés de chacun d'entre eux avaient été la cause de ce fléau et que le feu de l'Enfer était bien plus à craindre que la gueule rouge d'un animal féroce. Pénitence, pénitence, et sans tarder !

Après quoi, il fut décidé que frère Loup s'étant amendé les habitants de Gubbio lui fourniraient chaque jour de quoi manger, la faim de loup étant proverbiale. Moyennant quoi, il se tiendrait tranquille. Frère Loup fut invité à confirmer ses bonnes résolutions, ce qu'il fit en remuant de nouveau queue et oreilles. Le promettait-il ? Le loup leva la patte droite et la mit dans la main de François.

Une vie nouvelle commença pour Gubbio comme pour le loup qui devint un familier de tous les habitants, entrant chez eux comme chez lui. Hélas ! il ne jouit que deux ans de cette vie délicieuse. On le pleura copieusement et il fut enterré dans une chapelle placée sous le vocable de saint François. Ce fut en 1873 qu'en soulevant une dalle on mit au jour son crâne qui à sa manière témoignait du prodige et glorifiait son premier ami parmi les hommes.

QUATRIÈME PARTIE

DIEU SEUL

François, frère mineur

Les décisions papales et épiscopales touchant la fraternité avaient réduit son fondateur au rang le plus modeste. Lui-même en avait exprimé le désir. Il n'était plus que frère mineur parmi des milliers d'autres, mais son rayonnement demeurait le même et comment l'eût-il caché ? Toute son humilité n'y pouvait rien. Il ne commandait plus, mais il restait le frère vers qui montait l'amour de la multitude. Il avait beau se faire petit, son rayonnement le trahissait.

Une histoire charmante nous le montre sous son aspect qui le rendait si nécessaire à tous. Un frère était tourmenté par le désir de posséder un psautier à lui et s'en ouvrit à frère François. Le supérieur n'y était pas opposé, mais le jeune frère voulait le tenir de François lui-même. Il tombait mal. François n'aimait pas qu'on fût contaminé par l'amour des livres : il fallait laisser cela aux savants, au clergé et aux ordres à bibliothèques, comme les bénédictins. Un vrai frère mineur n'avait que faire d'un livre personnel. Suffisait à tous l'Evangile de la communauté dont on donnait lecture à heures fixes. Mais le jeune frère revenait à la charge. Un soir qu'il était assis près du feu avec François, il risqua de nouveau sa demande. François bougonna : « Un psautier d'abord et ensuite il te faudra un bréviaire, et après cela tu t'assoiras dans une chaire et tu diras : frère, va me chercher mon bréviaire ! » Et par un de ces gestes inattendus qui le caractérisaient, il saisit une poignée de cendre froide, en frotta le crâne du jeune frère et s'écria en riant : « Un bréviaire ! Un bréviaire ! Voilà le bréviaire ! » Et le garçon se retira tout honteux.

Mais le récit ne s'arrête pas là. Quelques mois plus tard, François rencontra sur une route le frère aux instincts de bibliophile. Le croira-t-on ? Il reparla de son psautier et de la permission du ministre. Cette fois, François l'envoya promener : « Va et fais ce que ton ministre te dira. » Le frère s'en alla, laissant François seul sur la route, un François perplexe et qui tout à coup cria : « Attends, frère, attends ! » L'ayant rejoint, il lui demanda d'aller avec lui à l'endroit où la première fois il avait été question du psautier. Arrivés là, François se mit à genoux devant le frère et lui demanda pardon. « *Mea culpa* », dit-il, mais il ajouta qu'il n'était pas permis à un frère de rien posséder que sa tunique, sa corde, son caleçon et, quand il le fallait, pour cause de maladie, des chaussures. Le refus demeurait, mais le ton était autre. On n'entendit plus parler du bienheureux psautier.

A mesure qu'on avance dans l'histoire de François, sa tendance à nous échapper se confirme. Sa simplicité même le dérobe à notre désir de le comprendre. On songe à ces creux de rochers où il allait parfois chercher refuge à des hauteurs vertigineuses. Ses réactions sont déconcertantes et, jusqu'à la fin, il restera l'homme des contrastes. On le suit comme on peut.

L'installation d'une bibliothèque franciscaine à Bologne le met en rage. Est-ce à dire qu'il hait le savoir ? Loin de là. Il l'admire chez les autres, mais n'en veut pas chez lui. Il reconnaît qu'il est « sans lettres », mais il sait d'instinct que cette ignorance toute relative préserve en lui et chez ceux qui le suivront quelque chose de plus précieux que la science des hommes, à savoir le message évangélique dans toute sa pureté, l'état d'enfance spirituelle qui ouvre le royaume des cieux. Comme saint Paul, il ne sait que le Christ, supérieur à toute science humaine.

Cet amour du non-savoir est d'autant plus remarquable qu'il se manifeste dans une Europe en pleine évolution intellectuelle.

L'université de Bologne est la plus ancienne et la plus réputée, mais d'autres voient le jour en cette année 1222. Frédéric II fonde l'université de Naples et l'Ecole de médecine de Salerne. Il fait traduire Avicenne et Averroès et d'autres textes islamiques sur l'astronomie, l'anatomie et la médecine générale. C'était le premier essai de rapports sérieux entre le monde chrétien et l'Islam. Un effort analogue de compréhension avait lieu avec les Juifs de Cordoue et de Séville. En Italie, après Naples, se fonde l'université de Padoue. Les institutions savantes se multiplient. Tout peut en sortir. C'est entre leurs murs qu'auront lieu les débats théologiques qui jadis se déroulaient sur la place et dans les rues. François n'est pas long à flairer le danger de la scolastique.

Dans les vastes mouvements d'idées qui remuent la société, il reste à part, fidèle à sa vocation de charité, seul. Qu'est-il au juste ? On le regarde et on l'écoute avec étonnement. D'où vient que sa voix apporte la joie dans le cœur le plus troublé ? Son sourire est celui-là même de l'amour. Les phrases les plus familières qui sortent de sa bouche raniment la foi et réconcilient l'individu avec lui-même... l'individu, même perdu dans la foule, comme si cette dernière se composait d'êtres humains et n'était plus, ce qu'elle est en général, un monstre acéphale. On est tenté de dire comme on le faisait du Christ que jamais personne n'a parlé comme lui. Il a ceci de particulier que, dans la foule infiniment diverse des êtres qui l'observent, il est simplement l'homme tel que Dieu le voulait. Rien de moins compliqué, mais rien de plus beau. On ne viendrait pas à bout d'énumérer les miracles de frère François, presque tous de guérisons du corps comme de l'âme, semblables à ceux de l'Evangile et signes manifestes de sa sainteté.

Cette année-là sans doute — peut-être avant, mais nous ne le savons pas au juste —, il accepta d'être diacre, ce qui lui conférait le droit de lire l'Evangile à la messe, officiellement, et d'une grande importance aussi pour lui, le privilège de porter à certains offices le ciboire dans ses mains qu'entouraient les plis du voile huméral. C'était tenir Dieu sur son cœur.

Sermon à Bologne

Dans ce remue-ménage d'opinions et d'enseignements divers, la fraternité des Frères mineurs va-t-elle bouger et qu'en pense François ? François ne bronche pas. Pour lui, la croix reste immuable sur notre terre qui tourne, et pourtant cette année 1222 ne lui apporte pas la paix. La paix, il faudra qu'il tente de la trouver à Fonte Colombo, dans un de ces ermitages du val de Rieti, caché dans les hauteurs au fond de bois touffus. Là, il pourra réfléchir. Trop de choses se passent dans le monde dont l'écho lui parvient. La fraternité change. Les amis de François, Elie et Hugolin, y ont mis bon ordre : ils en ont fait un ordre. La conspiration a été ourdie de main de maître, avec douceur. Le grand rêve de l'humanité marchant tout entière vers le salut s'est évanoui devant les « mesures pratiques pour sauver l'« idée » initiale, et François souffre. « Qui a déchiré ma règle ? », s'écriera-t-il un jour douloureusement. Et pourtant jamais homme n'a fait rêve plus beau que celui de François, et plus de vingt générations vivront du souvenir de ce rêve. On ne tue pas une idée.

Sans doute accompagné par frère Léon, il allait d'ermitage en ermitage rendre visite aux frères de la première heure : Bernard, Rufin, Gilles, Masseo, Genièvre — et Sylvestre, le plus inaccessible de tous, on pourrait dire le plus farouche. Ce serait mal connaître François que de le voir se contentant de faire une promenade nostalgique et ne parlant à ses frères que du bon vieux temps de la Portioncule et de Rivo Torto. A ces solitaires qui étaient à lui de tout leur cœur, il est probable qu'il soumettait ses problèmes et qu'il prêtait l'oreille à leurs conseils. Dans la beauté tranquille et apaisante de ces collines vert sombre, comme les calculs des gens de Rome devaient paraître petits à ces anachorètes tournés vers Dieu seul...

Mais François ne pouvait s'attarder. Il voulait agir, il avait sa règle à défendre. La première avait été refusée, une seconde s'élaborait en lui, répondant à l'inoubliable appel du Christ.

Il quitta ses frères une fois de plus pour aller ailleurs. Avait-il fait autre chose depuis treize ans ? Cette irrésistible fascination de la route lui faisait-elle oublier que le Seigneur lui avait montré le lieu très précis où sur l'Alverne il devait consacrer son temps à la prière dans un creux de rocher au-dessus de l'abîme ? Il ne s'y rendait pas très souvent, à la Verna, mais, s'il portait tout l'Evangile dans le cœur, il y avait du saint Paul dans l'activité voyageuse des jambes.

Une inspiration le guida vers Bologne. De cette ville si fière de sa beauté architecturale, il gardait un souvenir maussade. Il n'a pas oublié la méchanceté de ses habitants qui, deux jours durant, avaient insulté et tourné en ridicule un homme aussi saint que Bernard de Quintavalle venu là pour fonder un très modeste couvent de frères mineurs. Dix ans plus tard, François, passant là, y avait trouvé ses frères confortablement logés dans une riche demeure et voués à l'étude au lieu de vivre au grand air et de prêcher dans les campagnes et les villages. L'éclat spectaculaire de leur expulsion, François, qui s'en était chargé, ne le regrettait pas. On avait trahi la Sainte Pauvreté et cédé à un certain orgueil du savoir. Il avait parlé haut et fort et proféré des malédictions comme un prophète de l'Ancien Testament, mais Hugolin qui se trouvait sur les lieux était intervenu. Tout pouvait s'arranger parce que les murs du nouveau couvent étaient à lui, et les frères réintégraient la belle maison. Hugolin était toujours là pour arranger les choses à son idée. Tout cela, François devait y resonger, ce jour de l'Assomption de 1223.

Debout sur les marches de l'ancienne église romane, au milieu d'une place démesurée qui pouvait contenir la ville entière, il voyait deux palais somptueux aux créneaux agressifs, celui du podestat et celui de la Commune, et des rangées de magnifiques arcades, et, comme si ce faste ne suffisait pas, il apercevait par-dessus les toits les tours des maisons seigneuriales, chacune un peu plus haute que ses voisines, toutes essayant de se dépasser les unes les autres, quelques-unes un peu de travers dans leur effort pour affirmer leur supériorité. Là comme partout, l'arrogance bataillait sous le ciel brûlant.

Plus pesante encore dans sa gloire, la présence de l'université fondée au Ve siècle par Théodose, la plus ancienne du monde, la plus savante, la première. François ne la voyait pas d'où il se tenait, mais elle n'en était pas moins là devant lui. Qu'en pensait-il ? Nous le savons très bien. La valeur de la science, il la reconnaissait non sans de grandes réserves. D'autres pouvaient en profiter, mais non lui ni ses frères. Elle nourrissait l'orgueil, perdait plus d'âmes qu'elle n'en sauvait. Mère d'un vaste et vain savoir, l'université laissait sortir de ses murs des hommes pleins de suffisance, proies faciles pour l'éternel adversaire. « Un seul démon en sait plus que tous les hommes », écrira-t-il un jour...

Cependant, la place de la Commune est pleine ; il semble que la ville entière soit rassemblée sur les pavements, aux fenêtres et jusque sur les toits. Peuple, seigneurs, docteurs en droit, en théologie, philosophes, médecins, curieux de voir comment le petit homme en brun va s'en tirer, car enfin sa réputation est énorme, mais il est à Bologne. Et Bologne sait tout alors qu'il fait profession d'une ignorance volontaire. Est-il intimidé ? C'est très improbable. Il ne compte pas sur lui, mais sur son Seigneur. N'a-t-il pas fait pleurer les cardinaux sans savoir un mot de ce qu'il allait leur dire ? Ici, il se trouve dans une grande cité batailleuse divisée par des haines sanglantes qu'on se lègue de père en fils. François ne se fera pas faute de lui parler rudement, à l'orgueilleuse. N'a-t-il pas l'intuition que, dans cette multitude qu'il ne faut pas provoquer, beaucoup sont affamés non d'éloquence apprise, mais de religion pure et simple ? Quant à lui, sa fureur prophétique est toute prête. « Les anges, les hommes, les démons. » C'est le thème qu'il a choisi, l'humanité entre les puissances d'en haut et d'en bas. Quelle occasion de faire trembler...

Mais voici qu'à peine a-t-il ouvert la bouche le Seigneur en fait sortir des paroles d'amour et de paix comme s'il prenait simplement sa place. François s'exprime d'une façon si familière qu'on le croirait en conversation avec la foule, mais sa langue est trop claire et ses mots tombent trop juste pour qu'on ne l'écoute pas avec une attention avide, qu'on soit clerc ou qu'on soit du peuple. Les universitaires se regardent avec étonnement ; ce n'est pas là un ignorant qui se fait entendre. Ses citations de l'Ecriture sont d'un à-propos qui ferait honneur à un théologien et pourtant il n'a rien d'un prédicateur. A mesure qu'il s'anime, ses phrases sont les battements d'un cœur d'amoureux et c'est en effet l'amour qui parle et chacun de ses auditeurs se figure que c'est à lui seul qu'il s'adresse. Comment s'y prend-il ? Et comment la moindre de ses syllabes atteint-elle les coins les plus reculés de cette place immense ? On ne sait, on ne sait pas non plus comment sur sa prière des mains ennemies se tendent l'une vers l'autre dans l'élan de joie d'une réconciliation générale. Si forte est l'émotion que, dans un de ces remous d'enthousiasme un peu effrayants, on se rue vers lui en masse et on tente de mettre sa tunique en lambeaux pour en faire des reliques. C'est un saint qui a parlé. Une foule italienne ne s'y trompe pas.

Thomas de Spalato qui fut le témoin de ces choses nous en a laissé un récit.

La règle perdue

Quittant Bologne, il décide de se rendre à Rieti, car, depuis son retour de Terre sainte, ses yeux blessés par le soleil d'Orient ne cessent de le faire souffrir ; or Rieti est l'endroit où de tous temps on va soigner les ophtalmies. La renommée des médecins permet à François un espoir d'améliorer son état, sinon de guérir tout à fait. Il ira par petites étapes ; les grandes randonnées ne lui sont plus possibles. Toute l'ardeur de sa jeunesse se réfugie dans l'âme qui, elle, demeure infatigable alors que le corps s'affaiblit. Chemin faisant, il cherchera un peu de repos dans les nombreux ermitages où logent les frères mineurs. A La Verna, à Farneto, à Buonriposo, dans la haute vallée du Tibre... Ces asiles de fraîcheur, perdus dans les bois des collines, l'abritent de cette lumière qu'il a toujours tant aimée et dont il fuit à présent le torturant éclat. Il y est bien pour prier, et aussi pour réfléchir à sa règle qu'il veut d'une précision inattaquable.

Pour François, le seul nom de Rieti gardait une qualité magique. Lors de sa mission d'automne 1208 avec ses sept premiers frères, il était arrivé à Terni et avait découvert le val de Rieti dont le souvenir émerveillé ne cesserait d'agir sur lui comme un appel du bonheur. Il se revoyait sur la route des cascades, les fameuses cascades delle Marmore, où l'eau, malgré son bruit de tonnerre, ressemblait à des veines blanches dans le marbre vert de la forêt, où la tentation lui était venue de s'arrêter, de fonder un ermitage, mais il fallait aller de l'avant, convertir une population si favorisée par la douceur du pays qu'elle retournait au paganisme. Longeant le lac de Piediluco resserré entre les monts Réatins et les monts Sabins, il avait atteint un nouveau paradis terrestre...

Dans la dernière semaine de décembre 1222, il se rendit au petit couvent de Fonte Colombo. Caché dans un bois de chênes verts, c'était un lieu idéal pour le projet qu'il avait en tête. Qu'il me soit permis d'évoquer un souvenir personnel. Arrivés à Fonte Colombo, un matin de soleil, nous avons poussé une porte et sommes entrés dans une salle où le mot VISITARE était écrit en capitales. *Visitare,* c'était bien cela que nous voulions et plusieurs personnes vêtues assez modestement avaient sans doute eu la même idée. Assises sur un banc, elles attendaient et nous prîmes place à côté d'elles. Un groupe de pèlerins plutôt que des touristes, et nous attendions patiemment quand un gémissement de douleur se fit entendre derrière une porte, puis une grosse voix rassurante qui disait à peu près ceci : « Voyons, ce n'est pas la guerre ! vous allez voir, ce n'est rien. » Suivit un autre gémissement et nous demandâmes à l'un de nos voisins si la visite du couvent n'allait pas commencer bientôt. La réponse fut immédiate. « C'est le docteur, il faut attendre. » Nous attendions chez le frère qui soignait les malades. Ainsi la vieille tradition franciscaine se perpétuait de soins donnés aux pauvres ; la charité du Poverello avait bien traversé les siècles. Quittant ce minuscule hôpital, nous descendîmes par un chemin étroit jusqu'à une chapelle du XIIᵉ siècle, à peine plus grande qu'un oratoire, mais dont les murs portaient encore des fragments de fresques anciennes que François avait dû voir dans leur fraîcheur primitive. Un Christ tenant un livre à la manière byzantine s'y distinguait toujours. Dans l'embrasure d'une de ces fenêtres à peine plus larges qu'une meurtrière, la main délicate de François a peint la lettre Tau, parfaitement visible et d'une belle couleur rouge orangé, lettre qui lui servait de signature et qu'il avait dû voir pour la première fois à Rome dans une chapelle consacrée à saint Antoine, premier ermite. On a de bonnes raisons de croire que le Seigneur fut crucifié sur une croix de cette forme. C'était dans cette minuscule chapelle que François entendait la messe et sa présence y est plus émouvante que dans la splendeur de la basilique élevée par Elie à sa mémoire.

Plus bas, au flanc de la montagne, sous la grotte toute blanche qui lui servait de cellule, une fissure dans le rocher attire le regard dans l'abîme avec cette fascination du vertige qui devait être chère à François, car on la retrouve dans tous les refuges où il se cachait du monde. Avec l'intrépidité d'une chèvre, il grimpait là où, de nos jours, un garde-fou est indispensable. On peut rêver dans cette cellule. C'est là que, pendant quarante jours, François jeûna. L'élaboration mentale de sa règle demandait pour lui cet effort démesuré. Ses deux compagnons, frères Léon et Bonizo de Bologne, n'avaient pas été choisis au hasard : Léon était le confident irremplaçable et Bonizo un juriste bolonais. Ce fut alors, comme pour l'aider à voir clair dans sa tâche, qu'il eut en songe une vision déterminante. Il ramassait à terre des miettes de pain pour les donner aux milliers de frères autour de lui, elles étaient minuscules. Comment faire ? Une voix lui dit : « François, avec toutes ces miettes, fais une hostie et tu pourras en donner à tous ceux qui le désireront. » Il le fit, et ceux qui la recevaient sans en avoir le désir étaient frappés de lèpre. Le sens de ce rêve échappait à François, mais, tandis qu'il priait, le soir même, la voix lui expliqua : « François, les miettes, ce sont les paroles de l'Evangile, l'hostie la règle, la lèpre le péché. »

Le jeûne terminé, François appela Léon en lui disant d'apporter de quoi écrire. Tous deux s'installèrent devant la grotte, au pied d'un arbre, et François dicta sa règle sous l'inspiration divine. Cette certitude intérieure, on eût dit que la nature entière la renforçait dans tout son être. Le val s'ouvrait devant lui avec ses précipices boisés et, tout au loin, la cime neigeuse des monts brillait au bas du ciel. Le murmure continu des sources voisines, loin de troubler l'immensité du silence, semblait se confondre avec lui.

Il est certain que le texte de la règle n'en fut pas moins soumis à frère Bonizo qui pouvait donner d'utiles conseils sur les termes à employer dans le sens juridique de manière à déjouer la cautèle des ministres chicaneurs.

A la Portioncule, cependant, on commençait à s'interroger sur l'absence de François. Aucune nouvelle. On savait où il se trouvait, c'était tout et, l'hiver tirant à sa fin, Elie et plusieurs des ministres de la fraternité décidèrent de se rendre sur les lieux. Ce qui les inquiétait plus que tout était cette règle qu'on attendait de lui en remplacement de la première, écartée. Lui fallait-il tant de jours pour ce travail ? Dans leur imagination, plus le temps passait, plus ils la voyaient s'allonger, et ils la voulaient brève et raisonnable. Ils allèrent donc à Rieti et de là, à cheval, à Fonte Colombo. François les vit arriver sans plaisir. Avec Elie seul, il aurait pu parler à cœur ouvert, car il ne se défaisait pas d'une vieille affection pour cet homme ondoyant qui fut sans doute son meilleur ami de jeunesse, mais la présence des six ou sept ministres ne pouvait que l'agacer à cause de leur suffisance. Il ne savait pas qu'à Rieti, craignant que sa règle ne fût trop dure, ils avaient insisté pour qu'Elie allât trouver François et lui dît qu'ils ne voulaient pas de cette règle et qu'il la gardât pour lui seul. Elie avait refusé net ; il ne voulait à aucun prix s'exposer aux reproches du Poverello, mais les ministres revenus à la charge n'en démordaient pas. Finalement Elie céda et le petit groupe agité se mit en route pour l'ermitage.

« Que veulent ces frères ? », demanda François en les voyant. Elie, sans doute à contrecœur, transmit le message. La scène a été racontée de diverses manières. Il est triste d'avoir à écrire que, selon toute probabilité, les ministres eurent gain de cause.

Elie emporta la règle, promit de l'examiner à Rieti et d'en dire son sentiment à François dès qu'ils en auraient tous discuté.

Le Poverello dut cruellement souffrir. Il adressa cette parole douloureuse au Christ : « Seigneur, ne t'avais-je pas dit qu'ils n'auraient pas confiance en toi ? »

Les jours passèrent sans réponse. Dans une crise d'impatience où Francesco di Bernardone se retrouve tout entier, il descendit en ville et là, surprise, frère Elie l'informa que la règle avait été égarée. On avait beau chercher partout, impossible de mettre la main dessus. Ce sont des choses qui arrivent...

Une fois de plus François était circonvenu. Il fit alors ce que personne n'aurait pu prévoir. On avait perdu sa règle, il décida de la récrire. Cette règle était-elle identique à celle qu'on avait « perdue » ? Je le crois. Des concessions de forme et d'ordre juridique y avaient été faites sur les conseils de frère Bonizo, sans quoi elle risquait fort de ne pas *passer*. Mais, comme il arrivera toujours dans des cas semblables, on ne peut toucher à la forme qu'on ne touche au fond. Là est un des aspects du drame de François. Semblable à l'albatros de Baudelaire : « Ses ailes de géant l'empêchent de marcher. » Il n'avait pas les pieds sur terre. Entre l'Evangile tel qu'il le lisait et l'interprétation de l'Evangile par le monde, il y avait un abîme, celui où nous nous débattons aujourd'hui parce que, de toute évidence, le triomphe de l'Evangile dans notre monde, à la fin du XXᵉ siècle, est infiniment loin d'être accompli. Pour sauver l'idéal évangélique de François, l'Eglise se voyait contrainte d'y apporter des accommodements indispensables, autrement l'humanité faisait naufrage et retournait au paganisme. Si l'on veut voir où nous en sommes avec l'idéal, il n'est que de lire les prophéties du Christ sur les événements qui précéderont sa seconde venue sur notre terre. Auprès de cela les folies de Nostradamus sont des broutilles. Une catastrophe est annoncée telle que le monde n'en aura jamais connu depuis sa création. Seule la présence des élus abrégera la destruction totale. Il va de soi qu'un monde innocent ne serait pas frappé par un châtiment de cette dimension. Les hommes sécheront de peur. Les astres tomberont du ciel. Saint Pierre ajoute que les éléments embrasés se fondront. Après, viendront de nouveaux cieux et une nouvelle terre... On lit ces choses et on tourne la page en se disant : « Tout cela n'est pas pour demain. » Mais il y aura un jour entre les jours, sans lendemain.

Le rêve de François de sauver l'humanité par l'Evangile, il le rendait impraticable par l'attachement littéral et, il faut bien le dire, excessif à chaque verset de l'Evangile. Dans l'état du monde en 1220, l'Eglise ne pouvait sauver cet idéal qu'en le rendant le plus possible adaptable à l'homme de ce temps. François se rendit à ces raisons, et ce fut la règle de 1221 qu'on l'obligea à retailler. La nouvelle règle allait-elle convenir ? Oui et non. On ne pouvait demander à l'être humain quelque chose d'impossible. De nouveau, on dut refaçonner l'idéal franciscain à la taille de l'homme. Ce n'était pas inintelligent, c'était nécessaire et c'était triste. François n'avait pas eu la croix du martyre qu'il convoitait, le Christ lui en envoya une autre qui ressemblait singulièrement à celle que porta Simon de Cyrène, et le poids l'en écrasait.

Il ne voulait pas retailler l'Evangile à la mesure de l'homme. Il ne voulait pas être « raisonnable ». Il était de cette race d'hommes *qui ne veulent rien savoir* et que le monde finit par briser tant qu'ils sont sur terre, mais qui l'emportent au-delà de la mort. Saint François d'Assise fut-il jamais plus vivant qu'aujourd'hui alors que s'effacent les grands personnages de son temps ? Il voulait sauver le monde, il a sauvé l'espérance.

Malédiction de Pérouse

Alors que François se trouvait à Greccio dans son ermitage de prédilection, il fut, nous dit un chroniqueur pérugin, « favorisé d'une vision ». Le mot de favorisé peut surprendre, car la vision ne pouvait être que sombre. Il s'agissait de Pérouse dont l'orgueil, la violence et les vices lui faisaient une réputation détestable dans un temps où ils étaient pourtant monnaie courante. Il faut ajouter que François n'avait pas oublié la boucherie de Collestrada ni l'année qu'il avait passée dans les bas-fonds d'une geôle papale. De la rancune peut-être ? N'allons pas trop loin, mais gageons que François jugeait que Pérouse avait besoin d'une sérieuse admonestation. Il faut reconnaître aussi que ce grand saint avait la malédiction facile. N'avait-il pas pour patron saint Jean-Baptiste qui, lui, savait maudire avec toute la fureur des prophètes juifs ? Le nom de baptême de François, nous l'avons vu, était Giovanni pour Jean-Baptiste selon les intentions de sa mère, celui qu'il devait invoquer dans la prière du soir et dont l'influence devait se faire sentir tout au long de sa vie. Aussi, dans beaucoup de tableaux de la Renaissance italienne et jusqu'à l'art baroque, François est-il représenté en compagnie de son saint patron vêtu de poil de chameau.

N'empêche que la salutation franciscaine restait toujours la même : « *Pace e bene !* », et c'est sûrement avec cette pensée dans le cœur que François prit le chemin de Pérouse. Réformer la ville coupable, lui rendre la joie et la paix en lui prêchant la parole de Dieu et le repentir, tel était son propos quand il arriva à la grand-place où sur l'immense espace bordé de palais aux murailles crénelées en queue-d'aronde la cathédrale rose et gris répandait un air de magnificence.

Curieuse d'entendre le prédicateur le plus célèbre du pays, la foule accourait de tous côtés, sans aucune hostilité, car la soif de Dieu agissait là comme ailleurs dans toute l'Italie. Seuls les chevaliers manifestaient leur mépris pour cette émotion populaire et, menant grand bruit avec leurs épées et leurs boucliers, se mirent à faire des armes et à caracoler sur la place pour s'amuser de ce « moine » moralisateur ! Impossible de rien entendre avec ce diabolique fracas de ferraille et ces cris. C'est alors que François sentit monter en lui la grande indignation de l'Eternel contre son peuple. Se tournant vers la foule, il proféra son inquiétant message : « Ecoutez bien ce que le Seigneur vous annonce, cria-t-il. Ne dites pas : " Bah ! c'est un homme d'Assise ! " Le Seigneur vous a élevés et glorifiés, c'est pourquoi vous devez vous humilier devant Dieu et devant vos voisins

273

eux-mêmes... Votre cœur est gonflé d'arrogance... Vous pillez vos voisins et tuez beaucoup d'entre eux. Aussi je vous le dis, si vous ne vous convertissez pas bien vite, le Seigneur vous prépare une terrible vengeance, il vous dressera les uns contre les autres, la guerre civile éclatera et vous causera des maux sans fin. »

Or, telle était l'autorité de François que, loin d'exciter la colère du peuple, ce discours l'émut et lui fit honte et beaucoup se convertirent. Malgré quoi, peu de temps après, les désordres éclatèrent. Il y eut un soulèvement du parti populaire contre la chevalerie et la guerre civile commença ses ravages ; les fermes brûlèrent, les terres furent dévastées, les vignes s'écrasèrent sous les sabots des chevaux. Rome aida la Commune et les châteaux furent démantelés. La haine des classes s'enfla d'une telle vigueur et fit couler tant de sang que les chevaliers vaincus par le nombre se virent contraints de fuir et de demander asile à Assise, hier l'objet de leur dédain. Ainsi dans le désastre et la confusion se vérifièrent les prophéties du Poverello.

Le cœur serré par ce qu'il prévoyait, il quitta Pérouse et prit le chemin d'Assise, laissant derrière lui ses paroles de feu.

La règle des frères mineurs

Le chapitre de la Pentecôte à la Portioncule eut lieu le 11 juin et François y vint avec sa seconde règle scrupuleusement reconstituée. Obéissant, mais résolu, il était prêt à faire front pour défendre son texte. S'il s'attendait à une résistance, il la trouva encore plus nette qu'il ne la prévoyait, non seulement de la part des ministres, mais aussi des frères venus de tous les coins de la péninsule comme de l'étranger, chacun avec des problèmes particuliers. Tous étaient d'accord pour trouver que la règle de François péchait par un excès de sévérité et ne tenait pas compte des réalités : différences de climat, différences d'auditoires. C'était une chose que de prêcher des Espagnols au soleil, une autre d'affronter une foule parfois récalcitrante dans les boues de Poméranie. Les mortifications outrées minaient les forces et le zèle ne pouvait qu'en souffrir. Sans porter atteinte à l'idéal franciscain, on devait considérer, sinon des adoucissements, du moins une humanisation de certains articles.

François voyait clair dans ces objections dont certaines lui paraissaient justes. N'avait-il pas lui-même ordonné qu'on brûlât en tas les instruments de pénitence qui pouvaient châtier le corps sans atteindre l'âme ? Et, que la nourriture fût suffisante, il y insistait. Il cédait volontiers sur les points qui relevaient du bon sens, mais il bataillait ferme contre l'homme charnel et ses exigences portaient sur la réforme de la vie intérieure et sa sanctification. Mortifier la vue d'abord ; « la mort monte par les fenêtres », disait l'Ecriture qu'il connaissait bien. Regarder une femme avec convoitise est aussi grave que la fornication accomplie. Mortifier la langue ; un autre saint François, Français celui-là et évêque de Genève, nous dira que médire, c'est tremper sa langue dans le sang du prochain. François eût aimé cette formule. Guerre à tout ce qui peut tuer l'amour dans le cœur de l'homme. Sur ce point il ne cédera jamais d'un pouce. En revanche, pour le pécheur qui reconnaît sa faute, il exige l'indulgence, et il la veut large comme l'accordait le Christ, puisque c'est lui et toujours lui seul qu'il faut suivre. Il parle avec chaleur et autorité, bien qu'il ne soit plus qu'un frère mineur comme les autres, mais, s'il n'est plus le chef de la fraternité, il en est l'âme, et le François des premiers jours paraît tout entier dans ses expressions : « Je conseille... à mes frères... J'avertis... Je recommande... » Et toujours : « Mes frères... »

Non par faiblesse, mais pour sauvegarder l'idéal, il cède quand il se trouve devant l'insurmontable, l'obstination est un écueil où tout peut se fracasser. Sans doute devra-t-il composer. Il n'interdit plus de voyager à cheval quand il le faut, de même il revient sur la défense d'emporter quoi que ce soit. Un peu de l'énergie de la première règle s'atténuera. La seconde, moins rigoureuse, semblera aussi moins vigoureuse, mais elle demeurera fidèle à tout l'essentiel et on finira par l'accepter.

Restait l'obligation de la porter au pape, épreuve ultime et redoutable. Il quitta la Portioncule ni vainqueur ni vaincu, mais un peu plus désabusé. L'opposition des frères l'avait meurtri. « La règle est trop dure ! » Ce cri, il pensait ne jamais l'entendre. Les premiers compagnons ne l'auraient jamais poussé. C'était comme une protestation contre les exigences de l'Evangile, et l'Evangile perdait du terrain. Avait-il jamais cessé d'en perdre depuis que les pieds du Christ ne foulaient plus la terre ? Le rêve du jeune converti de 1206 s'en allait en lambeaux.

L'ermitage

Il lui fallait un refuge où se retrouver lui-même et se plaindre à Dieu : « Seigneur, ne te l'avais-je pas dit ? » Poggio Bustone dans les monts Réatins lui offrait la paix d'une solitude rafraîchissante, loin du monde et de ses voix querelleuses.

Le village est à flanc de montagne à plus de sept cents mètres d'altitude et le très modeste couvent à cent mètres au-dessus se composait, à l'époque de François, de trois ou quatre grottes aménagées en ermitage. François l'avait fondé en 1208, mais ce n'était pas là qu'il allait se retirer. A deux cents mètres plus haut, dans une combe perdue au pied de hautes falaises crayeuses, il avait découvert, plus secrète encore, une caverne où comme un oiseau blessé il allait se cacher.

Lorsqu'il redescendait à l'ermitage pour y parler à ses frères ou prendre un repas avec eux, il voyait, dans le soleil couchant, le val de Rieti aux prairies toutes roses sous le poudroiement de la lumière d'été et, au cœur de cette immense épaisseur végétale, un lac long et brillant comme une lame d'acier. Toute la nature semblait déjà lui souffler dans le silence les paroles du chant de louange qui s'assemblaient inconsciemment en lui, dominant sa tristesse.

Le visage de François

La question des portraits de François restera toujours ouverte, parce qu'ils sont nombreux dans les années qui ont suivi sa mort, et qu'ils ne concordent pas. Celui de Cimabue, le plus beau, a été fait une cinquantaine d'années plus tard. Son mérite, mise à part la beauté picturale, est dans l'intuition du génie : c'est le François des dernières années qu'il nous fait voir, un François malade, usé par la souffrance, triste, mais rayonnant malgré tout d'amour.

Si nous voulons François tel que l'ont vu ses contemporains au sommet de son aventure mystique, il faut le chercher ailleurs : dans l'abbaye bénédictine de Subiaco où nous trouvons deux témoignages qui me paraissent concluants...

A l'ermitage de Poggio Bustone, François passe une dizaine de jours, puis se rend à pied à Subiaco où l'on sait qu'il restera en juillet et août. Il tient à assister à la dédicace de la chapelle de Saint-Grégoire qu'Hugolin célébrera le 3 septembre, le cardinal d'Ostie étant seigneur de Jenna dont les terres dépendent vassalement de l'abbaye de Subiaco. Commencé par Innocent III en l'honneur de saint Benoît, le sanctuaire, élevé autour de la grotte où Benoît de Nursie avait, jadis, composé sa règle et fondé son ordre, voyait ses travaux s'achever.

François avait en affection les bénédictins et ceux-ci lui rendaient amour pour amour. Ils l'accueillaient avec joie et il y avait toujours une cellule pour lui. Mais cette fois, au besoin de mettre un peu de distance entre lui et sa fraternité changeant trop vite à ses yeux, s'ajoutait le désir de rendre honneur à l'éclatante consécration du patriarche des moines de l'Occident. Il gagna seul le monastère, car, par obéissance et humilité, il venait de renoncer à se faire comme d'habitude accompagner par l'un des frères les plus chers à son cœur.

J'ai la conviction que la consécration de la chapelle de Saint-Grégoire n'a pu avoir lieu qu'en 1223 et non en 1222 ou en 1224 comme le diront certains, mais, avant d'en venir au portrait de François commencé en 1216 lors d'une première visite dont j'ai parlé, je voudrais attirer l'attention sur un second portrait sur une autre paroi de la même chapelle, à gauche de la fenêtre et représentant la cérémonie de la dédicace. Trois personnages se tiennent debout : le cardinal Hugolin officiant, puis derrière lui un grand jeune homme en aube, Rainaldo di Jenna, un des neveux du cardinal, qui plus tard deviendra pape à son tour sous le nom d'Alexandre IV ; entre eux une figure coiffée du capuchon triangulaire gris bleuté déjà vu dans l'autre portrait de François et, près de son visage, une croix de procession particulièrement chargée de gemmes. Contrairement à l'autre fresque, celle-ci ne présente aucun repeint et l'auteur en est ce mystérieux maître de Saint-Grégoire appelé aussi maître de saint François d'Assise et que certains spécialistes ont cru identifier comme un peintre de la famille Cosma. De toute façon un excellent fresquiste de l'école romaine.

Sans vouloir entrer dans de stériles querelles qui embrouillent l'évidence et, me souvenant de ce que disait Berenson sur la réalité intérieure, je veux voir dans ces deux portraits les seuls visages authentiques, sans oublier pourtant le Poverello essuyant ses yeux, peinture naïve que nous retrouverons à Greccio. La lecture des inscriptions sous la fresque ne peut que me renforcer dans cette idée que nous avons là François en 1223, tel qu'en lui-même enfin...

La première des inscriptions explique simplement que c'est le pape Grégoire IX, alors évêque d'Ostie, qui consacra cette église. La seconde, en plus gros caractères sur un fond rouge passé, dit ceci : « La deuxième année du règne du souverain pontife fut peinte cette maison. Avant de recevoir le plus grand honneur, celui-ci y demeura et y mena une vie parfaite, deux mois, juillet et août ardent. Il macéra dans les saints exercices tel saint Paul ravi et transporté au troisième ciel. Ce n'était déjà plus lui qui vivait, mais le Christ en lui. C'est pourquoi on fera ici une prière. » Hugolin fut élu pape le 19 mars 1227, donc cette fresque fut peinte en 1228. Pourquoi deux inscriptions ? Parce qu'il est évident que la seconde, la grande, se rapporte à François. C'est l'année de sa canonisation et l'attention est attirée par l'importance de la croix près du visage. Les paroles latines sont au passé et portent témoignage de la sainteté du modèle. On ne pouvait guère les écrire du vivant de Grégoire IX ni du futur Alexandre IV. A cause de la précision sur les mois de juillet et août, il ne peut s'agir de 1222, puisque François était en Romagne et plus précisément à Bologne le 15 août. Ce ne peut être en 1224, car en août le saint se trouvait à La Verna. Je pense donc que cette inscription se lit clairement et indique que François habita le Sacro Speco de Subiaco et y mena la vie des moines en 1223 pendant deux mois d'été. Il y avait déjà en lui l'image du Christ qui se traduira, un an plus tard, par les Stigmates. Et, parce qu'il est saint, on peut ici prier devant cette image, ce qui serait insolite devant l'image d'un pape non canonisé.

On peut relever certaines ressemblances de détails entre ces deux portraits : le galbe des joues, la forme des oreilles, le dessin de la bouche et du menton, la taille de la barbe et des cheveux, la finesse du nez et surtout les sourcils droits et peu arqués indiqués par Celano. Diffère cependant le regard : dans la fresque de la dédicace, les yeux sont foncés et le regard semble tourné vers l'intérieur. Il s'éloigne de plus en plus des événements du monde. Sans doute, un retour sur lui-même après Poggio Bustone, et le désir de ne plus lutter pour son idéal que par l'exemple.

Dans l'autre portrait, il tient à la main un rouleau où se lit : *Paix à cette demeure.* C'est frère François. La main est jeune, le visage rieur, l'habit bien taillé de la pauvreté n'empêche pas une certaine élégance. Les pieds, là encore, ressemblent à ce que disait Celano : petits et presque féminins. Le cou est mince. C'est le François de 1216 avec son enthousiasme et ses illusions sur les hommes. La joie éclate dans son regard, tout le corps est jeune, même si l'on songe que la fresque a été par endroits restaurée au milieu du XIXe siècle, notamment les plis de la robe. François est vivant. C'est l'image la plus parfaite qu'on se forme de lui et le monde ne s'y est pas trompé. Mais regardons de plus près... Un examen attentif de ce visage nous en apprendra plus qu'il ne paraît à première vue. Le premier séjour de François à Subiaco date sans doute de 1216, le second de 1223. Entre ces deux dates le destin est passé, l'homme a beaucoup changé. Une transformation s'est opérée en lui que l'artiste nous raconte à sa manière, et cela avec une discrétion et une habileté exceptionnelles. On dirait qu'il veut cacher ce qu'il a à dire. Un regard distrait n'y verra rien.

Selon moi, l'artiste de cette fresque habitait le monastère. Si l'on cache la partie gauche du visage, que voit-on à droite ? L'œil est grand, clair, joyeux, celui d'un homme qui jette sur la création un regard ébloui, comme si toute la beauté de la nature entrait en lui pour l'habiter. Le jeune François est là avec ses passions qu'il combat et tous ses rêves sur la bonne volonté des hommes. Un sourire se dessine nettement qui relève à la fois le coin de la bouche et de la narine.

La face gauche dit tout autre chose. L'œil a ceci de particulier que l'iris s'est agrandi jusqu'à toucher le bord de la paupière. D'autre part l'œil est plus petit et la joie en a disparu. On ne peut dire que cet œil soit malade, mais il est différent de l'œil droit, il a été atteint, l'expression est grave, presque sévère. Aucun sourire ne relève le coin de la bouche, pas plus que la narine. Ce côté du visage est immobile et triste. C'est le François de l'été de 1223, et cette partie de visage a peut-être servi de modèle pour l'autre fresque. Entre 1216 et 1223, il y a eu le voyage en Terre sainte et la lutte pour défendre la première règle, l'ophtalmie persistante et les déceptions cruellement ressenties. Entre les deux surtout il y aura eu l'homme encore jeune, soulevé par l'amour, et l'homme qui a dominé ses instincts, mais pour qui la réussite en apparence éclatante de son idéal n'est qu'une défaite maquillée en victoire. « La déroute d'une armée n'est rien auprès de la déroute d'une idée », écrivait Sabatier en 1898.

Le peintre s'y est donc pris à deux fois pour faire ce portrait.

On peut supposer que d'abord il avait dessiné François dans tout l'éclat d'une vocation non encore mise à l'épreuve. Sept ans plus tard, ayant revu François dans son âge mûr, il a retouché le côté gauche du visage avec les modifications profondes que la vie y avait apportées. Tout cela dit, l'impression générale très forte que donne ce magnifique portrait est celle d'une joie surnaturelle, l'ombre s'efface, l'enfant bien-aimé de Dieu n'a pas été abandonné. Si les épreuves ont changé son visage, le fond du cœur est toujours le même, plein de cette tendresse qui le rapproche de nous et qui a fait de lui le saint le plus aimant, celui dont le seul nom fait sourire comme celui d'un ami. On dirait qu'il ne demande qu'à vivre avec nous et à nous venir en aide aux heures difficiles de toutes sortes. Il n'est pas docteur de l'Eglise, il ne sait que ce que le Christ lui a appris, mais il le sait bien. Par lui, l'Evangile nous est offert une seconde fois...

Le « lait de la tendresse humaine », nous le retrouvons dans ses écrits, mais nulle part peut-être autant que dans les quelques lignes adressées pendant ce séjour à frère Léon qui avait exprimé le désir de le voir. Les voici dans toute leur douceur :

« Frère Léon, salut et paix de ton frère François. Je te dis ceci, mon fils, comme une mère, que toutes les paroles que nous avons dites en chemin, je te les résume brièvement dans ce mot et ce conseil, et même si après il te faut venir à moi pour un autre conseil, voici : De quelque manière qu'il te semble meilleur de plaire au Seigneur Dieu et de suivre sa trace et sa pauvreté, faites-le avec la bénédiction du Seigneur Dieu et ma permission. Et si cela est nécessaire pour ton âme ou pour une autre consolation, et si tu désires simplement, Léon, venir me voir, viens. »

Que d'amour dans ce « viens » final ! L'écriture n'a jamais été aussi proche de la vie, on croit entendre *sa voix*.

Noël

Au milieu de septembre, Hugolin, qui a regagné Ostie, attend François et sa règle pour l'approbation papale. De Subiaco à Rome, la distance est courte, mais ce voyage a dû paraître bien long à François qui n'en augurait rien de bon. Ses rapports avec les grands de ce monde se soldaient si souvent par des déceptions... Le réconforte peut-être la présence de son ami Hugolin qui l'attend dans la Ville éternelle. Et, en effet, il est bien reçu par ce prince de l'Eglise. Quel chemin ils avaient parcouru tous les deux dans la vie ! Après la mort de François, ce même Hugolin, devenu pape, prétendra dans la bulle *Quo elongati* avoir activement participé à la rédaction de la règle des frères mineurs, mais il semble que ses interventions aient été surtout négatives. Il fit modifier certains articles, notamment sur l'obéissance absolue, sauf cas de conscience grave, comme dans les autres ordres. C'était le premier pas formel vers l'organisation régulière de la fraternité. François céda par obéissance.

N'est-ce pas alors qu'il prononça ces paroles tirées du plus profond de lui-même, qui rappellent la vie des Pères du Désert et dont Ignace de Loyola se souviendra : « Prenez un corps que l'âme a quitté et placez-le n'importe où ; il ne mettra aucune mauvaise grâce à se laisser manœuvrer, ne se plaindra pas de la posture où on le laisse. Installé dans une chaire, ce n'est pas en haut qu'il regardera, mais en bas ; revêtu de pourpre, il n'en paraîtra que deux fois plus pâle. Voilà le parfait obéissant... » Même si cela paraît contraire à son amour de la vie, nous avons là une image sans égale de son esprit d'obéissance.

En novembre, Honorius III eut entre les mains le texte modifié et à son tour imposa paternellement un ajout radical : le terme *ordre* faisait son apparition dans la règle, obscurcissant l'appellation vaste et généreuse de *fraternité,* mais celle-ci est restée dans le langage et le cœur des franciscains.

Enfin, le pape approuva la règle le 29 novembre dans la bulle *Solet annuere*. Pour être sûr qu'il n'y aurait pas de troubles avec les frères mineurs attachés à l'esprit des premiers jours, ceux qu'on a appelés les « zelanti », le pape promulgua bientôt une seconde bulle, *Fratrum minorum*, menaçant d'excommunication ceux qui n'observeraient pas la nouvelle règle.

La désillusion est totale pour François. Il redoute maintenant que les réformateurs de la règle n'en arrivent à chasser dans la solitude des bois les frères les plus fidèles. Et c'est ce qui arrivera quand les ministres généraux, dont Bonaventure, persécuteront les spirituels. Ainsi Césaire de Spire, mis en prison sous le généralat d'Elie, y laissa la vie sous les coups de bâton d'un frère geôlier, sous prétexte qu'il voulait s'enfuir. Bernard devra se cacher dans les ermitages perdus ; et les fameux rouleaux sur lesquels Léon racontait toute l'histoire de François et ses propres souvenirs, trop bien cachés, ne furent jamais retrouvés.

Avant de quitter Rome, François obtint du pape, en guise de compensation, le droit de fêter Noël avec un éclat particulier et selon ses idées personnelles. Il choisit Greccio parce que le seigneur du lieu, Giovanni di Velita, « qui attachait moins d'importance à la noblesse du sang qu'à celle de l'âme », avait fait don à François de la montagne couverte de bois qui dominait l'éperon rocheux de son village et le val de Rieti jusqu'aux monts bleutés s'étendant à l'horizon.

Sur un aplomb de la muraille de pierre, François avait fondé un petit ermitage, utilisant comme d'habitude une des grottes que lui offrait la nature. Elle fut transformée en chapelle. Sur sa demande, on y installa une mangeoire généreusement pourvue de paille. Suivirent un bœuf et un âne, témoins exigés par la tradition.

Au cœur de la nuit, les flambeaux s'allumèrent et la population d'alentour montait de tous côtés à travers les arbres, torche au poing, si bien que les sentiers de la montagne palpitaient comme des ruisseaux de lumière. Un prêtre était venu pour dire la messe qui fut célébrée sur la mangeoire devenue crèche, le « *presepio* » cher aux Italiens, et ce fut François revêtu de la dalmatique de diacre qui lut l'Evangile de la Nativité. La foule émerveillée par cette redécouverte du grand mystère suivait avec attention les moindres détails de la cérémonie et beaucoup crurent voir François tenir dans ses bras l'Enfant baigné de rayons. La foi du Moyen Age, plus près de l'enfance que la nôtre, traduisait d'instinct par des visions les vérités à croire qui parlaient mieux à son cœur.

Cette nuit-là était d'une douceur exceptionnelle qui ne fut jamais oubliée. Dans les bois, les frères chantaient, et les lumières luisaient doucement un peu partout comme pour se joindre à cette explosion d'allégresse inattendue et répondre à la clarté obscure du ciel. Ce fut notre messe de minuit, la première, pleine de cette poésie que seul un François d'Assise pouvait trouver. Cette année de batailles incertaines se terminait pour lui dans une joie extatique.

Lettre à frère Antoine

Après Noël ou tout au début de 1224, François écrit une lettre de quatre lignes à frère Antoine, en réponse à une lettre qu'il a reçue.de lui :

« A frère Antoine, mon évêque, frère François, salut. Il me plaît que tu enseignes aux frères la sainte théologie, pourvu que dans cette étude tu n'éteignes pas l'esprit d'oraison et de dévotion, comme il est prescrit dans la règle. »

Sans être sèche, elle est précautionneuse, elle fait l'effet d'une permission accordée parce que les temps changent, comme on confierait un médicament dangereux à une jeune personne inexpérimentée. Le terme de « mon évêque » ne doit pas égarer. Il ne s'agit pas là d'un badinage amical, mais du titre donné à un prédicateur, prélat ou non. Ce qui ressort, en tout cas, de ce bref message pourrait paraître une sourde méfiance à l'égard de la théologie si elle met en péril et l'esprit de prière et celui de dévotion. Pourquoi cette mise en garde et qu'a-t-il à craindre de son correspondant ?

Né à Lisbonne vers 1195, de grande famille et « beau comme une fleur », celui qui s'appelait alors Fernando repoussa les attraits du monde et entra dans l'ordre des chanoines réguliers de saint Augustin où il acquit de vastes connaissances. Il était chanoine de Sainte-Croix de Coimbra quand, en 1220, les martyrs franciscains du Maroc furent ensevelis dans son église. Sans hésiter, il décida immédiatement de devenir frère mineur. Les augustins tentèrent de le garder chez eux, mais rien n'y fit. Prenant le nom d'Antoine, il entra chez les franciscains du Portugal, puis se rendit en Italie et assista au chapitre du 30 mai 1221 à la Portioncule. On envoya le jeune frère dans un ermitage de Romagne. Il balayait, faisait le jardin et vivait dans une grotte.

Appelé à assister à une ordination à Forli, il lui fut commandé de prendre la parole, les religieux de divers ordres présents s'y étant refusés comme non préparés. Par obéissance, il se leva et son improvisation transporta ses auditeurs d'autant plus qu'il avait jusque-là laissé tout ignorer de ses dons et de l'étendue de son savoir. Partout, on voulut l'avoir pour prêcher et sa réputation grandit en raison inverse de sa modestie. Bologne, immense honneur, offrit une chaire à ce frère mineur de vingt-huit ans et d'autres villes le réclamaient. Les ministres de la fraternité le poussèrent dans cette voie, mais, en dépit de leur autorisation, c'était celle de François lui-même qu'il voulait obtenir. Avec toutes ses réticences, l'accord du Poverello ne pouvait être mieux interprété. Antoine mit toute sa science au service de l'esprit franciscain et, devenu célèbre en France comme en Italie, il fut invité à la jeune université de Padoue en 1229, après avoir enseigné à Bologne. François d'Assise avait un frère idéal : frère Antoine de Padoue.

Le dernier chapitre

François passa la fin de l'hiver à Greccio, perdu dans ce temps de Noël qu'il continuait à vivre comme une fête qu'il ne voulait pas voir finir, célébration d'amour pendant laquelle il souhaitait que les pauvres fussent royalement traités par les riches — le rêve de notre Marquiset —, et non seulement les hommes, mais les bêtes, les bœufs et les ânes, sans oublier les oiseaux. « Si je voyais l'empereur, s'écriait-il comme un enfant, je le supplierais de commander qu'on semât du grain sur les routes à Noël pour le régal des oiseaux, surtout pour nos sœurs les alouettes », ces dernières lui étant chères entre toutes parce qu'elles étaient vêtues comme des religieux, la tête prise dans une minuscule capuche brune.

Avec le temps et les dures épreuves, le dépouillement intérieur se parachevait pour atteindre à la simplicité totale. On aurait dit que la réalité du monde s'évanouissait à ses yeux. Jamais il n'avait mieux compris le néant des agitations humaines. Le croisé de jadis déposait en quelque sorte ses armes comme le chevalier Ange Tancrède avait déposé les siennes pour devenir frère Ange.

Une peinture de cette époque nous le montre sous un aspect douloureux, œuvre naïve et un peu maladroite, mais qui est malgré tout à retenir. Elle nous fait voir un petit homme vêtu en pauvre religieux qui s'essuie les yeux avec un mouchoir. Ce dernier détail semble juste. On a l'impression d'un torrent de larmes. L'état de ses yeux empirait de mois en mois sans espoir de guérison. Par un geste improbable, il lève la main droite ouverte montrant ainsi le Stigmate qu'il avait toujours soin de cacher. Cela a dû être rajouté après sa mort.

François prolongea son séjour dans le val de Rieti jusqu'au mois de juin, puis se rendit à la Portioncule pour assister une fois de plus, la dernière, au chapitre de la Pentecôte.

Un peu avant de quitter Greccio se produisit dans sa vie un incident minime que l'on pourrait omettre et ce serait dommage, car il nous révèle dans toute sa tendresse le François que nous aimons. Le Poverello n'est pas toujours facile à saisir. Ses brusqueries alternent avec des élans imprévus. Voici les faits.

Deux frères étaient venus de loin pour le voir et lui demander sa bénédiction. C'était en temps de carême et François se retirait dans sa grotte pour prier. Défense de le déranger à ce moment-là. Il n'avait pas d'heure et nul ne pouvait dire quand il allait regagner le couvent. Aussi les deux frères déçus tristement s'en allaient... Les voyant tout navrés, les compagnons de François essayèrent de les consoler en les raccompagnant à l'orée du village, mais les visiteurs évincés se persuadaient que leurs péchés leur avaient valu cette déconvenue. Ils étaient déjà en bas de la côte du couvent lorsque tout à coup, au-dessus d'eux, ils entendirent qu'on appelait. Par une inspiration subite, François était sorti de sa grotte. D'un coup d'œil, il comprit ce qui s'était passé. Il appela un frère et l'envoya dire aux visiteurs malchanceux de se tourner vers lui, ce qu'ils firent aussitôt. Alors, de son balcon naturel dans la falaise qui dominait la route, François fit sur eux un large et généreux signe de croix. Il leur sembla que la montagne entière les couvrait de sa bénédiction et, pleins d'une joie merveilleuse, ils regagnèrent leur province.

A la Portioncule, François trouva un chapitre réduit. Les frères étaient venus beaucoup moins nombreux qu'à l'ordinaire, car on avait institué des chapitres provinciaux. Rien ne ressemblait moins à une fête que ce maigre rassemblement. Faisait surtout défaut la joie des premiers jours, cette allégresse des retrouvailles et leur gai bavardage. Quelque chose avait changé. Quelqu'un manquait qui pourtant était là, mais absent, mais perdu dans le groupe, un petit frère comme les autres, silencieux.

Que se passait-il en lui ? Des décisions étaient prises : neuf frères seraient envoyés en Angleterre ; le terme d'ordre circulait à la place de fraternité, et comment François n'en aurait-il pas souffert ? Ordre sonnait comme un langage militaire. Dans fraternité, il y avait l'amour. Entre les deux quel rapport ? On ne parlait plus d'Amour. S'était-il trompé ? Avait-il mal compris ce que lui demandait le Seigneur ? Mais non, cela n'était pas possible, le Christ lui avait dit dans son cœur que sa règle était bonne. Les hommes l'avaient déchirée. Quelqu'un...

Grandeurs et misères de frère Elie

Quelques jours plus tard, Elie se trouvant avec François au couvent de Foligno voulut lui parler, mais François détourna la tête. Surpris, le ministre passa de l'autre côté et fut aussitôt gratifié d'une nouvelle volte-face. Une partie de la journée se passa en dérobades de ce genre chaque fois qu'ils se croisaient jusqu'à ce qu'Elie, le voyant à l'écart, lui touchât la manche et le suppliât de lui dire quel grief il avait contre lui.

La situation est un peu étrange et légèrement comique ; mais elle va cesser brusquement de l'être. N'est-il pas curieux de voir le ministre général de l'ordre franciscain humblement demander à un frère la faveur d'une réponse ? Mais il y a ceci qu'on ne doit pas oublier, c'est qu'Elie aime François de tout son cœur et que cette amitié va jusqu'à la vénération. Homme curieux, cet Elie de Cortone, comme on l'appellera, chef d'une véritable armée qui ne cesse de s'accroître. De quoi peut avoir peur un personnage déjà considérable ? François le sait et ne le dit pas.

Pris d'inquiétude, Elie insiste avec force. Le silence de François finit par devenir effrayant. Elie demande une dernière fois. Pour François, les limites de la charité sont atteintes, il déclare tout net : « Elie, tu te damnes. »

Ces mots épouvantables eurent un effet terrible sur le ministre général. Ses péchés étaient-ils si énormes ? Pécheur, il l'était comme tout le monde. Où était la pitié de Dieu ? Néanmoins, François tenait bon. Ce que Dieu lui avait fait voir concernant Elie était-il si alarmant ? L'Histoire nous en donne le détail.

Le désir fou de la puissance devait dominer sa carrière, mais comment ne pas y céder quand on devient le confident écouté d'un pape et d'un empereur ? Déjà conseiller d'Hugolin, il devait devenir celui de Frédéric II et par deux fois maître absolu de l'ordre des Frères mineurs. Architecte de talent et grand bâtisseur, sa vie s'écoulera dans de belles demeures comme celle qu'il se fit construire à Cortone dans le haut de la ville et qu'on a laissée de nos jours dans un état désolant d'abandon. Avec un chef renommé, une toque de premier ordre, frère Barthélemy de Padoue, il aura une table fameuse pour la délicatesse de sa chère. De trop élégants jeunes pages attachés à sa maison, des chevaux harnachés d'or... ce n'est pas pour lui qu'il tient à cet apparat, mais pour ce qu'il représente ; il est conscient de l'importance de son rôle et de son rang. Un jour, à Crémone, quand il sera ambassadeur du pape auprès de Frédéric II, il ne prendra même pas la peine de se lever pour le podestat de Parme et restera enfoncé dans son fauteuil au coin de la cheminée.

Par une fantaisie, celle-là innocente, il affectera de se coiffer d'un bonnet d'Arménien, comme plus tard Rousseau, mais son existence si dévouée quelle soit à ses frères n'en sera pas moins sollicitée chaque jour davantage par la politique. Le scandale n'est pas loin. Il n'a plus le temps de gouverner ses frères, ses missions près du pape, puis de l'empereur dévorent toute son activité. Laïc, il donne aux laïcs le pas sur les clercs aux postes de commande dans les provinces, et les clercs lui en garderont du ressentiment. Cela ira jusqu'à noircir quelques faiblesses humaines, on lui lancera ses plats trop exquis à la mémoire, entre autres... Il s'occupe imprudemment de chimie, car il est curieux de toute science, ce qui pour ses adversaires se transmue en recherche de la pierre philosophale.

Viendra cependant le jour où il sera chassé de son poste de ministre général à cause du rôle de plus en plus important qu'il joue dans la vie de l'empereur en opposition ouverte avec le pape. En avance sur son temps, comme Frédéric II, Elie tenait à la séparation des pouvoirs temporel et spirituel et comptait faire le lien entre eux. Grégoire IX imbu du pouvoir des deux glaives ne pouvait plus tolérer des idées aussi claires. Il faudrait examiner de près les lettres impériales et sans doute y trouverait-on les documents qui du côté de Rome ont été détruits par les adversaires d'Elie. La politique empoisonne tout. Cependant sous son généralat, l'ordre magnifiquement organisé s'étend de toutes parts et les frères mineurs dans les chaires les plus fameuses de Bologne, de Paris, d'Angleterre et d'Espagne, font connaître une vue nouvelle de la théologie.

Excommunié par deux papes, Grégoire IX et Innocent IV, il écrira une lettre justificatrice au premier, mais elle sera interceptée par ses ennemis et jamais l'ancien évêque d'Ostie, Hugolin, ne saura ce que son ami avait au fond du cœur. Celui-ci expliquait sans doute la charge que François lui aurait confiée avant sa mort : réconcilier le pape et l'empereur, à tout prix. Et ce qui a son poids, sœur Claire lui gardera jusqu'à la mort son affection et sa confiance…

Ce jour-là, à Foligno, se jetant aux genoux de François, il lui dit : « Prie pour moi. » Comment François n'aurait-il pas été sensible aux supplications d'un homme qu'il avait toujours aimé ? Il lui pardonnait tout : ses abus de pouvoir, ses arrangements avec la Curie, et du fond de son cœur il pria Dieu pour que frère Elie fût arraché à la damnation. Des années plus tard, tout près de sa fin, Elie se réconciliera avec l'Eglise et verra se lever son excommunication, grâce à un frère mineur qui au nom de François ira supplier le pape. En définitive, frère Elie avait bien mérité de l'ordre.

Le 4 août, cette même année, toujours à Foligno, Elie eut une vision qui dut lui serrer le cœur. Dans un rêve au milieu de la nuit, un prêtre vêtu de blanc et d'aspect majestueux apparut et lui commanda d'aller trouver François pour lui annoncer sa mort : dans deux ans elle viendrait le mener au Seigneur.

François ne pouvait accueillir cette nouvelle qu'avec joie. « Grâce à Dieu, disait-il un jour à son médecin, je ne suis pas un couard qui craint la mort. » Elle viendrait comme une libératrice et, pour la recevoir comme il se devait, il résolut d'abord d'aller à La Verna, à l'endroit même que Dieu lui avait indiqué quelques années plus tôt, pour prier et se dépouiller totalement de lui-même.

Les Stigmates

La Verna. On n'imagine pas un lieu d'une beauté plus sauvage. Un prophète de l'Ancien Testament n'aurait pas mieux choisi un refuge d'une grandeur plus dramatique ni plus favorable pour un dialogue avec l'Eternel.

J'y suis monté par un orage de septembre qui faisait l'effet de secouer la montagne. Un épais rideau de brume blanche voilait le paysage, bientôt lacérée et déchirée par une pluie diluvienne. Près du sommet, des rochers énormes semblaient avoir été jetés dans un fossé au fond duquel un trou laissait voir un précipice à couper le souffle. C'était pourtant dans un recoin de cette ouverture que se cachait François. Ces roches brisées dans des cataclysmes immémoriaux figuraient à ses yeux les blessures du Christ. Lui fallait-il le vertige pour se perdre en Dieu ? Cet homme déjà entre deux mondes portait en lui-même ses abîmes.

A peine en contrebas s'ouvre une grotte où l'on peut faire quelques pas. A plat sur le roc, une grille de fer s'étend à mes pieds : l'endroit du sol où il s'allongeait. De grands arbres élancés s'inclinent au-dessus des roches et adoucissent l'horreur de cette solitude ; deux bouleaux argentés brillent sur le fond noir des sapins. Plus loin, la pluie cessant tout à coup, je découvre le paysage sans limites qui a dû séduire le solitaire par la délicatesse et l'immense variété des tons : le vert tendre des prairies, les forêts touchées par les premières nuits froides qui les font flamber dans les rayons du couchant.

Ce n'est pas sans hésitation qu'on aborde le moment le plus

chargé de mystère de toute la vie de François d'Assise. Certains diraient : le plus difficile à croire, mais, par une inexplicable contradiction, c'est parce qu'il est difficile à croire que nous sommes parfaitement disposés à l'accepter. Il y aurait trop de témoignages à récuser. Je sais bien que le Moyen Age est fertile en hallucinations, individuelles et collectives, mais elles ont leurs limites, elles n'expliquent pas tout, elles n'expliquent même rien dès qu'on s'efforce d'aller au-delà. Plus importante nous paraît être la valeur et, si l'on ose dire, l'utilité de certains phénomènes d'ordre mystique. Saint Paul a été peut-être stigmatisé. Il s'exprime rapidement et assez peu clairement sur ce point comme si son message n'avait pas besoin de l'appui d'une telle expérience. De même, François non stigmatisé eût-il été moins grand saint à nos yeux ? Pour ma part, j'en doute, mais qu'il ait été marqué par les Stigmates, je le crois. Nombreux furent les saints qui ne reçurent pas ces marques de l'amour du Christ et tout aussi nombreux les chrétiens qui les reçurent et ne furent pas proclamés saints pour autant. Pourquoi cette répartition de grâces aussi particulières ? C'est là le secret de Dieu...

Devant la grotte où dormait François se creuse une faille toute hérissée de grands bouleaux qui semblent pousser là pour dissimuler l'horreur du précipice.

Un pont de bois jeté au-dessus du vide permettait de franchir cette ouverture où il est préférable de ne pas plonger le regard si la tête vous tourne facilement. Le pont, deux planches en travers de l'abîme. De l'autre côté, un sentier menait à une plate-forme rocheuse que choisit François pour y faire élever un petit ermitage rudimentaire. Ses trois compagnons, Léon, Ange et Rufin, se chargèrent de tous ces modestes travaux.

Là, il se trouvait si loin de l'endroit où se tenaient les frères que même s'il criait personne ne pouvait l'entendre. Léon veillait sur lui de son mieux avec les attentions d'une mère pour son enfant, mais lui pas plus qu'un autre n'avait le droit de déranger le solitaire sans sa permission expresse. Le matin, il lui portait du pain et une cruche d'eau. A minuit, il avançait un peu sur le sentier de l'ermitage et récitait le premier verset de l'office de Matines et, si François entonnait la suite, c'était que frère Léon pouvait venir. Autrement, le silence lui disait de s'en aller.

Le reste du temps était consacré à la méditation des souffrances du Christ. L'ermitage devenait un autre Golgotha, car François aurait voulu partager avec le Christ toutes les tortures de sa Passion, les ressentir avec la même intensité pour s'identifier à lui dans toute la mesure où cela était humainement possible. Qu'était-ce autre chose que l'union transformante ou cela n'en approchait-il pas ? Mendier l'amour et mendier la douleur qui l'accompagnait parce que les deux se confondaient sur la Croix, combien de mystiques ont désiré d'y atteindre !

Que croit-on qu'il se passait dans la grotte où François connut la grâce inouïe de l'union avec le Sauveur crucifié ? Nous n'en aurions aucune idée si frère Léon n'avait désobéi à l'interdiction formelle et vu beaucoup de choses. Il avait également entendu des paroles destinées à demeurer secrètes. Le lecteur épris de merveilleux trouvera le détail de tout cela chez saint Bonaventure et dans les *Considérations* sur *les Stigmates,* éblouissantes, mais parfois embrouillées.

L'essentiel de la version courante se réduit à ceci : le 14 septembre, jour de l'Exaltation de la Sainte-Croix, dans la nuit, un séraphin aux ailes de feu —, venu tout droit d'Isaïe (6, 2) —, portant l'image du crucifié, fondit du ciel sur François en contemplation hors de sa grotte et imprima dans sa chair les marques du supplice de même que la transverbération du coup de lance au côté droit. Un fait qui semble indubitable est que toute la population des alentours vit le sommet de La Verna enveloppé de lumière comme si le soleil était déjà levé.

De son côté, frère Léon vit également une boule de feu tombant des hauteurs jusqu'au visage de François, puis remontant au ciel. Frère Léon ne pouvait mentir et telle est la force de sa sincérité que je me persuade qu'il décrit la vérité quand je lis la description de ces faits extraordinaires, mais la page tournée, la magie s'évapore et j'en reviens à cette certitude que le secret de François est à jamais celui de Dieu.

Le problème n'est pas l'authenticité des Stigmates, mais bien ce que les témoins en ont fait. Ils s'y sont plongés pour en tirer un trésor d'images prodigieuses, ils l'ont pillé comme les croisés avaient pillé Byzance pour en emporter des masses de reliques.

Dire que le XIIIe siècle offrait le spectacle d'un monde de visionnaires serait excessif, mais nous ne devons jamais oublier que la vision y était monnaie courante. Chacun avait ses visions toujours utiles au besoin, et généralement admises. Et qu'appelaient-ils visions ? Ne s'agissait-il pas dans la plupart des cas de rêves prémonitoires ? De nos jours même, il nous arrive d'en avoir, mais la raison et le Dr Freud sont passés par là, nous n'en faisons pas état. L'Ecriture en est pleine, de la Genèse aux Evangiles, et cette imagerie sacrée comptait pour l'humanité. Les visions des prophètes étaient d'un autre ordre et ne relevaient pas nécessairement du rêve. La vision des séraphins aux six ailes de feu qui apparurent à Isaïe dut faire sur François une impression qu'on ne peut négliger. Des souvenirs oniriques de l'Ecriture devaient l'accompagner de sa conversion à sa mort. Pour tout le Moyen Age, le monde intérieur avait tendance à s'extérioriser sous forme d'images.

Frère Léon, le plus sérieux des témoins, on pourrait dire le seul, est à l'origine de tout ce que l'on sait et il voyait par les yeux de l'amour. François, lui, ne voulait pas qu'on en parlât et cachait jalousement la trace des Stigmates, parce que ces blessures étaient comme des bouches qui en disaient trop.

Le retour

Dans les derniers jours de septembre, François prit à regret la décision de quitter La Verna. La prédiction d'Elie à son sujet ne faisait aucun doute dans son esprit : il allait mourir. Le temps qui lui restait, il voulait en profiter pour dire adieu à la terre bien-aimée et surtout pour évangéliser une fois encore les villes et les villages. La mélancolie du départ cédait pourtant devant le souvenir des grâces reçues et de l'espérance de son salut, mais, alors qu'il se réjouissait, il eut un soir l'intuition que frère Léon était en proie à une tentation cruelle qu'il n'osait avouer. François sut en obtenir la confidence. Il ne s'agissait pas d'une tentation charnelle, mais — tout au contraire de ce qu'éprouvait François — de la terreur de n'être pas sauvé. François prit une plume et, de sa grande écriture maladroite, traça ces mots sur une feuille qui est parvenue jusqu'à nous : « Que le Seigneur te bénisse et te garde ! Que le Seigneur te montre sa face et te prenne en pitié ! Que le Seigneur tourne vers toi son visage et te donne la paix ! Que Dieu te bénisse, frère Léon ! » Signé du fameux Tau et même orné d'un petit dessin représentant, a-t-on dit, frère Léon, cela faisait songer à un passeport pour le Paradis et, fou de joie, frère Léon le prit et le garda sur son cœur jusqu'à la mort. Il se trouve aujourd'hui à Assise, dans la chapelle des Reliques de l'église inférieure.

Le dernier jour de septembre, François, très affaibli par ses souffrances physiques, monta sur un âne, les pieds entourés de bandelettes, les mains cachées sous ses longues manches. En route pour Assise, il s'arrêta d'abord à Chiusi afin de dire adieu au comte Orlando et de le remercier de l'âne qu'il lui avait donné pour son voyage, puis à Borgo San Sepolcro, puis à Monte Casale et à Città di Castello. C'était le chemin le plus long, mais les petites étapes étaient nécessaires. Il fallut un mois pour faire un voyage qui d'ordinaire aurait pris trois jours.

Les habitants venaient en foule au-devant de lui et il ne leur laissait porter aux lèvres que le bout de ses doigts afin de garder le secret des Stigmates, mais il ne pouvait empêcher la plaie du coup de lance de suinter sous la bure. Frère Léon qui ne le quittait pas le pansait de son mieux. Grande fut l'émotion des auditeurs quand ils virent leur Poverello tout décharné. Léon, Ange et Rufin eurent du mal à empêcher qu'on ne lui taillât sa robe pour en faire des reliques.

Chaque fois, François s'arrêtait pour regarder des paysages qui avaient tant compté dans sa vie. De ses yeux malades, il se perdait dans l'admiration de cette terre, car son âme ne se lassait pas de la beauté du monde visible. A Ponte San Giovanni, dernière étape, son cœur dut se serrer au souvenir de tant d'hommes d'Assise tombés là contre Pérouse, dans sa jeunesse.

Enfin, en novembre, il atteignit la Portioncule où il prit un peu de repos, mais, dès le mois suivant, il remonta à dos d'âne pour une dernière tournée de prédication en Ombrie et dans les Marches. Une telle énergie dans ce corps devenu si fragile est encore aujourd'hui une cause d'étonnement, mais sa fidélité à l'amour ne connaissait pas de relâche. Il revit Gubbio, mais il n'y revit pas son frère le loup, mort presque deux ans auparavant ; il revit Ancône où à deux reprises il s'était embarqué pour les pays d'outre-mer ; il revint par Jesi, Macerata, Spolète où le Seigneur lui parla en songe et où sa vie changea ; Montefalco le reçut, et Bevagna où les oiseaux l'avaient écouté ; puis Rivo Torto, là où les frères pensaient être au Paradis tant leur joie était grande. Au plus dur de l'hiver, avec ce qui lui restait de force, mais presque plus mort que vif et blanc comme un cadavre — on ne s'étonne pas que beaucoup dans leur esprit l'aient confondu avec l'idée qu'ils se faisaient du crucifié et l'appelaient un autre Christ —, il prêchait l'Evangile dans ce pays qu'il avait parcouru si souvent dans l'enthousiasme de sa jeunesse et ce ne fut qu'en mars qu'il regagna la Portioncule, épuisé. Il y trouva Elie qui voulut immédiatement le faire traiter par un médecin d'Assise et François obéit, mais tous les soins furent inutiles. Très soucieux de la santé de François, Elie prévint le pape qui donna l'ordre au malade de se rendre à Rieti pour se faire soigner par son médecin personnel, un praticien arabe. Comme d'habitude, François promit d'obéir, mais voulut d'abord dire adieu à sa Dame de pauvreté, sœur Claire.

A peine arrivé à San Damiano, son état de santé ne fit qu'empirer. On dut l'installer, hors la clôture. Le froid était si vif — et pourtant on était en avril — qu'il n'était pas question de le ramener à la Portioncule, l'humidité montant des marais voisins où les frères allaient couper leurs roseaux. Presque aveugle et souffrant atrocement, il fut placé dans une pièce où l'on avait construit une sorte de petite chambre obscure faite de nattes pour le mettre à l'abri de la lumière devenue son ennemie après avoir été l'objet de son admiration fervente.

Pendant cinquante jours, il resta enfermé dans le noir absolu. Claire et ses religieuses prenaient soin de lui, ainsi que deux frères attachés au monastère des clarisses sans avoir le droit d'y entrer et qui venaient chaque jour de la Portioncule. Les souffrances de François étaient indescriptibles : à la brûlure de l'ophtalmie s'ajoutaient des maux de tête d'une telle violence qu'on pense aujourd'hui qu'il s'agissait d'une sinusite aiguë que rien n'apaisait. Comme si cela ne suffisait pas, François se vit tourmenté par une invasion de souris qui couraient de tous côtés et jusque sur lui quand il portait du pain à sa bouche. Elles troublaient son sommeil rendu déjà très difficile par la maladie, mais il supportait avec patience cette épreuve que ses compagnons n'hésitaient pas à attribuer au démon.

Hymne à la joie

Ce fut dans l'excès de ses douleurs, là où le guettait peut-être le désespoir, qu'il appela Dieu à son secours et reçut de lui la plus réconfortante de toutes les grâces possibles : l'assurance de son salut éternel : « Réjouis-toi, lui dit la voix intérieure dont l'accent ne trompe jamais, réjouis-toi comme si tu partageais déjà mon Royaume. » Elle lui venait comme la plus bouleversante preuve d'amour que Dieu voulût lui donner de ce côté-ci de la mort. Désormais, le monde et le démon ne pouvaient s'acharner contre lui qu'en pure perte et, du cœur de cet homme supplicié, jaillit un cri de joie dont il nous a laissé le témoignage impérissable.

On a beaucoup écrit sur le *Cantique des Créatures*. Il demeure comme le premier grand poème italien en langue vulgaire, elle se dégage à peine des langes du latin. On y trouve comme dans les grands textes bibliques ce balancement des périodes qu'on a comparé aux battements alternatifs de deux ailes puissantes.

Est-il totalement de la main de François ? Oui, pour l'improvisation, pour cet élan de l'âme tout entière, de l'âme sauvée qui déjà chante dans la gloire. La forme cependant en a été donnée par l'Ecriture, dans le troisième chapitre de Daniel tel que saint Jérôme nous l'a magistralement transmis et qu'on ne trouvera pas dans la Bible hébraïque. Il s'agit du chant des trois enfants juifs dans la fournaise de Nabuchodonosor, qui, au milieu des flammes, élèvent la voix sans être atteints par le feu et invitent la création tout entière à louer le Seigneur. Les ressemblances avec le poème de François sont évidentes, mais dans le brasier des souffrances physiques sa foi et son génie lui ont inspiré une modification qui fait sienne cette magnifique louange : il appelle frère et sœur chacune des œuvres de Dieu qu'il convie à entonner cette hymne de joie digne de l'Ecriture.

Le texte de Daniel ne contient pas moins de trente-quatre versets ; François, avec l'instinct d'un vrai poète, fait un choix saisissant de huit créatures, les plus familières, les plus proches de nous, leur confère une personnalité presque humaine et les salue avec courtoisie et tendresse. Il ne donne du Messire qu'au soleil, grand seigneur parmi toutes les créatures, mais le vent n'est que frère vent, et le feu frère feu, comme de simples frères mineurs.

Voici une tentative de traduction de ce texte qui garde ses obscurités, la principale étant le mot « per » qu'on rend d'ordinaire par « pour ». J'ai préféré ce « pour », bien que « par » soit plus conforme au sens littéral de l'original, notamment dans la strophe du soleil, mais « par » semble formel, j'allais presque dire officiel, alors que « pour » est un cri de reconnaissance.

> Très haut, tout-puissant, bon Seigneur,
> A toi louanges, gloire, honneur
> Et toute bénédiction.
>
> A toi seul, très haut, ils conviennent
> Et nul n'est digne de dire ton nom.

298

Loué sois-tu, mon Seigneur,
avec toutes tes créatures,
et surtout Messire frère soleil,
lui, le jour dont tu nous éclaires,
beau, rayonnant d'une grande splendeur,
et de toi, ô très haut, portant l'image.

Loué sois-tu, mon Seigneur,
pour sœur lune et pour les étoiles
que tu as formées dans le ciel
claires et précieuses et belles.

Loué sois-tu, mon Seigneur,
pour frère vent,
pour l'air, et le nuage et le ciel clair
et tous les temps
par qui tu tiens en vie
toutes tes créatures.

Loué sois-tu, mon Seigneur,
pour sœur l'eau fort utile,
humble, précieuse et chaste.

Loué sois-tu, mon Seigneur,
pour frère feu,
par qui s'illumine la nuit,
et qui est beau, joyeux,
et invincible et fort.

Loué sois-tu, mon Seigneur,
pour sœur notre mère la terre,
qui nous nourrit et nous soutient
et qui produit les fruits divers
et les fleurs colorées et l'herbe.

Louez, bénissez mon Seigneur,
Rendez-lui grâces, servez-le
Tous en toute humilité.

Son travail achevé, François se montra sans aucune fausse modestie enchanté de son poème. Il appela ses frères et sœur Claire pour leur lire, et mieux encore pour le leur chanter sur une mélodie de son invention — que ne donnerions-nous pas pour l'avoir ! Retrouva-t-il sa jolie voix de jadis ? En tout cas, il décida que les frères le chanteraient chaque jour, et lui-même matin et soir, grisé par la certitude qu'il avait donné au monde un chef-d'œuvre. Il en était tellement sûr qu'il demanda aux frères mineurs de faire entendre partout ce chant d'admiration éperdue pour la beauté du monde de Dieu.

De nos jours, le plus beau commentaire de ce cantique de joie est une œuvre, encore trop peu connue, de la jeunesse de Stockhausen. Dans une musique fluide et douce on entend de temps à autre des voix de jeunes garçons, claires et joyeuses, qui ne disent qu'un ou deux mots : pluie, feu, neige, comme dans un jeu. On a l'impression qu'ils se promènent le long de cascades rafraîchissantes et qu'ils rient de bonheur. Parfois, un assez long espace de temps s'écoule et des airs sans suite, mais d'une harmonie délicate, ruissellent, impalpables comme le vent, et soudain se distingue le mot soleil ou lune ou étoiles ou fleurs, comme des cris sortant de bouches enfantines. Ces enfants qu'on fait descendre dans un enfer s'y débattent comme dans un nouveau paradis perdu...

« Le corps, voilà l'ennemi ! » Cette phrase, les frères l'entendaient parfois de la bouche de François. A nous, tout au bout du XXe siècle, elle semble monstrueuse, mais retournons un instant dans ce XIIIe siècle afin d'essayer de comprendre le Poverello. Selon lui comme selon beaucoup d'hommes de son temps, le corps était à l'origine des péchés de la chair. Haro donc sur le corps et réduisons-le à la raison par la pénitence et les mortifications, même les plus violentes. Il faut le battre. Ici, pourtant, François trace une limite et refuse la barbare « discipline » qui a duré jusqu'à nos jours. Pour calmer cet énergumène, le corps qui a partie liée avec le Mauvais et mène l'homme à sa perte, il préconise la plongée dans l'eau glacée quelle que soit la saison. Le jeûne fera le reste, moyen efficace.

Ce qui nous trouble dans cette solution du problème sexuel,

c'est qu'elle est plus manichéenne que chrétienne. L'espèce de malédiction sur la chair est déplaisante. Elle la sépare de l'âme. Mauvais désirs, adultères, fornications, meurtres viennent du cœur, dit le Christ, et « cœur » dans le langage sémitique désigne souvent la partie pensante de l'individu. A quoi bon taper sur les épaules et le reste quand le vrai responsable est ailleurs ? François avait-il respiré l'hérésie cathare comme toute son époque ?

A San Damiano, dans sa chambre obscure, il souffrait au point que l'on envisageait de lui administrer des calmants, sans doute de la poudre de pavots, mais un scrupule lui vint : avait-il le droit de refuser la souffrance ? Il résolut de demander conseil à un frère qui venait le soigner et qui avait son franc-parler.

— Que penses-tu des soins que je donne à mon corps ? Ne suis-je pas trop indulgent parce qu'il est malade ?

Ce frère qui vient droit du xxᵉ siècle ne se gêne pas pour le secouer et lui parler comme il faut :

— Père, est-ce que ton corps ne t'a pas fidèlement obéi ?

François reconnaît que son corps s'est toujours montré d'une obéissance exemplaire :

— Je dois lui rendre ce témoignage.

— Alors où donc, père, sont ta courtoisie, ton bon cœur et ta discrétion ? Est-ce ainsi que tu traites un ami fidèle ? Comment aurais-tu servi le Christ si ton corps ne t'y avait aidé ?

François baisse pavillon encore une fois : le frère a raison.

— Il s'est exposé pour toi à la mort, continue l'irréductible dialecticien, et tu vas le délaisser quand il a besoin de toi. Ne va pas commettre ce péché, ô père !

Du coup, François bénit ce conseiller si perspicace et, s'adressant joyeusement à son corps, il lui dit :

— Réjouis-toi, frère corps, je suis prêt désormais à t'accorder tout ce que tu voudras.

Ainsi la paix est faite entre eux — un peu tard, car la mort n'est plus loin, mais il est beau qu'il soit convenu de son erreur, alors que la Croix s'est implantée au plus profond de son âme.

Un mois plus tard, en juin, François ajoute une strophe à son chant. C'est qu'en effet la guerre risque d'éclater entre Assise et Pérouse. Les prédictions de François s'étaient réalisées. La Commune installée à Pérouse avait chassé les nobles de la ville et, par une ironie du sort, ceux-ci avaient trouvé asile dans la cité rivale, comme au temps de Collestrada les familles seigneuriales d'Assise s'étaient réfugiées à Pérouse. Le nouveau podestat assisiate, Oportulo di Bernardo, voyait là le moyen d'augmenter le prestige de sa ville, mais l'évêque Guido luttait contre ce qui lui paraissait être un geste antipapal, car Pérouse, quel que fût son gouvernement, bon ou mauvais comme dans les allégories, restait sous l'obédience de Rome. L'évêque excommunia le podestat ; le podestat lança l'interdiction civile sur tous les actes de l'évêque. Assise allait-elle connaître une nouvelle guerre de rues ?

Sans perdre de temps, François envoya un frère à l'évêque et au podestat, les priant de rassembler les notables dans la cour intérieure du palais épiscopal. Là, deux frères, sans doute Ange et Léon, chantèrent le Cantique des Créatures avec sa strophe nouvelle :

> Loué sois-tu, mon Seigneur,
> pour ceux qui pour l'amour de toi pardonnent
> et souffrent maux et tribulations.
>
> Heureux qui les supporteront
> Dans la paix,
> Ils tiendront de toi leur couronne,
> Ô très haut.

Alors le miracle qu'attendait François a lieu. Touchés par ce chant d'amour, en vrais Italiens, le podestat s'écrie : « Pour l'amour de Notre Seigneur et du bienheureux François, je pardonne au seigneur évêque et suis prêt à lui donner toute satisfaction qu'il lui plaira... », à quoi l'évêque, dans un même élan, répond : « Je suis naturellement porté à la colère. Il faut me pardonner... »

Ce geste fait une impression considérable en un temps où les haines entre villes et entre factions étaient si sanglantes et demeuraient perpétuellement inassouvies : Pérouse contre Assise, Spolète contre Foligno, Sienne ou Pise contre Florence, partisans du pape contre partisans de l'empereur, quartiers contre quartiers. François avait arrêté une guerre avec un chant.

L'inspiration franciscaine d'ailleurs a donné au monde dans ce même siècle quatre poètes dont la gloire ne s'est jamais obscurcie ; après François, le premier à écrire en langue vulgaire, frère Jacopone da Todi dont les *Laudi* sont une source inépuisable de poésie mystique ; puis Dante, tertiaire franciscain, qui fit de son parler toscan la langue de toute l'Italie. Et deux des plus belles hymnes latines, la plus forte peut-être, le Dies Irae de frère Thomas de Celano, et la plus déchirante, le Stabat Mater de frère Jacopone da Todi, viennent à nous de ce XIIIe siècle comme d'un sommet descend de la lumière.

Mon frère le feu

Sa joie de voir de nouveau régner la paix, une lettre vint la troubler. Elle était de la main du cardinal Hugolin qui usait de son autorité pour enjoindre à François de se faire soigner par l'ophtalmologiste du pape. L'épreuve serait dure.

Toujours au courant de ce qui touche François, Elie sait très bien qu'avec tout son courage il n'en redoute pas moins l'idée d'une opération. Ce sera sans doute un supplice. Aussi Elie promet-il de se tenir près du malade pendant qu'on l'opérera. Et François se résigne, mais il ne quittera pas Assise sans dire adieu à sœur Claire et la consoler, car elle va souffrir, elle aussi.

Une fois de plus, Rome aux mains des émeutiers, la cour papale s'est installée à Rieti. C'est donc là qu'on enverra le Poverello avec ses inséparables compagnons. Que ferait-il sans eux ? Se doute-t-il que, depuis des mois, frère Léon tient une sorte de journal de la vie de François d'Assise ? Il lui a dicté tant de choses et Léon observe tout.

A Rieti, malgré son état, François est persécuté par les admirateurs qui veulent à tout prix l'approcher. Beaucoup de gens du peuple, mais aussi des seigneurs et jusqu'à des membres de la Curie. La discrétion, la simple humanité sont étrangères à ces curieux. François est à leurs yeux la célébrité du jour qu'il faut avoir vue.

Il se réfugie à Fonte Colombo. Là, au moins, on le laissera tranquille et il n'aura qu'à attendre, dans une pièce obscurcie, avec toute la patience dont il se sent capable. Elle est mise à l'épreuve par l'absence d'Elie qui, malgré lui, fait surseoir deux fois à l'opération. N'en finira-t-on jamais ?

Autant l'hiver a été rude, autant cet été de 1225 est d'une chaleur accablante, même dans l'ermitage au cœur des bois. Quand donc viendra ce fameux médecin, tout de bon cette fois ? François a peur. Il ne cherche pas à se le cacher. On va lui cautériser le haut des joues et la nature en lui se révolte à cette idée, mais il faut s'y résoudre. Enfin, le médecin annonce qu'on ne peut plus retarder d'un seul jour. Où est Elie ? On le croyait absent, mais juste à temps il arrive et François en remercie le ciel...

Lorsque parut le médecin muni du cautère qu'il allait rougir au feu, François se mit à trembler d'effroi. Il savait très bien ce qu'on se proposait de lui faire subir pour venir à bout, espérait-on, de son ophtalmie. Le fer incandescent devait brûler l'une et l'autre tempe, du haut de l'oreille jusqu'à l'arcade sourcilière. Incapables de soutenir ce spectacle, ses fidèles compagnons, Léon, Rufin, Ange et Masseo, filèrent. Seul, Elie resta, et il put entendre François adresser au feu cette prière où parlait une foi d'enfant : « Mon frère le feu, le Très-Haut t'a conféré une splendeur que t'envient toutes les créatures... Montre-toi maintenant bon et courtois avec moi... Je prie le Seigneur Magnifique de tempérer pour moi son ardeur afin que j'aie la force de supporter sa caresse brûlante. »

Elie logea dans la sienne la main du patient, celui-ci ne

tremblait plus, il savait qu'il pouvait considérer comme exaucée une prière dite avec foi, et le fer lançant ses étincelles eut beau s'enfoncer dans sa chair, François ne ressentit aucun mal. Le médecin en fut plongé dans la stupeur ; Elie, non ; la main qu'il tenait était celle d'un saint et il le savait.

Les compagnons apeurés revinrent, un peu honteux, et François les accueillit de la belle façon : « Lâches ! Poltrons ! Sachez que je n'ai rien senti ! » Et le François des anciens jours, celui qui les faisait rire, se tournant vers le médecin, lui dit : « Si ce n'est pas assez cuit, vous pouvez recommencer ! »

Quant à l'opération, elle se solda par un échec complet. Il fallait trouver autre chose.

Le dernier hiver

A partir de ce jour-là, sa vie ne fut plus qu'une suite d'étapes dans son agonie. En septembre, il quitta Fonte Colombo pour San Fabiano, qu'on situe de nos jours à La Foresta près de Rieti, une colline au milieu des vignes et des oliviers. Là, dans la maison du prêtre, l'attendait un supplice d'un nouveau style. Deux médecins décidèrent que pour guérir les yeux il convenait de percer les oreilles. Ce qu'ils entendaient par là n'est pas clair, mais dut être atroce et, comme il fallait s'y attendre, parfaitement inutile.

François avec ses blessures, ses névralgies lancinantes et ses paupières en feu alla se cacher dans la grotte qui servait de cave au prêtre, pour échapper à la lumière. Il y passa un mois, ne quittant ce refuge qu'à la tombée du jour, à l'heure bleue du crépuscule.

Qu'on l'imagine dans cette cave, livré à d'horribles douleurs que rien ne pouvait soulager, soumis à une inactivité totale. Qu'on me permette ici un souvenir personnel. On demandait à un religieux que j'ai connu dans ma jeunesse et que torturait un mal incurable : « Vous ennuyez-vous dans votre solitude ? » Question absurde. Il répondit : « Je ne m'ennuie pas puisque je souffre. » Quelle occupation plus absorbante, en effet ? En ce qui touche François, il n'est pas excessif de parler d'un calvaire. Après le jardin des délices des premières extases, il goûtait maintenant l'amertume du jardin des Oliviers. L'horreur de la nuit obscure, la connut-il là ? Mais au-delà des ténèbres physiques, de la solitude que crée la souffrance corporelle, il était avec Dieu.

A la fin de l'automne, il regagna Fonte Colombo. L'épreuve sembla s'adoucir un peu. Il y eut une halte dans son supplice. Ses compagnons ne le quittaient plus. Lorsque le pape ou le cardinal Hugolin exprimaient le désir de le voir à Rieti, on menait le malade au couvent que les frères avaient en ville et, l'hiver approchant, il décida de partager son temps entre les deux ermitages. Les sinistres médecins venaient rendre visite à leur illustre victime, tirant de leur imagination fertile de nouveaux traitements toujours infructueux.

On admirait le courage et la bonne humeur de François. A Fonte Colombo, il lui prit un jour la fantaisie d'inviter à déjeuner, après sa consultation, le médecin du pape, lequel ce jour-là accepta avec empressement, à la consternation des frères qui savaient d'avance la composition du menu : quelques légumes, du pain et de l'eau fraîche. Cependant, au nom de la sainte obéissance, ils mirent la table pour faire honneur à leur invité. A peine étaient-ils assis, on frappa à la porte et une paysanne inconnue fit son apparition avec un panier offert par une châtelaine des environs : des poissons, des raisins, des gâteaux au miel et un pâté d'écrevisse. Il se trouvait que le pâté d'écrevisse était un des plats dont François se montrait friand dans sa jeunesse et le goût ne lui en était pas encore passé, car sans hésitation il en goûta avec un plaisir évident ; on lui demanda des éclaircissements sur l'inconnue et ses largesses. Il se tut. Il fit simplement les honneurs de ce repas à leur hôte, comme si rien n'avait été improvisé.

Cet hiver de 1225-1226 se passa sans apporter d'amélioration dans l'état de François, bien au contraire il payait chèrement toutes les mortifications dont il avait jadis accablé son corps...

Outre la tuberculose qui le mine, son estomac est atteint comme aussi le foie. C'est la mort qui vient. Il le sait d'une façon certaine depuis que frère Elie la lui a prédite à Foligno, mais qu'a-t-il à craindre ? Les cieux lui sont ouverts, cela aussi il le sait. Néanmoins, lorsqu'il jette un regard en arrière sur sa vie depuis sa conversion, il y voit se confondre victoire et défaite. Il voulait sauver le monde et le monde comme toujours se rue à sa perdition. Qu'y peut sa petite famille franciscaine, sa fraternité ? Ces tentations du doute sont plus subtiles que les tentations charnelles, mais plus cruelles. Le démon ne désarme jamais. L'assurance du salut, il cherche à l'empoisonner. Par-delà les siècles le cas de Thérèse de Lisieux est là.

En avril, un ordre vient du cardinal protecteur et du ministre général d'envoyer François à Sienne se faire soigner là-bas par des médecins réputés. Comme il en a assez, des médecins réputés ! Toutefois il obéit comme le doit un petit frère mineur. Ses compagnons lui préparent deux tuniques et deux manteaux qu'on changera alternativement pour dissimuler le flux de sang qui parfois s'échappe des Stigmates, car il est très soucieux de les garder de la vue du monde. Ses compagnons comprennent-ils bien l'origine de ces plaies ? Un jour, un frère, en resserrant les bandelettes qui entourent les pieds, pousse l'indiscrétion jusqu'à demander ce que sont ces trous. La réponse est vive : « Mêle-toi de ce qui te regarde ! »

Six mois lui restent encore à vivre et les médecins s'obstinent à essayer sur lui leurs infaillibles méthodes qui ratent l'une après l'autre avec une sorte de fidélité professionnelle, mais, cette fois-ci, ils sont pris de court. Un soir, François se met à vomir du sang et en telle abondance qu'on le croit près d'expirer. Les frères de Sienne prennent peur et envoient un messager à Elie. Pendant ce temps, François fait appeler frère Benoît, supérieur du couvent, et lui dicte un petit testament. Le voici. C'est un cri du cœur.

« Écris comme je bénis tous mes frères, ceux qui sont mainte-nant dans notre ordre et ceux qui y viendront jusqu'à la fin des

temps... A cause de ma faiblesse et de mes douleurs, je suis incapable de parler ; brièvement je fais connaître ma volonté à mes frères en trois mots :

que toujours ils s'aiment les uns les autres en souvenir de ma bénédiction et de ce testament ;

que toujours ils aiment notre Dame la sainte pauvreté ;

que toujours ils se montrent fidèles et soumis aux prélats et aux clercs de notre sainte mère l'Église. »

Elie accourt. Par extraordinaire, le malade va mieux. Elie l'emmène aussitôt à Cortone où il l'installe dans un de ces ermitages appelés « celle » qu'il a fait construire au milieu des bois. Là, en tout cas, il pourra veiller sur François. Il l'aime, il l'a toujours aimé et souffre de n'avoir jamais été bien compris de lui. Il fera tout ce qu'il peut pour lui adoucir les angoisses de la fin. Le Christ lui-même a tremblé devant la mort comme nous tous. C'est en vain que François affirme qu'il n'a pas peur. Il compte les jours, il connaît la date de son affrontement avec celle qu'on a appelée la reine des épouvantements. Le pauvre « frère Ane » ne comprend rien à la théologie qui explique qu'il va disparaître et se désintégrer, mais que l'âme est impérissable. Il ne veut pas s'en aller.

François est hydropique. Ses jambes sont enflées et son ventre se met à faire de même, pénible contraste avec le visage émacié. Dans sa cellule où il est en paix pour souffrir, il dicte son grand testament. C'est un texte de toute beauté où son âme se révèle et la grandeur de son intelligence. Confession, autobiographie spirituelle, c'est un peu tout cela, mais François rappelle aussi les éléments d'une règle pour la fraternité idéale qu'il voulait donner au monde. Dès les premières lignes, on reste saisi par une sincérité bouleversante : « *Le Seigneur me donna à moi, frère François, de commencer à faire pénitence : lorsque j'étais dans les péchés, il me semblait extrêmement amer de voir des lépreux. Et le Seigneur lui-même me conduisit parmi eux... J'exerçai la charité à leur égard et tout fut changé pour moi en douceur... Ensuite je dis adieu au monde... »*

Que les artifices littéraires paraissent pauvres auprès de ces phrases qu'on dirait issues droit du désert ! Ce qu'on appelle la belle phrase, qu'elle est ridicule comparée au langage brutal de l'âme sans illusions qui dit sa vérité !

Quant au rappel de la règle, il est d'une précision sans ombre aucune. François parle comme s'il était encore à la tête de l'ordre : « *J'ordonne... Je veux... J'interdis... Le Seigneur m'a donné de l'écrire* [la règle] *simplement et purement... Accepter le dépouillement total, observer catholiquement la règle de la fraternité* [ce mot revient sans cesse]... *Quiconque observera tout cela, qu'il soit comblé de la bénédiction du Père Très-Haut... Et moi, frère François, tout petit, votre serviteur, je vous confirme autant que je le puis, au-dedans et au-dehors, cette très sainte bénédiction.* »

Ayant achevé sa tâche, il exprime le désir de rentrer à Assise, mais on hésite à le faire voyager.

Adieu, la terre...

Au milieu de juin, François demande de nouveau à Elie de le mener à la Portioncule. C'est là qu'il veut finir sa vie, là d'où ses rêves ont pris leur vol après sa conversion, et frère Elie est toujours prêt à lui obéir dans la mesure du possible. Le voyage se fait donc sous le brûlant ciel d'été et, pour François, c'est une nouvelle étape de son calvaire qu'il accepte avec cette résignation apprise du Christ.

Le voilà enfin à la Portioncule, mais la voit-il seulement de ses yeux pareils à des blessures ? Malgré tout, il sent autour de lui la présence de la petite église placée sous la protection de Marie, mais les forces lui manquent de plus en plus. Il ne peut supporter la chaleur humide qui l'accable. Au bout d'une quinzaine de jours, il faut qu'il s'en aille, qu'il s'arrache à cet endroit où il a reçu tant de novices, où il a coupé les cheveux de sa sœur

Claire. On ne peut rien contre le ravage des souvenirs. On prie comme seul peut prier François, mais on se souvient.

Quand Elie lui annonce qu'il va le mener ailleurs, dans les collines où il pourra respirer, il accepte. Les Assisiates rassemblés sur les routes autour de l'église veulent le voir. Elie juge qu'il faut épargner au malade cette épreuve supplémentaire ; il décide d'emmener François à Bagnara, à une trentaine de kilomètres vers l'est. Pour cela, il leur faudra traverser Assise.

Revoir une dernière fois sa ville natale devrait être une joie pour le Poverello, mais en fait qu'en verra-t-il lorsqu'il s'y trouvera ? Tout au plus reconnaît-il les bruits familiers des rues de sa jeunesse, la rumeur des voix, l'accent du pays. Déjà on sait qu'il est là, que le saint d'Assise est revenu et la nouvelle en vole de porte en porte. Ses compagnons le protègent comme ils peuvent de la foule. Est-il seulement capable de bouger, de lever la main pour bénir ?

Bagnara est depuis le temps des Romains une petite ville d'eaux réputée pour la vertu de ses sources ; située à un peu plus de cinq cents mètres d'altitude, l'air y est léger et plus frais. Un ermitage bâti par les frères y attend François qui pourra se réfugier de nouveau dans l'obscurité pour alléger un peu sa souffrance. Les eaux ne lui sont d'aucun secours. Peu à peu il devient complètement aveugle et ne distingue même plus les ombres. D'autre part, l'enflure de ses jambes et de son ventre s'aggrave, il mange à peine, son estomac le torture continuellement.

Juillet, puis août s'écoulent à Bagnara. Assise, inquiète des nouvelles qu'elle reçoit, veut qu'on lui rende son saint. Elle craint que les gens de Pérouse, de Foligno, de Spolète ou d'Arezzo ne lui volent sa relique vivante. Comment départager dans cet accès de zèle la superstition et l'amour ? Les frères sont prêts à rendre le saint à Assise pourvu qu'il soit logé dans les murs, car, à la Portioncule, on n'est pas à l'abri d'un coup de main. On choisit le palais de l'évêque qui se trouve alors en pèlerinage au mont Gargano.

François, lui, ne demande qu'à retourner chez lui. Des

chevaliers sont envoyés d'Assise accompagnés d'hommes d'armes pour le chercher et prévenir toute tentative d'enlèvement des villes voisines.

Ils reviennent lentement. François, ne pouvant même plus monter à dos d'âne, est pris à tour de rôle sur leur monture par les chevaliers qui le portent dans leurs bras de village en village. S'il avait pu imaginer une scène aussi étrange alors qu'adolescent il ne rêvait que d'armures et de croisades : la chevalerie qui le porte dans ses bras comme son enfant ! Ils rentrent par une petite route à travers la montagne, prenant par le plus court.

A Assise, on le transporte au palais de l'évêque. Il souffre cruellement dans sa chair. Le martyre qu'il avait demandé jadis ne lui aura pas été donné sous la forme qu'il prévoyait, mais le supplice qu'il endure en prend la place. Léon, Ange, Rufin, Masseo et Elie sont près de lui. Un médecin vient le voir, non pas un de ces bourreaux tout prêts à torturer au nom de la science médicale, mais un ami d'Arezzo, Bonjean, que François appelle frère Jean, car il ne donne à personne l'épithète de bon à cause de ce que le Seigneur a dit : « Nul n'est bon hormis Dieu seul. »

— Que penses-tu, interroge François, de mon hydropisie ?

— Tout ira bien avec la grâce de Dieu.

— Frère, dit François, dis-moi la vérité... Je ne suis pas un couard qui craint la mort.

— Père, d'après notre science médicale, ton mal est incurable, et tu mourras à la fin de septembre ou le quatrième jour d'octobre.

Alors François trouve la force d'étendre les bras et de lever les mains, et, plein de joie, s'écrie :

— Ma sœur la mort, sois la bienvenue.

Personne ne sait ce que c'est que la mort ; semblable à une personne, elle a des traits de caractère qui lui sont particuliers. Le plus étrange est que, dans beaucoup de cas, elle ne vient que si on le lui permet. Il arrive que l'homme ne meure que s'il le veut. Il peut faire attendre l'importune à la porte. On demande aux religieux en danger de mort de faire le sacrifice de leur vie. Cela

311

paraît d'une ironie sinistre quand le cas est désespéré. Ne dirait-on pas qu'on attribue à la mort ce respect de la liberté humaine qu'a Dieu lui-même dont elle est la servante ?

Ma sœur la mort

François, lui, accepta la mort avec cette joie du cœur qui ne l'avait jamais tout à fait quitté, même dans les jours les plus sombres. Lorsqu'il entendit le verdict du médecin, il fit appeler ses frères Ange et Léon et leur demanda de chanter le Cantique des Créatures.

Ils obéirent. D'une voix prête à éclater en sanglots, ils entonnèrent un des plus beaux chants de joie qui se soit élevé de la bouche de l'homme. Se rendaient-ils compte que c'était de tout le cosmos qu'ils emplissaient la cellule ? Le feu et l'eau, la terre et l'air, les quatre éléments se joignaient aux étoiles, à la lune, au soleil, aux fleurs, à l'herbe, sans oublier le perpétuel et magnifique changement de décor que font les nuages, tout cela dans un grand rassemblement de toute la beauté de l'univers. Et, la mort approchant, un accueil courtois à l'envoyée du ciel fut aussitôt ajouté :

> Loué sois-tu, mon Seigneur,
> Pour notre sœur la mort corporelle,
> A qui nul vivant ne peut échapper.
> Malheur à celui qui mourra
> Dans l'état de péché mortel,
> Heureux ceux qu'elle trouvera
> Faisant tes saintes volontés,
> Car la seconde mort ne leur fera pas mal.

312

Si François s'était quelque peu inspiré de Daniel et de la Genèse pour composer son hymne de joie, le salut chevaleresque à notre sœur la mort est bien de lui seul...

Cependant ce n'est pas au palais de l'évêque qu'il veut mourir, mais, comme il l'a dit bien des fois, à la Portioncule. On l'y transporte avec mille précautions, car il est fragile et chaque mouvement le torture. Il aurait été pris par ses frères dans leurs bras. Après la chevalerie, c'est la pauvreté qui le porte comme un tout-petit, ainsi qu'il se désigne lui-même. En vue d'Assise, il demande qu'on s'arrête. On l'étend sur une civière, on lui indique la direction des différents quartiers et il trace un signe de croix sur cette ville si chère qu'il ne voit plus : « Bénie sois-tu de Dieu, cité sainte, car par toi beaucoup d'âmes seront sauvées, et en toi habiteront beaucoup de serviteurs de Dieu, et de toi beaucoup seront élus au royaume de la Vie éternelle. » Il se sent si mal qu'on l'installe d'abord à l'infirmerie, mais il réclame la cellule où il avait l'habitude de se tenir, à quelques mètres de la chapelle, sous les arbres.

Là, le souci des tout derniers moments lui vient avec les détails vestimentaires les plus précis. Comme il est intéressant que, jusqu'au moment de quitter le monde à jamais, le François des jeunes années se réveille... On n'ose parler d'élégance, mais elle n'est pas si loin de ce qu'il va demander. Qu'on apporte de l'encre et du papier. Il sait maintenant quel sera le jour de sa mort et il pense à frère Jacqueline qui serait inconsolable de n'avoir pu lui dire adieu. Qu'on lui écrive donc une lettre qu'il va dicter à un frère. Telle que nous la transmet la légende de Pérouse, la voici, trop belle pour ne pas être citée. « *A Madame Jacqueline, servante de Dieu, frère François, petit pauvre du Christ, salut et communion de l'Esprit-Saint en Notre-Seigneur. Sache, très chère, que le Christ m'a révélé, par sa grâce, la fin de ma vie qui aura lieu sous peu. Aussi, si tu veux me trouver vivant, hâte-toi. Apporte avec toi de ce drap monastique couleur de cendre, comme celui que fabriquent les cisterciens dans les pays d'outre-mer, pour envelopper mon corps, et la cire nécessaire à ma sépulture. Et je te prie encore de m'apporter de ces mets que tu avais coutume de me donner lorsque j'étais malade à Rome. »*

Par les mets que frère Jacqueline lui donnait à Rome, il entend ce gâteau aux amandes et au miel. A-t-il besoin de préciser ? Mais voici qui est extraordinaire. On allait désigner un frère pour porter le message, et on frappe à la porte du couvent. C'est frère Jacqueline qu'un pressentiment avait éveillée, une nuit à Rome. En esprit, une voix lui avait dit : « Pars visiter François, hâte-toi, si tu veux le trouver vivant. Apporte avec toi... » Elle était partie aussitôt avec ses deux fils et une compagnie d'hommes d'armes.

Seule, elle entre et elle va droit au lit de François qui la reçoit joyeusement et elle-même ne cache pas son bonheur d'être venue à temps. Voilà un lit de mort peu conforme aux traditions dramatiques. Frère Jacqueline déploie le drap qui sert à faire le cilice et dans lequel les frères vont tailler la dernière tunique, puis elle offre le gâteau à la frangipane, le *« mostacciuolo »* des Romains, que François tente aussitôt de grignoter, mais les forces lui manquent : il n'aura eu sur la langue, dernière petite gourmandise qui couvre un peu les nôtres, que le goût délicieux du massepain. Les larmes cependant ne sont pas exclues de cette scène, puis frère Jacqueline de Settesoli laisse à tout jamais frère François, sur cette terre.

Malgré tout, il est si content de son gâteau qu'il veut partager ce plaisir avec frère Bernard. Qu'on aille le chercher. François rappelle à ses compagnons que Bernard fut le premier à le suivre et que pour cette raison il le préfère à tous les autres, et Bernard survenant goûte si peu que ce soit de cette frangipane, puis s'agenouille près du lit, et François pose la main sur son front et le bénit. « Que les frères t'aiment comme si c'était moi ! »

Une vitalité prodigieuse habite ce corps que les frères voient presque s'anéantir sous leurs yeux. Les derniers jours ont en quelque sorte dévoré l'hydropisie. La peau colle aux os, le squelette se dessine, mais une force intérieure anime cette chair aussi durement martyrisée qu'elle l'eût été sous la main d'un bourreau. Les frères sont là autour de lui, et jusque sous les arbres devant la cellule. Il demande Elie. Or Elie est à sa gauche ; François croisant sa main droite sur son bras gauche la pose sur la tête de celui qu'il ne put jamais se retenir d'aimer, malgré des oppositions passagères. Sa bénédiction ample et détaillée est comme celle des patriarches de l'Ancien Testament. « Je te bénis en tout ce que tu feras... Que le Dieu roi de l'univers te bénisse dans le ciel et sur la terre... »

Vient le tour des autres, de tous les autres du couvent qu'il a aimé d'un très grand amour et qui est le cœur de sa fraternité, sans oublier les frères lais, parce qu'ils représentent tous les frères qui viendront plus tard dans la suite des jours jusqu'à la fin des temps.

Reste la bien-aimée, Claire, à qui il envoie une lettre dictée la veille, car il sait qu'elle est malade et craint de mourir sans le revoir. Comme elle ne peut quitter la clôture, il la console avec des mots que lui seul peut trouver, lui donnant sa bénédiction et l'absolution de tous les manquements possibles à ses ordres. Toutefois le plus important du message est confié au frère qui porte aussitôt cette lettre : « Tu diras à Dame Claire de bannir la douleur et la tristesse qu'elle éprouve à la pensée qu'elle ne me reverra plus. Qu'elle sache qu'avant sa mort, elle et toutes ses sœurs me reverront et recevront de moi grande consolation. »

« Lorsque vous me verrez à toute extrémité, avait-il dit un jour récent, vous me coucherez nu sur la terre nue, et vous m'y laisserez encore à mon dernier soupir, le temps nécessaire pour parcourir un mille à pas lents. »

Au crépuscule du soir, un vol d'alouettes descend très bas et se met à tournoyer en chantant à plein gosier au-dessus de la cellule où François est couché. De mémoire d'homme, on n'a entendu le chant de l'alouette qu'aux premières heures du matin s'élevant avec le soleil, mais, ce soir-là, laissant tout, elles sont venues crier leur amour.

Pendant que les frères chantent le psaume *Voce mea*, vient

lentement la mort. Sur la terre nue de sa cellule, à l'entrée de la nuit, François rend le dernier soupir, fidèle jusqu'à la mort à sa Dame Pauvreté. Les frères l'étendent sur son lit, revêtu de sa tunique neuve et le veillent jusqu'au matin. Il est encore si présent parmi eux que leur peine est adoucie, mais la vraie séparation ne se fera jamais tout à fait. D'Assise sont venus des hommes et des femmes qui se tiennent dehors, les mains chargées de branches d'arbres aux feuilles dorées par l'automne. Eux aussi veillent sur leur saint, tout prêts à le défendre si on veut le leur voler, mais la nuit s'écoule dans la paix. « *Pace e bene !* »

Le matin venu, le dimanche 4 octobre, le corps de François est placé sur une civière pour le dernier voyage à Assise, les frères et tout le clergé chantant des hymnes et le psaume *Voce mea ad Dominum clamavi*, mais on s'arrêtera à San Damiano, au couvent des clarisses qu'on a prévenues et qui attendent ce moment. On approche la civière de la clôture dont une grille a été enlevée. Les frères élèvent le corps à bout de bras. Claire est là avec ses sœurs et elles regardent en silence un très long moment. François a tenu parole. Elles ne se lassent pas de le voir et de l'aimer, mais il faut qu'il s'en aille. Un dernier regard, la grille est remise en place. C'est fini.

Assise n'est plus loin. C'est à Saint-Georges qu'on va mener François pour l'enterrer. Quel monde de souvenirs il aura autour de lui ! Le vieux chanoine est mort qui lui apprenait la religion, mais il reste encore sur les murs l'histoire du chevalier saint Georges qui tournait la tête au petit Francesco. Qui peut dire si tout n'est pas parti de là : l'idéal, les rêves de gloire que Dieu a pris et transformés en gloire éternelle. Alors commencent l'Histoire et les légendes.

L'auteur parle.

Ayant écrit les dernières lignes de ce livre, je suis déçu de ne pas éprouver le soulagement que j'attendais. Pendant dix-huit mois, j'ai travaillé à ces pages qui demandaient beaucoup de recherches et parfois de longs efforts pour essayer de découvrir la vérité sous les variantes que les chroniqueurs lui ont fait subir. Et voici qu'en étant venu à bout, je trouve dans la liberté qui m'est rendue un peu de l'amertume d'une fausse joie. Je me rends compte que, pendant des jours et des jours, j'ai vécu dans la compagnie merveilleuse de l'homme que j'ai toujours le plus admiré. D'une certaine façon, j'ai senti qu'il se tenait près de moi, fraternel et souriant.

Depuis mon enfance, aux jours lointains de la rue de Passy où nous habitions, j'entendais parfois prononcer son nom avec cette tendresse qui l'accompagne toujours. Ma mère surtout, toute protestante qu'elle fût, lui vouait une affection qui me faisait croire qu'elle l'avait connu. Il était et reste encore l'homme qui passe au-dessus de nos tristes barrières théologiques. Il est à tout le monde, comme l'amour qui nous est sans cesse offert. On ne pouvait le voir sans l'aimer, disait-on de lui de son temps, et cet amour n'a jamais bougé.

J'ai raconté ailleurs comment, à la mort de ma mère qui brisa notre petit univers familial, je cherchai la religion qu'elle semblait avoir emportée avec elle. Mes liens avec l'Eglise anglicane se défaisaient d'eux-mêmes. Un livre qui exposait la foi catholique me tomba sous les mains et fut lu avec passion en quelques jours. La conversion suivit en moins d'un an et je fus reçu dans l'Eglise en 1916.

Entre-temps, grand dévoreur de livres, j'avais découvert l'honnête ouvrage de Mme Arvède Barine sur saint François d'Assise et la légende des Trois Compagnons. Je devins fou d'amour pour ce monde merveilleux. Je rêvais de devenir comme François d'Assise et quand mon directeur chargé de mon instruction religieuse me demanda quel nom j'avais choisi pour mon baptême, je répondis d'un trait : « Saint François d'Assise ». Il n'en manifesta aucune joie et remarqua seulement d'une voix calme : « J'aurais préféré saint François de Sales, mais, puisque c'est votre choix, il sera respecté. » Je ne connaissais pas saint François de Sales et le père jésuite, saint homme assurément, ne jugea pas opportun de me parler de François d'Assise, mais moi, d'ordinaire silencieux, je devenais bavard quand je me permettais de faire son éloge. Je me sentais poussé à compléter un peu l'instruction du Révérend Père sur ce grand personnage qu'il paraissait ne pas bien connaître. Il m'écoutait avec une politesse dont l'ironie m'échappait complètement. Que de pensées folles tourbillonnaient dans ma tête ignorante ! Etre comme François d'Assise, quelle gloire ! J'étais même plus catégorique dans mes élans religieux. « Je veux être saint François d'Assise », lui déclarai-je un jour. Un long regard sérieux fut toute sa réponse.

Le baptême administré, je me sentis tout prêt à suivre mon saint patron, mais la vie se chargea de bousculer ces heureuses dispositions, et François d'Assise s'éloigna. Je gardais de lui une médaille autour du cou, puis le temps vint où j'ôtai cette médaille, et les années m'emportèrent loin de mon idéal.

Et puis, brusquement, le saint d'Assise reparut. Le Giotto du Louvre agit fortement sur moi comme un appel, puis des biographies plus ou moins romancées réveillèrent ces vagues nostalgies de la vie parfaite qui devaient me suivre tout le long de ma jeunesse et de l'âge mûr. La Seconde Guerre mondiale me secoua l'âme comme on secoue quelqu'un par l'épaule. Saint François resurgissait sans cesse. Le monde en guerre me paraissait atroce. L'idée se formait lentement en moi que l'Evangile était un échec. Le Christ lui-même s'était interrogé sur la foi qu'il trouverait sur terre lors de sa seconde venue. Les âmes qu'il avait touchées et attirées à lui faisaient figure d'isolées dans l'orage déchaîné par des fous. Presque à mi-chemin entre le premier Noël et l'enfer où l'humanité se débattait, un homme avait paru sur terre, un autre Christ, le François d'Assise de mon enfance, mais lui aussi avait échoué.

Echoué ? En apparence... Sa conviction était que le salut se ferait par l'Evangile. L'Evangile, c'était l'éternité ; l'Evangile ne faisait que commencer. Qu'était-ce que vingt siècles aux yeux de Dieu ?

CHRONOLOGIE

Empire   Rome

1152	Frédéric Barberousse, empereur à 29 ans		
		1154- **1159**	Adrien IV.
		1159- **1181**	Alexandre III.
1162	Rase Milan. Fait attacher des otages à ses machines de guerre, à Crema, comme les cipayes le feront aux Indes contre les Anglais, à Lücknow, au XIXe siècle.		
1176	29 mai : Battu à Legnano par la Ligue lombarde, lui accorde des franchises communales.		

322

Ailleurs
Idées et événements

François et Assise

1155 Arnaud de Brescia étranglé et brûlé à Rome après avoir lutté contre les mœurs dissolues des prélats et réclamé le retour à l'Église primitive.

1163 Cathédrale de Paris (début construction 1163-1182).
1167 Concile des albigeois à Toulouse.
Naissance de Gengis Khãn.
1170 Invention du savon dur.
Les voûtes en ogive.
Assassinat de Thomas Becket à Cantorbéry.
1173 Conversion de Pierre de Vaux.
Fondation de la secte des vaudois, pour le retour à l'Église primitive.
1175 Début de la construction de la tour de Pise.
1176 Saladin s'empare de la Syrie.
1179 Traduction des Evangiles en français par Bernard Ydros pour les vaudois.

323

1181- Lucius III.
1185

1185- Urbain III.
1187

1187 Grégoire VIII.

1187- Clément III.
1191

1190 Se noie dans le Cydnus.
Henri VI empereur.
Marié à Constance, fille de Roger II
de Sicile.
Soumet Naples. Fait brûler le fils **1191-** Célestin III.
de Tancrède et exécuter jusqu'à des **1198**
cadavres.
Supplice de ses ennemis dans des   Taxation des moulins à vent.
Pouilles.

1194 Naissance à Jesi de Frédéric II confié
à Conrad d'Urslingen.

1197 Septembre : Meurt de la malaria à
Favara.

1180	*Roman de Renart.*		
	Moulin à vent.		
	Naissance de Pierre de La Vigne,		
	futur conseiller de Frédéric II.		
		fin	Naissance à Assise.
		1181	
		ou	
		1182	
1184	Naissance de Saadi.		
1185	Traduction de la Bible en français		
	par les cathares (partiellement et		
	pour la première fois).		
	Perceval de Chrétien de Troyes.		
1187	Prise de Jérusalem par Saladin.	**1187**	Conrad d'Urslingen, duc de Spolète, nommé par Barberousse gouverneur d'Assise.

1190 † Chrétien de Troyes.
Fondation de l'ordre des chevaliers teutoniques.

1190- Troisième croisade. Pérotin : motet
1192 *Sederunt.* Les idées de Joachim de Flore se répandent en Europe : le *Troisième Règne,* nouvelle vision de l'histoire. Retour ici encore à la pauvreté et au règne de l'Esprit se heurtant au monde officiel. Les Spirituels seront combattus pendant les deux siècles à venir, de même que les « Frères du Libre Esprit », se réclamant contre l'Eglise hiérarchique d'une Eglise toute spirituelle. Ils groupent plusieurs mouvements, les amauriciens, les apostoliques d'Anvers, les disciples de Hugues Speroni, les beghards, les nouveaux esprits de Souabe, qui tous ont une ressemblance avec les Humiliés ou Bonshommes de Lyon et certains soufis islamiques.

1192 Création de la monnaie courante à Venise.

1193 Mort de Saladin (Malik el-Nasir Salah ed-Dine el Ayoubi).

1195	Introduction de la boussole en Europe.	**1195**	Baptême de Frédéric II à Assise. François fait la noce, de sa majorité légale (14 ans) jusqu'en 1204.
1196	Cathédrale de Chartres (début de la construction).		

1198 Philippe de Souabe, empereur à 21 ans.
8 mai : Diète de Mayence.

Othon de Brunswick, empereur à 25 ans.
9 juin : Diète d'Aix-la-Chapelle.

1198-1216 Innocent III, pape à 37 ans, élu le 8 janvier.

1199 Par la bulle *Venerabilem,* il déclare le pouvoir spirituel des papes supérieur aux pouvoirs temporels.
Hésite entre les deux empereurs.
Choisit Othon.

1201 Excommunie Philippe de Souabe.
1202 Suscite la guerre de Pérouse contre Assise.

1206 Se réconcilie avec Othon.

1207 Vainqueur sur la Roër, prend Cologne et soumet la région du Rhin.

326

1198   Novembre : † Constance.
Frédéric, roi de Sicile.
† Bernard de Ventadour.

1199   † Richard Cœur de Lion.

1200   Poème de Wolfram von Eschen-
bach : *Parzival*.
Cathédrale de Reims (début de la
construction).
Chants d'amour de Walter von der
Vogelweide (1170-1230), *Under der
Linden*.

début Traduction de l'arabe d'Averroès (†
XIIIᵉs. en 1198), d'Avicenne (commentaire
sur Aristote) et du Kitab al-Shifa.

1202   † Joachim de Flore.
Léonard de Pise introduit l'algèbre
en Italie.

1202- Quatrième croisade.
1204

1204   Sac de Constantinople.

1205   11 juin : † Gautier de Brienne.

1198   Conrad d'Urslingen à Narni.
Mai : Prise de la Rocca.
Sac de la Maison des Nobles, procla-
mation de la Commune d'Assise.
Construction des remparts.
Guerre civile à Assise, de 1198 à 1200
(les familles de sainte Claire et de
frère Léonard fuient Assise pour
Pérouse).

1202   Défaite de Collestrada.
François prisonnier à Pérouse.

1203   Novembre : François libéré et malade regagne Assise.

1204   François change : ses dernières fêtes.

1205   Mai : François à Spolète.
29 juillet : Philippe de Souabe
accorde une charte à Assise pour son
autonomie, et garantit l'alliance impériale contre Pérouse.
Gherardo, podestat cathare à Assise.
Août : Le podestat de Pérouse, Giovanni di Guidone, renouvelle l'alliance papale.
A San Damiano, le Christ parle à
François.

1206   Scène du renoncement devant l'évêque d'Assise.
Septembre : Réparation de San Damiano.

1207   Réparation de San Pietro.
Réparation de Notre-Dame-des-Anges (la Portioncule).

327

1208	21 juin : Assassiné à Bamberg par Otto de Wittelsbach.	**1208** Seul empereur, le 11 novembre, à la Diète de Francfort.	
		1209 Couronné à Rome.	
1211	Frédéric - Roger de Sicile devient Frédéric II, empereur à 17 ans, à la Diète de Nuremberg, surnommé « l'empereur mendiant ». **1212** Roi des Romains.	**1211** Othon déposé.	**1211** Excommunie Othon.

1208	Assassinat du légat Pierre de Castelnau sur les bords du Rhône.	**1208**	24 février : L'Evangile de la Saint-Matthias. 26 février : Sermon à San Giorgio. Fin février : Le premier disciple inconnu. 15 avril : Bernard de Quintavalle, Pierre de Catane. 16 avril : Vente de leurs biens ; scène de Sylvestre. 20 avril : Songe et conversion de Sylvestre. 23 avril : Gilles. Fin avril : Sylvestre le premier prêtre de la communauté. Printemps : Premiers voyages des frères. Été : Nouvelles recrues. Automne : Mission au Val de Rieti, à 7.
1209	Cathédrale de Magdebourg (début de la construction). Concile de Paris, condamnant les hérésies du Midi.	**1209**	A Rome, François porte sa règle à Innocent III. Retour à Rivo Torto. Ils sont 12 en tout avec François.
1210	Croisade des albigeois. † trouvère Jean Bodel d'Arras.	**1210**	La Portioncule reçoit la fraternité. Mars : Othon reconduit les anciens commandants allemands dans leurs fiefs et leurs pouvoirs. 9 novembre : Réconciliation des factions d'Assise, ce qui conduit à l'abolition du servage. Jean le Simple.
1211	Début de la construction du Mont-Saint-Michel.	**1211**	Départ manqué pour la Syrie, à Ancône. François bloqué à Zara.
1212	Double croisade des enfants : • celle des Français, du nord de la Loire à Marseille. • celle des Allemands, de Cologne à Gênes et Brindisi. *Tristan et Yseult* de Gottfried de Strasbourg.	**1212**	Dimanche des Rameaux : sainte Claire prend l'habit. Fondation des Pauvres Dames qui s'installent à San Damiano. Des frères de plus en plus nombreux à la Portioncule.
1213	Défaite du roi d'Aragon et du comte de Toulouse à Muret.	**1213**	Le comte Orlando di Chiusi donne l'Alverne à François. Voyage en Espagne, mais François n'aurait pas dépassé la Provence à ce qu'on croit. Elie entre dans l'ordre.

329

1214 Othon, battu à Bouvines, se retire dans son domaine de Brunswick.

1215 Frédéric II couronné empereur.

1215 Interdiction au clergé d'exercer la profession de médecin.
novembre : Concile du Latran :
● définition de la transsubstantiation.
● Inquisition. Règles de la confession.

1216 Frédéric II nomme son fils roi de Sicile.

1216 16 juillet : Mort d'Innocent III à Pérouse.

1216-1227 18 juillet : Honorius III.

1218 19 mai : † Othon.

1218-1219 Le cardinal Hugolin, protecteur des franciscains.

1220 Frédéric II rétablit l'ordre en Sicile et soumet les Sarrasins.
23 avril : Proclame son fils Henri VII roi des Romains.
22 novembre : Couronné empereur à Rome.

1222 Fondation de l'université de Naples.

1222 Entrevue de Veroli avec Frédéric II.

1214	Naissance de Roger Bacon.	**1214**	François dans le Val de Rieti, à Narni, à Orte. † Jean le Simple.
1215	Les premières pharmacies en Europe. Grande Charte d'Angleterre.	**1215**	François reçoit Thomas de Celano dans l'ordre. † Pietro di Bernardone. François au concile du Latran.
1216	19 octobre : † Jean sans Terre.	**1216**	François dans les Marches, et en Ombrie, et à Subiaco. François rencontre le cardinal Jacques de Vitry à Pérouse (?). Eté : Indulgence de la Portioncule.
1216- **1221**	Jacques de Vitry prêche la 5e croisade, qui part de Venise.	**1217**	Chapitre général de la Portioncule. Elie en Terre sainte. François arrêté par Hugolin à Florence.
1218	† Simon de Montfort.	**1218**	Envoi de Frères partout en Europe. Discours aux cardinaux.
1219	Débarquement de la 5e croisade. 24 août : Siège de Damiette. 5 novembre : Prise de Damiette.	**1219**	Mai : Chapitre des Nattes (5 000 frères). Fin juin : François s'embarque à Ancône pour Acre et Damiette. Automne : Rencontre avec le sultan.
1220	Première usine hydraulique.	**1220**	Juillet : Difficultés, en Italie, pendant l'absence de François, qui rentre à Assise avec Pierre de Catane, Césaire de Spire et Elie. Antoine de Padoue entre dans l'ordre des frères mineurs. 29 septembre : François abandonne la charge de ministre de son ordre. Pierre de Catane, ministre général.
1220- **1240**	Cathédrale de Bamberg.		
1221	21 juin : Défaite de Mansourah. Reddition de Damiette. Naissance de saint Bonaventure.	**1221**	10 mars : † Pierre de Catane ; Élie nommé ministre général. 30 mai : Chapitre général. Première règle. Fondation du tiers-ordre. Novembre : Le loup de Gubbio.
1222	Création de l'université de Padoue.		

331

† Constance d'Aragon, première femme de Frédéric II.
Fondation de l'École de médecine de Salerne.

1223 Promesses de se croiser non tenues.

1223 Deuxième entrevue avec Frédéric II à Ferentino.

1225 Deuxième mariage de Frédéric II avec Yolande de Brienne.
Frédéric II roi de Jérusalem.
Nouvelles promesses de croisade.

1225 Traité de San Germano à Foggia entre le pape et l'empereur.

1227 Première excommunication de Frédéric II.

1227 Mars : Grégoire IX.
Synode de Toulouse.

1229 Interdiction de lire la Bible en langue vulgaire.
Organisation de l'Inquisition.

		1223	Seconde règle, écrite à Fonte Colombo de janvier à mars, discutée au chapitre du 11 juin.
			Juillet-août : François à Subiaco, pour la dédicace de la chapelle Saint-Grégoire.
			26 novembre : Approbation de la règle à Rome.
			Bulles *Solet Annuere* et *Fratrum Minorum*.
			25 décembre : Nuit de Noël à Greccio.
1224	Naissance de Sordello, précurseur du *Dolce stil nuovo*.	**1224**	2 août : Vision d'Elie.
			François reste du 15 août à la fin septembre sur l'Alverne.
			15 septembre : Les Stigmates.
			Décembre : Prédications en Ombrie, François voyage à dos d'âne.
		1225	Mai : Le Cantique des Créatures.
			Juin : François réconcilie les factions d'Assise.
			Août : Opération de l'œil à Fonte Colombo, dans le Val de Rieti.
		1226	Avril : Traitement à Sienne.
			Mai : Testament écrit à l'abbaye des Celles de Cortona.
			Juillet : A Bagnara près de Nocera.
			Fin août : Retour à Assise.
			3 octobre : † François à la Portioncule.
			4 octobre : Lettre d'Elie sur les Stigmates.
			Enterrement de François à San Giorgio d'Assise.
1227	† Gengis Khān. Création de l'université de Toulouse.		
1228	Sixième croisade.	**1228**	Canonisation de saint François.

BIBLIOGRAPHIE *

* Cette liste n'est pas exhaustive et ne comporte que les livres qui ont été indispensables pour moi à la connaissance de saint François.

I. Œuvres de saint François d'Assise

Opuscula S. Patris Francisci Assisiensis, Quaracchi, 1949.

Ecrits, édition latin-français et italien-français. Introduction, traduction, notes et index par les PP. Théophile Desbonnets, Jean-François Godet, Thaddée Matura et Damien Vorreux, ofm, Paris, Ed. du Cerf, « Sources chrétiennes », 1981.

Les Ecrits de saint François d'Assise, remis en langage populaire par le P. Willibrord de Paris, Paris, 1959.

Voir aussi les *Documents*, rassemblés et présentés par les PP. Théophile Desbonnets et Damien Vorreux, ofm, Paris, Ed. franciscaines, 1968.

II. Sources

Analecta Franciscana, 10 volumes publiés par les Pères de Quarachi de 1885 à 1941 : monumentale édition de la plupart des chroniqueurs du XIIIe siècle.

Acti Imperii inedita, dans les *Regesta Imperii*, publiés par Johann Friedrich Böhmer, Innsbruck, Eduard Winckelmann, 1881-1901.

Anonyme de Pérouse, édition latin-français, traduction et étude comparative des textes par Pierre-B. Beguin, Paris, Ed. franciscaines, 1979.

ARNAUD DE SARRANT, *Chronica XXIV Generalium Ord. Minorum, Analecta* III.

BARTHÉLEMY DE PISE, *De conformitate vitae beati Francisci ad vitam Domini Jesu redemptoris nostri, Analecta* IV et V.

BERNARD DE BESSE, *De laudibus beati Francisci, Analecta* III.

BONAVENTURE DE BAGNOREGIO (saint), *Legenda Major, Analecta* X.

————, *Legenda Minor, Analecta* X.

ELIE DE CORTONE, *Epistola encyclica de transitu sancti Francisci, Analecta* X.

CRESCENT DE JESI, *Venerabilium gesta patrum*, dans *Chronica XXIV Generalium Ord. Minorum.*

FRATRIS FRANCISCI BARTHOLDI DE ASSISIO, *Tractatus de indulgentia S. Mariae de Portiuncula*, Paris, Fischbacher, « Etudes et documents sur l'histoire religieuse du Moyen Age (sous la direction de Paul Sabatier) », 1900, vol. II.

Gesta Imperatorum et Pontificum, publiés par le frère Leonard Lemmens dans *Testimonia minora saeculi XIII de S.P. Francisco*, Quaracchi, 1926.

NICOLAS GLASSBERGER, *Chronica, Analecta* II.

HENRI D'AVRANCHES, *Legenda versificata, Analecta* X.

HUBERTIN DE CASALE, *Arbor vitae crucifixae Jesu*, Venise, De Bonettis, 1485.

INNOCENT III, *De miseria humanae conditionis*, Lugano, Maccarrone, « Thesaurus mundi », 1955.

JACQUES DE VITRY, *Historia Orientalis*, Douai, 1597, dans *Biblioteca biobibliografica...*, t. I, du frère Girolamo Gobulovich, Quaracchi, 1906.

————, *Lettres*, édition critique de R.B.C. Huygens, Leyde, 1960.

J'ai connu Madame sainte Claire, pièces pour la canonisation, traduites de l'ombro-italien, Toulouse, Monastère des Clarisses, 1961.

JEAN DE PARME (œuvre attribuée à), *Sacrum Commercium*, Quaracchi, 1929.

JOURDAIN DE GIANO, *Chronica, Analecta* I.

JULIEN DE SPIRE, *Vita S. Francisci, Analecta* X.

————, *Officium Rhythmicum*, office rimé de saint François, *Analecta* X.

Legenda choralis umbra, Analecta X.

Légende de Pérouse, traduction du P. Damien Vorreux, ofm, Paris, Ed. franciscaines, 1968.

SALIMBENE DE ADAM, *Chronica Fratris Salimbene Parmensis Ordinis Minorum*, publié par Oswald Holder-Egger, Leipzig, éd. Hahn, *Monumenta Germaniae Scriptores*, 1905-1913.

J.H. SBARALEA, *Bullarium Franciscanum*, Rome, « Romanorum Pontificum Constitutiones », 1759-1768.

Testimonia minora saeculi XIII de S.P. Francisco, publiés par frère Leonard Lemmens, Quaracchi, 1926 (voir en particulier Etienne de Bourbon, Thomas de Spalato et Burchard d'Ursperg).

THOMAS DE CELANO, *Vita Prima, Analecta* X.

————, *Vita Secunda, Analecta* X.

————, *Traité des miracles, Analecta* X.

————, *Legenda ad usum chori, Analecta* X.

————, *Legenda Sanctae Clarae Virginis*, traduction du P. Damien Vorreux, ofm, Paris, Ed. franciscaines, 1953.

THOMAS D'ECCLESTON, *Tractatus de adventu fratrum minorum in Angliam, Analecta* I.

THOMAS DE PAIRE, dans *Gesta Imperatorum et Pontificum*, cf. *Testimonia minora....*

Tres Socii, la légende des trois compagnons, « Nos qui cum eo fuimus », trad. du P. Théophile Desbonnets, ofm, dans les Documents sur François d'Assise, Paris, Ed. franciscaines, 1968.

GUILLAUME DE TYR, *Continuata Belli sacri historia* (dans Martène, *Amplissima Collectio*).

BURCHARD D'URSPERG, *Chronicon*, in Lemmens *Testimonia minora....*

LUCAS WADDING, *Annales Minorum*, Anvers, 1625-1654.

ROGER DE WENDOVER, *Flores Historiarum*, dans *Monumenta Germaniae Historica*, Hanovre, 1905.

III. Sources tardives

I Fioretti di San Francesco, avec, en appendice, « Considerazioni, Vita e i detti del beato Egidio, Vita di fratre Ginepro », Turin, Einaudi, 1964.

Vita del fratre Ginepro, texte latin et texte en langue vulgaire, étude de Giorgio Petrocchi, Bologne, 1960.

Actus B. Francisci et sociorum ejus, trad. latine des *Fioretti*, Paris, Fischbacher, « Etudes et documents sur l'histoire religieuse du Moyen Age (sous la direction de Paul Sabatier) », 1901, vol. IV.

Speculum Perfectionis, seu sancti Francisci Assisiensis legenda antiquissima, auctore Fratre Leone, Paris, Fischbacher, « Etudes et documents sur

l'histoire religieuse du Moyen Age (sous la direction de Paul Sabatier) »,
1898, vol. I.

Miroir de la perfection, traduction française de Marie-Hélène Laureilhe,
Paris, Ed. franciscaines, 1966.

IV. Vies de saint François et divers

PAUL SABATIER, *Vie de saint François d'Assise*, Paris, Fischbacher, 1894 (éd.
revue en 1922).

————, *Opuscules de critique historique*, publiés sous la direction de Paul
Sabatier, Valence, Vve Ducros, 1900 *sq.*

OMER ENGLEBERT, *Vie de saint François d'Assise*, Paris, Albin Michel, 1947
(éd. revue en 1982).

GIROLAMO GOBULOVICH, ofm, *Biblioteca bio-bibliografica della Terra Santa
e dell'Oriente francescano*, Quaracchi, 1919.

ARNALDO FORTINI, *Nova Vita di San Francesco*, Ed. Assisi, 1959 (5 vol.).

Dr EDMOND LEMPP, *Frère Elie de Cortone*, Paris, Fischbacher, « Etudes et
documents sur l'histoire religieuse du Moyen Age (sous la direction de
Paul Sabatier) », 1901, vol. III.

SALVATORE ATTAL, ofm, *Fratre Elia, compagno di San Francesco*, Gênes,
« Collecteana Franciscana », 1953.

ENGELBERT GRAU, ofm, *Die Ersten Brüder des Heiligen Franziskus*,
Münster, « Franziskanische Studien », 1958.

MICHEL MOLLAT, *Les Pauvres au Moyen Age*, Paris, Hachette, 1978.

————, *Etudes sur l'histoire de la pauvreté*, Paris, Publications de la
Sorbonne, 1974.

STÉPHANE-J. PIAT, ofm, *Saint François d'Assise à la découverte du Christ
pauvre et crucifié*, Paris, Ed. franciscaines, 1968.

LOUIS ANTOINE, oc, *Lire François d'Assise*, Paris, Ed. franciscaines,
1967.

DAMIEN VORREUX, ofm, *Un symbole franciscain, le Tau*, Paris, Ed.
franciscaines, 1977.

BERNARD BERENSON, *A Sienese Painter of the Franciscan Legend*, Londres,
Dent, 1909.

ENGELBERT GRAU, ofm, *Thomas von Celano Leben*, Werl-Wesfalen,
1955.

BIBLIOGRAPHIE

WILLIBRORD CHRISTIAN VAN DIJK, oc, *Le Message spirituel de saint François d'Assise dans ses écrits*, Blois, 1960.

——, *Antoine de Padoue, docteur de l'Eglise*, Paris, 1947.

ARNALDO FORTINI, *La Lauda in Assisi e le Origini del teatro italiano*, Assise, 1961.

JEAN RIGAULD, ofm, *Vie d'Antoine de Padoue*, texte latin et traduction par le P. Delorme, ofm, Bordeaux et Brive, 1899.

KATEJAN ESSER, ofm, *Die Opuscula des Heiligen Franziskus von Assisi*, Grottaferrata, 1976 (n^lle éd. critique).

——, *Das Testament des Heiligen Franziskus von Assisi*, Münster, 1949.

——, *Franziskus von Assisis und die Katharer seine Zeit*, 1958.

——, *Das Gebet des Hl. F. vor dem Kreuzbild in San Damiano*, Münster, « Franziskanische Studien », 1952.

RAOUL MANSELLI, *Studi sulle eresie del secolo XII*, Rome, 1953.

——, *San Francesco d'Assisi*, Rome, Bulzoni 1980.

OKTAVIAN VON RIEDEN, oc, *De sancti F. Assisiensis Stigmatum susceptione-Disquisitio historico-critica luce testimonium saeculi XIII*, Assise, « Collecteana Franciscana », 1963, 1964.

PÈRE PIERRE RIBADENEIRA, sj, *La Vie du séraphique père saint François*, dans les *Fleurs de la vie des Saincts*, Paris, 1608.

HANS GOTTSCHALK, *Al-Malik al Kamil von Egypten und seine Zeit*, Wiesbaden, 1958.

Carte topografiche delle diocesi italiane nei secoli XIII et XIV (Marches, Latium, Ombrie), Cité du Vatican, 1952.

TABLE

DEUXIÈME PARTIE
LE FOU DE DIEU

.

QUATRIÈME PARTIE
DIEU SEUL

ACHEVÉ D'IMPRIMER LE 30 NOVEMBRE 1983
SUR LES PRESSES DE L'IMPRIMERIE HÉRISSEY
POUR LE COMPTE DE FRANCE LOISIRS
123, BOULEVARD DE GRENELLE, PARIS.

Dépôt légal : décembre 1983
Nᵒ d'éditeur : 8614 — Nᵒ d'imprimeur : 33283
Imprimé en France